生命哲學 vs. 生命科學

陳俊輝◎著

前　言

　　在「生命教育」叢書首冊《生命思想vs.生命意義》裡，我們已明白指出，人的生命、人的生存、人的發展，以及人對生命意義的追尋⋯⋯等，都是生命教育關切的主要課題。箇中，我們尤其強調的是對（個體）生命的尊重，以及對人／我的確切關懷⋯⋯。

　　承續這個思路，在本書冊裡，將由現有的人類知識領域及其類別中的生命哲學、生命詮釋學、存在哲學與生命科學⋯⋯等的創獲，進一層論究生命教育在現今的科學人生、哲學人生，乃至一般俗人所懷具的自我人生觀中理應扮演的角色，以及該當擁有的地位等。

　　什麼是「生命哲學」？一般而言，它是指：「針對人類生命的活動與現象，藉由思想家或學者提出某些有益於人類實際生活的知識、智慧或看法。」此外，有人甚至也把有關人類在世上的生活目標和行事為人的標準（按：指涉倫理的規則或道德的準則），稱作是生命哲學或人生哲學。特別是後者，也就是說，如果可以把生命哲學指謂成人生哲學；那麼，可想而知，在人類理性思想發展到相當程度的階段裡，無論東、西方，也不管古代或現代，我們多可找到和此間刻正在關注的與生命教育息息相關的思想、學理或學說。

　　誠然，假如我們未把「生命教育」一語辭套用在人生哲學或生命哲學的探討暨追尋上，我們依然能從後兩者窺見到如何

去教導一個人看重自己的生命，教示一個人積極地正視，並瞭解自己當下的生活情態，從而努力探索個人存在生命的價值與意義，乃至熱切追尋個人生命未來的福祉……等，也正是它（們）之能被前人所寶愛，並且將之當成能以指引個人人生的導航明燈的最大特質。

而什麼是「生命詮釋學」？從較具學術化的色彩和觀點來說，係指：人類在世上的出現，他的生命活動，就是作為人類自己跟世界、環境、周遭其他人交往或接觸，乃至理解的唯一根據。換句話說，從生命中去理解生命，便可視為是這種詮釋學思想的中心原則，也是它之所以被稱為「生命詮釋學」的主要關鍵。

這種思想的出現，一般咸認是首出自十八、九世紀之交的西歐；迄今，它已被後來出身於不同學術背景的思想家作了批判的傳承，甚至加以改造，而冠上其它名目或頭銜的詮釋學。

不過，平心而論，不管這一類的詮釋學思想是如何改頭換面，是怎樣從不同的認知角度去詮解事物或它所遴選的詮釋對象，它（們）仍脫離不了對於人類生活於世、存在於社會，或生存於其生活環境……中的種種生命活動的關注。

就此而言，你（妳）能說，它──「生命詮釋學」，或其它詮釋學思想學說，不是在涉理生命教育所議定的課題或範疇？顯然，跟前述的人生哲學或生命哲學所關切的範圍相類似，「生命詮釋學」的思想，多少可以和生命教育的學程內涵有它們巧妙的交集。

再來，我們要處理的是：什麼是「存在哲學」？──這裡的存在哲學，有人會說就是「存在主義」；而關於存在哲學究

竟是不是存在主義的問題，箇中細節的釐清，在爾後正文的行文中，我們自會作一詳細的說明。對於這種在一、二次世界大戰期間，崛起於西歐人文社會思想界的思潮（按：從它往後的發展來看，它已經旁及文學、哲學、社會學、政治學、藝術、倫理、美學、宗教和神學……等領域），我們要說，它不僅和今日我們所關切的生命教育有相當大的重疊內涵，就是從生命教育的思想結構暨其要素的角度來談，可以說，存在哲學也能提供相當多量的思維語彙、思想觀念、意義要素，乃至指導性的原則……等。

　　在這方面，我們將萃取多位存在（主義）哲學家的思想內容暨成素；即從理解人類生命本質的角度，來築建生命教育諸般課題的學理結構，以期能為今日我國生命教育的教學暨推動，提供一穩健有力的思維基礎。

　　最後，我們要探討的就是「生命科學」所觸及的生命課題，以期能由今日生物醫學暨科學界對人類基因的研究所產生的社會、倫理、法律與宗教……等連帶性問題的深入討論，而為生命教育注入一種新的思考內容暨向度。

　　誠然，不可否認，當今生物醫學界暨生命科學界之針對不同的生物、植物和動物……等作基因的擷取、篩選、改良和進一層的醫學研究，而有它令人刮目相看的成果發表；不過，若思及人權、尊嚴和倫理暨宗教的高階尺度，對人體作徹底基因的改造、生命個體的複製，以及其它難以想像的合成研究……等，顯然就有它值得質疑的所在。而關於這方面的進一步討論，我們將留在正史中作較詳盡的處理。

　　總括以上所言，複雜得有如生命個體的多面向活動暨其表

現，爲了能較周延掌理生命本身（尤其我們人類的生命）所產
生的問題，本書冊期望能從生命哲學、生命詮釋學、存在（主
義）哲學，以及生命科學（含生物醫學）……等各種不同的思
考內容暨角度，以梳理出攸關生命教育結構的各樣要點；從
而，有助於時人能對生命教育有更深一層的認知。

　　最後，爲了增加本書冊的可讀性，我們也將類同前一書
冊，在結尾的部分提供若干思想家之針對某些問題以發表他們
自己的想法；而且以詮解或聯想的表達方式，來引伸他們的獨
特見解，以豐富你、我對生命意義本身的體會。

問題vs.回應

1. 從學理性的角度而言，生命教育的內容和當今哪些學
   門有它們內在的關聯？
2. 什麼是生命教育？請簡要說明。
3. 生命哲學是否又有另一名稱：「人生哲學」？何故？
4. 什麼是生命詮釋學？請簡要說明。
5. 西洋的詮釋學思想界，是否曾出現有關於人在歷史、
   社會中的活動……等種種討論的學說？願聞其詳。
6. 什麼是存在哲學？它與生命哲學究竟有怎樣的關聯？
   請簡要說明。
7. 什麼是生命哲學研究的主題？請簡要說明。
8. 就你（妳）所知，現今的學界或曾經在思想界所出現
   的學說，有哪些是與我們現正探討的生命教育有所關
   聯？請舉事例說明。

目錄

第一章
生命哲學的省察

　　談到生命哲學，首先，我們必須要知道的是，什麼是「哲學」？以及哲學是關心或探討什麼樣的事物、對象與課題……？因為，如果我們不瞭解哲學的研討內容，而硬指生命可以當成哲學研究的對象，那可能會產生一種錯謬的認識或誤解。

　　因此，針對「生命哲學的省察」這個主題的研討，以下將從三個角度來進行。它們分別是：

第一、什麼是哲學？
第二、生命哲學如何崛起？
第三、生命哲學與生命教育的關聯。

謹分述於后。

壹、什麼是哲學？

一、字源學的意義

（一）哲學的本義

　　從字源學的觀點來說，「哲學」（philosophy）這個語詞，是從希臘文的「愛」（philo; love of）和「智」（sophia; wisdom）這兩個字眼所組合而成；意思就是：愛好智慧。因此，一個學習哲學、研究哲學的人，我們就可以說：他是一個愛好智慧的人。

　　於此務必記得：智慧之作為哲學愛好者學習、研討的對象，基本上，它是被定位在人的「愛好」之上，而非在認識、

知道、知見或覺察……之上。

　　而，既然智慧是被視爲愛智者（或作哲學研究者、哲學工作者、哲學家……）愛好的對象，這時，就有可能出現一個這樣的問題：不管某甲個人自己是作了怎樣的認知，某乙這個人又是作了怎樣的理解，他們任何一個人只要是「愛好」他個人所鎖定的對象，這作爲他所「愛好」的對象（按：可視爲一種「最愛」，或者他視爲是智慧的這個對象），便成了他個人試想探討，並且研究的（認知的或理解的……）對象。

　　自古至今，無論東、西方，我們都可看到有不少睿智之人，多把他們一生極其寶貴的青春歲月，投擲在所謂自視是「智慧」的愛好上暨追尋上。爲什麼是如此？想必，他們多把這種個人愛好暨亟想追尋（認知）的智慧，當成他一生幾可爲之生，甚至爲之死的重要的人生眞理。如果能套用一句中國哲人的話語，便是：他們總在追尋攸關個人自己的「安身立命之道」。

（二）人本無知

　　反過來說，這些人既以（哲學）智慧作爲他們個人一生愛好、追尋的目標，顯然這裡便呈現了一個明確的事實——這些愛好暨追尋智慧的人，他們本人在當下，或者說，自他們生存於世上而活到現在，在他們正要去追尋智慧的這個時刻，他們的心中或者身內，根本是沒有任何有關他們企想追尋的那種東西、那種美好的事物，或那種智慧的。

　　就此，如果借用古希臘哲學名人蘇格拉底（Socrates, 470～400B.C.）的話來講就是：「人都是無知的」。蘇格拉底本人就曾很有自知之明地自我表白：我是無知的！

好一個自視自己「無知」的自謙之語！今天，放諸四海，以人類知識教育的普及角度來談，有哪個人當他接受了一定程度的教育之後，一旦有人問起他某件事情（例如：生命是什麼？生命的本質是什麼？或人類生存於世的目的又是什麼……？）時，他會這樣很有睿智地來告訴你（妳）他在這方面，其實是一無所知，而是有待進一步去學習、去認識、去理解的？

想想：我們每個人，包括你（妳）、我在內，多會憑恃自己的某些見識，倚靠自己某種的知識智能，或者仰賴某種現正流行的知識（資訊系統）學說……，很嚴正地自我表白說：「你（妳）看，我所知道是這樣……，又那樣……。」真的，還可以娓娓道來，好像是這方面的研究專家似的。

其實，實情難道就是這樣？對任何事物，我們人類自己難道有那麼十足的把握？亦即可以明快地斷定某現象是某物，某現象是某種東西……？試想，如果人類的能力（包括：認知能力、理解能力、判斷能力、處理能力以及行動能力……）是這麼樣的能給予人類自己有如此的自信，也有著十足的把握；那麼，你（妳）也應瞭解了：自古至今，一定沒有所謂的人類的觀念、知識的演進史；沒有什麼西洋哲學史；沒有中國哲學史；沒有印度哲學史；甚至，也沒有所謂的西洋科學演進史……了。

因為，人類的認識如果是一次就清楚的搞定，顯然箇中便不會有所出錯、有所缺憾；因此，便不用去補正，不必去改進。這樣，哪會有什麼演進、進展，或進步……等種種變動、變遷的現象？

二、不同的解讀

　　從以上對哲學本義的探知上，我們應可得悉，認識知識既然是在進展中的；那麼，就此也可揣知，作爲認識主體，以及知識（眞理）、智慧的愛好者兼追尋者，「人」當然也是在不斷變動與進步中的人。

　　針對這樣的論調，在人類歷史上，我們是可以找到幾個，甚至是不少的事例來作佐證的。請見以下的提述：

（一）西方古希臘哲人的見解

1.蘇格拉底的見解

　　對於智慧的愛好者、追尋者——蘇格拉底這個人來講，他自年輕時代起，就以追求自我理解爲他一生的職志。因此，你（妳）可以想像，在蘇格拉底心目中的哲學會是什麼呢？哲學就是：追求自知之明，以達到知行合一的人生最高境界。

　　說來，要再多談談蘇格拉底這個人一生傳奇的事蹟，那確實是值得的。因爲，大家可不要忘了：他可是一個倫理的教育家，也是當時雅典社會良知的改革者。而此刻，我們所關切的是生命哲學、生命教育的實質。不知你（妳）是否瞭解：我們今人正可從蘇格拉底一生的教化中，學到不少的生活智慧，甚至是生命的眞理？

　　祁克果（S. Kierkegaard, 1813～1855），這位當代西洋的蘇格拉底學專家、丹麥的存在思想家，便極其推崇蘇格拉底哲學精神的偉大。例如，他就這樣說道：

　　「蘇格拉底！蘇格拉底！蘇格拉底！三次喚你名字也

行，喚你十次也不為忤。

人們認為，這個世界需要一個理想國，需要一個新社會秩序與一個新宗教；倒是，從來沒有一個人想到：現今世界儘管因為多量知識而混亂，它所亟需的卻是一個蘇格拉底。」

——《死病·部 II》，祁克果著

到底祁克果推崇蘇格拉底這個人的優點是在哪裡？至少，是有下述這兩點：（1）發現自己和超越界的（真）神有一種內在的關聯；（2）要每個人重視自己（生命）的存在以及存在的意義。關於前者，可見諸於祁克果的自述：

「蘇格拉底所高度重視的，就是站穩自己，並走向自己；緘默，這是他那關聯於世界歷史、他整個生命的東西。」

——《論反諷的概念·導言》，祁克果著

又說：

「蘇格拉底實質上是專注地強調存在；……蘇格拉底的無限精神，就是去成為一個『在存在中的』思考者，而非一個遺忘存在的思辯哲學家。」

——《對「哲學片斷」之最終非學術的
附筆·第二書》，祁克果著

而關於後者，請見以下的引文（祁克果說）：

「在蘇格拉底的觀點裡，每一個人就是他自己的中

心，而且整個世界，也聚集在他裡面。因為，他的自我認
知，也就是對神的一項認知。

　　因此，蘇格拉底認識了自己；他也認為⋯⋯每個人
必須瞭解自己。」

——《哲學片簡》，祁克果著

又表示：

　　「蘇格拉底是屈從於神的檢視下的助產士；他的工
作，是要實現神的任務（柏拉圖的〈辯護〉）。⋯⋯」

——《哲學片簡》，祁克果著

以上，我們可以看出，蘇格拉底本人及他要求於每個人的
是：要每個人都高度重視自己、站穩自己、走向自己，並去瞭
解自己。此間，他又期待每個人在瞭解自己，務使自己成為一
個在存在中的（而非遺忘自己存在的）思想家之際，同時，也
應承認有（真）神的永存，而不是僅僅只去肯定自己的存在。

　　顯然，祁克果在這裡會作這樣的詮解蘇格拉底，當不外是
企想指出：「相較於超越界的永恆的、全知的（真）神，性情
和蘇格拉底一樣的任何人（也就是我們世人），全都是無知
的、在追尋（永福和⋯⋯）中的人。」關於這一項，可參看下
一則祁克果所提到的蘇格拉底的另一項優點：「要人在（真）
神面前，自承是一個無知的人；這樣，才能被（神）抬升、被
（神）器重，以及成為真正瞭解自己（命數）的人。」有如祁
克果的自述：

　　「蘇格拉底說過，他是無知的；儘管這樣，他卻擁有

知識。因為，他擁有關於他無知的知識。」

——《論反諷的概念·部Ⅱ》，祁克果著

「蘇格拉底的無知，並不是一種經驗的無知；因為，他擁有許多的資訊，早已讀過許多詩人與哲學家的著作，以及在生活事物上有過高度的體驗。不，在任何經驗意義上，他並非無知者。然而，在某個哲學意義上，他卻是無知者。

他對於構成一切事物、永恆、神性的基礎的理性一無所知。這也就是說，他知道它在，但是，他卻不知道它是什麼。他意識到了它，然而，卻又未意識過它。因為，他對於它唯一所能描述的事是：有關於它，他則一無所知。」

——《論反諷的概念·部Ⅰ》，祁克果著

務要記得，祁克果在這裡談述蘇格拉底的無知觀，是有他的深意的；因為，他認定：它即在反顯或反托出（真）神——這位作為人類生命暨存在意義本源的永恆者——的永存與威榮。不然，祁克果便不會在比較蘇格拉底的思想與猶太人智者的言論之餘而肯定蘇格拉底的偉大「智慧」。請見祁克果的稱述：

「我們可不要忘了（然而，畢竟有多少人可知道它或想過它？）；且不要忘記：蘇格拉底的無知，是一種對神的敬畏與崇拜。

他的無知，是用希臘人的方式，表現了猶太人的一項認識：『敬畏神，是智慧的開端』。

我們且不要遺忘：正由於對神的敬仰，他才無知；雖然身為一個異教徒，他卻像一個審判官，在神／與人的邊界上看守，苦守在他們，即神／（與）人實質區分的深谷旁，好使哲學或詩……等形式，不致把神／（與）人混同為一。

　　看哪！就因為這個理由，蘇格拉底是個無知的人；且正因為這個理由，神認為他才是最有知識的人。」

　　　　　　　　　　　　——《死病‧部Ⅱ‧補遺》，祁克果著

　　從以上有關蘇格拉底的思想或哲學這個事例裡，不知讀者諸君，你（妳）對於「什麼是哲學？」瞭解了多少？也就是說，你可從蘇格拉底這個人的人生關懷，以及他個人的教育（教化）理念中，解讀出了什麼樣的「智慧」訊息？……你想：這樣的一種哲學個例，難道無關於今時對人所亟需的理解自我、教育自我的重要內容——攸關自我存在意義的生命教育？

　　不然，我們可以再列舉其它的事例來補充說明；請參下文。

　　談到愛好智慧這種哲學的追尋，除卻以上所談的蘇格拉底這個人的哲學追求之外，我們還可從其他的哲學探討者的人生關懷中，看出他們個人究竟是怎樣在解讀「哲學」的。例如：畢達哥拉斯（Pythagoras, 570～500 B.C.）。

2.畢達哥拉斯的見解

　　畢達哥拉斯是古希臘一位相信人的身體即是拘禁靈魂的監獄的宗教領導人。在他的一生中，除了重視「數」的無上價值（按：認為數才是萬有存在最早的開始）之外；再來，便是篤

信哲學之道，即在於：要追求神（明）的智慧，以肖似神。

此間，他也強調，尋求救恩才是智慧的最高目的。

3.柏拉圖的見解

柏拉圖（Plato, 427～347B.C.）爲蘇格拉底的得意門生。在西洋早期的學術思想界，柏拉圖有他舉足輕重的地位。由於他博學多聞，所思考及探討的宇宙人生問題，則擴及人（性）、知識（眞理）、物理、道德（倫理）、藝術、宗教、政治、法律，以及形而上的抽象世界……等領域，而被後世學界美稱爲：古希臘三大哲人之一〔按：其它兩位，分別是蘇格拉底，以及亞里斯多德（Aristotle, 384～322B.C.）〕，以及西方最早有系統的觀念論（或：唯心論）大師。

西洋當代英國的一位學科學出身的哲學思想家兼教育哲學家懷德海（A. N. Whitehead, 1861～1947），甚至這樣的推崇柏拉圖思想的博大精深：西方兩千年來的哲學發展，都在替柏拉圖哲學思想作註解。

不管懷德海這位思想先輩的美言，是否過甚其辭；至少，從他嚴肅語詞的背後，我們當可嗅出他對柏拉圖的人生思維，畢竟是懷有不少的景仰與愛慕。

在此，也許有人要問，柏拉圖這個人的生命情調或生命境界是什麼？又，他和我們要談的生命哲學、人生哲學或生命教育又有怎樣的關聯呢？在此，筆者想要強調的是，柏拉圖思想的紹承和個人的認知均有其獨特性。

在宇宙觀方面，他頗能承繼前哲的看法：一者，其肯定有神〔按：最完美的理念、至高、至善；又稱：善自身（善自體the Good-Itself）〕的永存；二者，其認定世界即是一種不眞的

存在，或是觀念世界（又稱：抽象的理念世界）的影像；此外，他還相信有前世（按：靈魂在進入現實物質世界之前所居住的場域）、輪迴……等的存在。

而在人生觀方面，他同樣能紹承前哲的觀念，並且加上自己的詮釋；進而認定，人的靈魂雖然受到肉身的羈絆，但是，人一生的努力，便是要善待自己的靈魂，務期使它能脫離這不真的世界，以及這有如監獄般的身體。為此，傳聞晚年的柏拉圖，便過著冥思和祈禱的生活。

又，遵循這樣的一種人生思考，你（妳）認為，柏拉圖會怎樣去詮解哲學的重要性呢？當然，就是去探求那真實世界的存在，或追尋永恆真理的存在。就此，有些學者就認為，柏拉圖的哲學或他愛智的最高目標，便是想透過一種思考上的辯證，努力去尋索那寓存在抽象的觀念世界、理念界，或精神世界中的真實事物——可以稱它為：永恆的、不變的絕對真理。

你想，至此我們所瞭解的「哲學」，它在柏拉圖這方面即有著不同的解說；顯然，它是有別於前述蘇格拉底和畢達哥拉斯的理念。此外，我們尚可看到，柏拉圖對生命的瞭解和態度，又與蘇格拉底和畢達哥拉斯有著若干的差別。

4.亞里斯多德的見解

亞里斯多德是古希臘最偉大、最有系統的理性主義者兼經驗主義者，其亦為柏拉圖的弟子。據文獻記載，他幾乎和師尊柏拉圖同樣有著淵博的知識；曾經結過婚，並且曾經建立自己的學院。由於其學院的學生，經常逍遙散步於學院的迴廊，並在此研討哲學或糾眾講學；因而，在後來即博得了漫步學派或逍遙學派的美名。

　　據悉，亞里斯多德自創的學院，主要是探討自然科學、哲學、歷史、醫學和政治（學）……等；這可彎像今日我們所瞭解的一般大學或某某學術的研究機構（或：某某學院）。

　　在後世學界人士的眼裡，好學又多聞的亞里斯多德，確實是名不虛傳：因為，他曾經在所服侍的老師與追尋的真理之間，表達出他個人的人生抉擇與目標：

　　　「柏拉圖與真理都是我的好友，不過，我還是得先選擇真理。」（柯普斯頓著，傅佩榮譯：《西洋哲學史 I：希臘與羅馬篇》，黎明出版，1986，頁344。）

　　　　他的這個心聲，亦即是我們經常聽到的「吾愛吾師，吾尤愛真理。」這位偉大的真理先生的生命見證。

　　在這裡，不知讀者諸君你（妳）有何感想？你可曾想到，有人在選擇人生美好的事物上，居然會捨人而就「事」或就「物」（按：暫且把真理當成非人的東西）？亞里斯多德這位哲人，便是這樣。他把對知識的追求，或者說，他把追尋真知、探求真理，當成他人生的最愛、一生中最高的選擇。無怪乎，後人在瞭解亞里斯多德本人的思想作為上，便發現到，他對「哲學」即有自己一套獨特的理解和詮釋。

　　我們可以這樣探問，對亞里斯多德來講，什麼是哲學呢？他會說，哲學嘛，它是發生自人對宇宙人生萬事萬物的驚奇；接著，人便利用他與生俱來的思考能力、認知能力，去探討事物為什麼會存在（在這個宇宙中）？為什麼會變動（從甲處移動到乙處……）？以及為什麼石頭就是石頭而不是別的東西……等？所獲得的認識之結果。

依此來看，可以說，哲學就如同人類藉用他的五官（眼、耳、鼻、舌、身）和理性思考所取得的有關一切事物的總體知識。如果能從學理化的角度來說，那麼，以下的這些學門，例如：（1）自然哲學（又名：物理學）、數學和形上學（含自然神學）──以上三科，又稱為理論哲學；（2）政治科學、修辭學和經濟學──這三科，又稱作實踐哲學；（3）藝術、詩論和倫理哲學──這三科，又稱為詩學，……全都隸屬「哲學」研討的範疇。

　　所以，你（妳）可想像，以我們今天對知識學問的一般瞭解來看，舉凡所謂的科學（尤其物理科學、數學）、哲學（尤其倫理學和形上學）、美學（尤其包含藝術、詩學）、語言學（包括修辭學）、社會科學（包括政治科學、經濟學）和宗教神學（尤其自然神學）……等研討領域，從亞里斯多德個人的認知角度來說，便可稱得上是「哲學」研究的大範圍。

　　在此，我們又可進一步問說：「亞里斯多德研究這些哲學的對象要作什麼？」或者也能換換角度來作這樣的提問：「你研究哲學到底是想獲得什麼呢？」首先，以我們的瞭解，亞里斯多德可能會這樣表示：要滿足我天生下來就有的求知慾呀！因為，人類生活的實情豈不就是：「天生下來就想知道！」（《形上學》，第一章，亞里斯多德著）

　　的確，這就是亞里斯多德對此一問題的回應。接下來，他還會告訴你（妳）：「哲學啊！就它的內容等級，又可區分成第一、第二哲學呢。」

　　什麼是第一哲學？又，什麼是第二哲學？……第一哲學，便是隸屬比較深奧、比較難以理解那個層面的知識。譬如說：

有關事物或在你（妳）我眼前出現的某種東西，我們能夠觀看它、思考它，並且在自己的心裡這樣問道：它是什麼？為什麼有這個形狀？為什麼帶有這種顏色？又，觸摸起來為什麼是有××的感覺……？等。這種觸及到有關某種事物或某樣東西的性質，以及該東西本身的存在原因（按：指它為什麼是在這裡出現成這樣的一種東西，而不是在別處出現成別樣的東西……）的知識，就可視為「第一哲學」的知識和內容。

至於其它有關個別東西的研究，有如今日我們所瞭解的科學，它對個別事物的分析、探討所獲得的一切，便可當成「第二哲學」的內容或知識範圍。在第一、第二知識等級的區分上，前者當然是比後者還要高超、還要高級。

總之，在「第一哲學」的探討上，我們要說，發現萬物之為萬物，以及各種事物之擁有它們自身的獨特性和存在原因，這對亞里斯多德來說，便都在涵指這樣的一種最後原因暨終極力量：神。用他自己的話說，神就是萬有的「第一因」；且因為神能推動萬物的生成與變化，因而又可稱神：是「第一不動原動者」，是「完美的存有」，是「至高的存有」，是「至善的神」，是「純粹的最後因」，以及是「純粹的形式」……等，真是不一而足。

再作一個探討和說明。這個「第一因」、這個「神」，對亞里斯多德而言，他總是認定：「祂」是無形的、獨立自存的、不動的、永恆不變的和自滿自足的……（精神體）。在沒有推動這個世界或宇宙萬物以前，祂獨立自在，當以自己的思想為樂，且以自己的思想為思考對象；或者又可以說：祂是擁有自我意識的……。

在瞭解以上亞里斯多德這種的哲學思考上，顯然可以得到兩種體會：一者，他的這位「神」的能力，雖具有前述柏拉圖的「最高理念」（善自體）的一切美德；可是，就祂的其它屬性來看，它可擁有如我國古代老子心目中的「道」的玄奇、偉大和威榮。所謂老子的弟子莊子（約在西元前350～270年）對「道」的體認之語，便可作一個佐證。因為，莊子曾說：

> 「夫道有情、有信，……無形；……可得而不可見。
> 自本至根，未有天地，自古以固存。……生天生地。在太極之先……，在六極之下……，先天地生……，長於上古……。」

——《莊子·大宗師》，第六

二者，亞里斯多德既然相信萬有的存在本源是「神」，而神又是一「思想的自身」；因此，做為世人的你（妳）、我每個人，應如何認識和努力才能接近這作為一切事物、一切生命的總源頭？要多思想！要多沉思。對亞里斯多德這位哲人來講，他則篤信著：一個會思想的人，才是一個能接近神，並且能被神所親近的一個智者。

至此，我們就可以很明白地告訴你：對亞里斯多德而言，什麼是哲學呢？哲學便是：去探討宇宙大自然、人類與神（作為萬有的第一因）的究極真象的知識暨智慧。

(二) 西方其他哲人的見解

此外，我們在西洋哲學思想的發展上，也可以看到有關「哲學」千奇百怪或五花八門的定義與學說。

譬如有人主張：人研究哲學的目標，就在於努力尋求和他

的神有一種玄秘的契交（新柏拉圖學派）；哲學牴觸人的信仰生活（戴爾都良Tertullian，約在160～230年）；哲學和神學同樣來自神道的啓蒙（奧古斯丁Augustine, 354～430）。

又有人聲稱：哲學雖然起自於人的懷疑，但至終卻在闡釋終極的、必然的眞理（笛卡兒R. Descartes, 1596～1650）；哲學需要對人思想中的觀念先作一番的分析，而後才去探討人的知識概念的形成過程（洛克J. Locke, 1632～1704）。

有人又表示：哲學就是一種現象學的分析，以便在人的經驗中去尋找（有關事物的）本質的眞象（胡塞爾E. Husserl, 1859～1938）；哲學攸關於經驗中具體的、個別的事物之研究，因此，哲學脫離不了對歷史的探討（克羅齊B. Croce, 1866～1952）；哲學是在探索潛存在人類思想領域中某些符號形式的發展過程（卡西勒E. Cassirer, 1874～1945）；哲學是要再度發現人類生命的存在意義──又稱「存有意義」（海德格M. Heidegger, 1889～1976）……等，簡直各說各話，莫衷一是。

（三）中國古經書的見解

至於我國歷來的思想家或明哲之人，他們是如何來看待「哲學」的呢？

首先，從我們中國人的觀點，來談談什麼是「哲學」。提到「哲學」，先前已提到古希臘字源學的涵義；在此，我們則必須知道：「哲學」這個名稱，並非始自於中國，而是在1893年（明治天皇六年）由一位日本人西周氏（Nishi Amane, 1827～1897）根據中國的古書《爾雅》中的釋言：「哲，智也。」而創用這個語詞。

　　如果能說「哲」學是一種牽涉到「智」識、「智」慧的學門；那麼，在我國古代的經、史、子、集……等各種典籍暨文人的作品中，自是多能看到哲學思想的活動及其成果。

　　譬如說，在《書經》或《尚書》中便載有：「明作哲」（洪範篇）、「知之曰明哲」（說命篇）、「濬哲文明」（舜典篇）、「知人則哲」（皋陶謨篇），以及「自貽哲命，即為智命」（召詔篇）……等這些文句。而其中所論到的「哲」這個字的意涵，就具有知、明、智……等這些蘊義，而頗契合古希臘哲人所探討暨追尋「智慧」的實質。

　　此外，在其它的古經書，有如：《詩經》、《易經》、《論語》、《禮記》、《大學》和《中庸》……；以及古代的哲人，有如：孔子（西元前551～479年）、孟子（西元前372～289年）、荀子（約在西元前298～238，或310～213年）、老子（約在西元前580～480，或571～476年）、莊子（約在西元前350～270，或369～286年）、墨子（約在西元前464～386，或479～381年）、惠施（約在西元前380～319／310年）、管仲（約在西元前647年）、韓非（約在西元前280～233年）……等當中，同樣也可看到古人在探求知物、知人、知事和知天……等幾個領域中所悟得的知識真理暨真象。

（四）中國古哲人的見解

1.孔子的見解

　　孔子，周朝魯國人。在他學思的一生中，其個人的成就，被後人視為是中國文化承先啟後的一代大哲。當然，他也是一位正式開啟古代平民教育之新頁的社會倫理學家兼教育改革家。

談到孔子的一生，迄至目前，一般學界多半認爲《論語》
——此一師徒之間的對話語錄，最能反映當時孔子本人的心思
行徑。循乎此，如果我們試著想瞭解孔子本人對於人生或生命
……等問題究竟是抱持何種的態度，唯一具有權威和可靠性的
文獻，當然，就應以這部《論語》鉅著莫屬了。

談到孔子對於人生或生命的態度，以下的引文，自是透露
出若干的端倪。他說：

> 「吾十有五而志於學，三十而立，四十而不惑，五十
> 而知天命，六十而（耳）順，七十而從心所欲不踰矩。」
>
> ——《論語·爲政篇》，第二：4

在這裡，幾乎可以看到孔子一生的志向與其對自我存在的
瞭解。

> 「志於道，據於德，依於仁，游於藝。」
>
> ——《論語·述而篇》，第七：6

> 「德之不修，學之不講，聞義不能徙，不善不能改，
> 是吾憂也。」
>
> ——《論語·述而篇》，第七：3

> 「朝聞道，夕死可矣！」
>
> ——《論語·里仁篇》，第四：8

這裡，總可以看出孔子勉力自我修德進業的意志和決心。

> 「莫我知也夫！……不怨天，不尤人，下學而上達，
> 知我者其天乎！」

　　　　　　　　——《論語·憲問篇》，第十四：35

「天生德於予。」

　　　　　　　　——《論語·述而篇》，第七：23

「巍巍乎，唯天為大。」

　　　　　　　　——《論語·泰伯篇》，第八：19

「丘之禱也，久矣！」

　　　　　　　　——《論語·述而篇》，第七：35

「獲罪於天，無所禱矣！」

　　　　　　　　——《論語·八佾篇》，第三：13

「君子有三畏：畏天命，畏……。」

　　　　　　　　——《論語·季氏篇》，第十六：8

　　這裡，已可清楚看出孔子是一位敬「天」（按：含指宇宙唯一、至高、偉大、有智慧可鑑知一切、人都不可得罪，而且值得世人向祂祈求的眞神）、畏「天」（命）的明哲之人。

　　總括以上所述，不知讀者諸君，你（妳）可意會到什麼樣的智慧訊息？是否發現孔子有他持己、愛己、修身、養性、敬（眞）神、畏（眞）神……等可貴的一面？我們認為，這是他的生命哲學、他的人生哲學，或者他對宇宙人生與自我存在的重大認知。

2.孟子的見解

　　孟子生當楊朱（約在老子、孔子之後，莊子之前；即約在西元前372～289年）、墨子……諸種學說盛行的年代，學思乃

紹承曾子（約在西元前505～？年）與子思（約在西元前492～431年）此一學派的學風，而被後世學界人士視爲孔子身後所輩出的一位偉大的傳人。

在此，姑且不談孟子如何想承繼夏禹、周公與孔子這所謂「三聖」的道統，而以「正人心，息邪說」作他一生的職志，我們從他與多人論辯、自述的言辭中，差可揣摩出孟子對人、我、事物和「天」的看法。此中，則透露出他對人生智慧的卓越知見和感觸。

譬如，在對自我心性的瞭解、持養以接近「天」（按：可通於孔子的「天」論，即涵指「眞神」）方面，他就這樣說道：

> 「盡其心者，知其性也。知其性，則知天矣。
>
> 　存其心，養其性，所以事天也。殀壽不貳，修身以俟之，所以立命也。」
>
> ──《孟子·盡心上》，第四十六：1

這裡，又可看出孟子對所謂個人生命的態度：人應由盡（己）心而知（己）性，且由存（己）心而養（己）性，以便能知「天」、事「天」。

如用今日所通行的語言，便可作這樣的理解：人首應反躬自省，或透過內觀，或經由自覺，而且務必隨時存養自己的精神、心性或德性……等；這樣，他才能以擁有修身、修心的人的資格，去接近「天」、認識「天」，以及事奉「天」這一能提供他「安身立命之道」的存在本源。

他說：

「萬物皆備於我矣。反身而誠，樂莫大焉，強恕而行，求仁莫近焉。」

　　　　　——《孟子・盡心上》，第四十六：4

　　這裡，則可教人瞭解：孟子似乎體悟到一切事物的存在原理、原則或性質……等，應都可在個人自我的反省或反思中被體察出來。這種坦誠，這種對真實的發現，當可提供人在世上生活，乃至個人生命中的一大樂趣。

　　再說，如果人肯用心努力，策勉自己在平日生活中能有善德、善行、美德的實踐；這樣，他就能夠讓自己成為一個有宅心仁德的生活力行者。

　　你（妳）想，光憑先前孟子的這段文辭，豈不教人能夠明白孟子一生為人處事的基本心態？

　　此外，我們還能從他論及人心，諸如「人皆有不忍人之心。」（《孟子・公孫丑上》，第九：6）；順天，例如「順天者存，逆天者亡。」（同上，〈離婁上〉，第二十八：7）；守身，例如「守，孰為大？守身為大。……守身，守之本也。」（同上，〈離婁上〉，第二十八：19）；以及愛人，例如「君子以仁存心，以禮存心；仁者愛人，有禮者敬人。愛人者，人恆愛之；敬人者，人恆敬之。」（同上，〈離婁下〉，第三十三：28）……等攸關人類自己的心思行徑與天（神）人關係上，看到孟子睿智心靈的一面。

　　總括以上所言，不知大家是否可以看到孟子他那種瞭解自我、覺醒自我，以及能敬天愛人的德行風範？當然，他的哲學精神與要義，是繫於這裡，而他對人生智慧的最高體悟，也無不是根植在此。

3.老子的見解

老子，春秋時期的陳國人。相傳，因為他修道養壽、德高望重，在他那個時代是一睿智高瞻的聖德之人。為此，又有傳聞，儒家之始的孔子，在當時就曾前往拜訪暨討教做人之道。

在歷來學者對文獻的整理中，據悉，史上就曾有過三位老子的存在。只是，至今留傳的《老子》（又作：《道德經》）一書的作者，到底是否為孔子曾經拜訪過的那一位老子，似乎也未有明確的定論。

不過，今天我們來涉談老子、《老子》，或者《道德經》的重要人生思想或其哲學智慧，往往就會把老子，或者《老子》或《道德經》一書的作者視為同一人，並視他為先秦時期道家哲學學派的開山祖師。

循乎此，我們想談談老子的人生智慧，或他對「哲學」（愛好智慧）的洞見，自是依據《道德經》或《老子》一書的內容來詮解的。

以下，我們想要說的是，老子對萬有（包括：你、我個人生命個體存在）的存在，以及萬物的本源究竟是作了怎樣的發現暨理解？可參看這段引文。他說：

> 「天地萬物生於有，〔有〕生於無。」
>
> ——《老子》，第四十章

> 「道生一，一生二，二生三，三生萬物；萬物負陰而抱陽，沖氣以為和。」
>
> ——《老子》，第四十二章

> 「有物混成，先天地生。寂兮寥兮，獨立而不改，周

行而不殆，可以為天下母。吾不知其名，強字之曰道，強
為之名曰大。」

——《老子》，第二十五章

又表示：

「視之不見名曰夷，聽之不聞名曰希，搏之不得名曰
微。此三者不可致詰，故混而為一。……」

——《老子》，第十四章

這裡，可以看出，對你（妳）、我和我們周遭的一切事物
為什麼會存在？又，這一切存在的根源是什麼？以及作為萬有
本源的這種「東西」，它又具有什麼特性……等？它們可以說
是縈繞在老子內心甚久的人生疑難、生命大難題。當然，這也
可稱得上是老子的哲學智慧，盡繫於此。

想必，透過老子本人的好學，他個人的人生閱歷、對生命
本身的體會，以及對萬有的存在有他敏銳的觀察；從而，便形
成他那曠世鉅大的發現：一切都來自於「有」，來自於
「無」；即來自於人的視覺、聽覺、觸覺……，甚至是思想、
語言（按：有如他的自述，「道可道，非常道。」）（同上，第
一章）都不可涉及到的玄深秘境。

這個玄秘所在，老子用了一個頗為奇特的三字語：即
「夷」、「希」、「微」，來表述它就是萬有的本源，就是「道」
（又可稱：「大、逝、遠、反」）的玄妙特性。

其實，筆者覺得，老子的這種言論，或這項思想發現，如
果說它不受其它文化（按：可能來自中亞、兩河流域，或中東
文化圈……）的啟迪，顯然就有它的奇突所在。

　　據悉，德國近代末期的觀念論哲學思想家謝林（Fr. W. J. Schelling, 1775～1854）在他對古代中國文化的瞭解中，便發覺到：老子的道論，即稱萬有的本源——「道」——爲混三成一的「夷、希、微」。這種對「道」的稱述，便像極了猶太民族在舊約時期〔按：摩西寫成五經——即創世記、出埃及記、利未記、民數記、申命記——的時期，年代約在西元前1500年〕即以「夷」（Y）、「希」（H）、「微」（WH）——又作：YHWH或YAHWEH；中譯：雅威或耶威；意即自有永有（者）——來表述他們「以色列的聖者」、宇宙的眞神、天地萬物的主宰。

　　又，這樣的一種「巧合」，傳聞在我國民國時代的嚴復（1853～1921），也曾注意到這項奇特的「吻合」。

　　總之，不管老子的道觀或他的人生哲學，是否洞察到宇宙人生的哪些眞理智慧，他那留傳千古的睿智言語，必將在歷史上熠熠發光，而且一直在昭示著世人：你（妳）可不要忘了！這個有形世界，絕不是自因自存，而是有它終極的依托、永恆的根基——作爲「萬物之奧」的「道」，也是那能造生世界、更化世界、托持世界、覆育世界，以及導引世界的終極力源。

4.莊子的見解

　　莊子是周朝晚於老子兩百多年的河南蒙澤人，他也是先秦道家老子哲學最偉大暨有力的一位繼承者。至於在中國歷來藝術家的眼光中，亦作爲美學創意家的莊子，更被稱作是中國山水畫的理論宗師。因爲，他那體道行德的美妙人生洞察，以及行雲流水般的生命意境，不知羨煞了歷來多少的文人遊子。

　　雖然迄今在莊子學的研究上，有關莊子作品的數量，曾被

定位在所謂的內七篇，而外十五篇與雜十一篇，多被視爲出諸
別人的手筆；不過，對整部莊子著作（按：包括內、外、雜篇）
的研讀，總會教人感覺到莊子的偉大智慧，以及他那漫妙的生
活風格——崇尙自然，任天（意）而行。

　　再者，在史上莊子的研究者，雖多視莊子爲老子之後最著
名的一位繼承者；但是，他們卻也發現到，莊子有與他的師尊
老子思想扞格不入的所在。

　　譬如，在老子力言「無爲而無不爲」是道本身，也是人生
在世理應遵行的處事原則；而莊子，卻是推崇「無所可用」即
爲大用的靈活原理。又，老子的言論，則可看出他對雌雄、榮
辱、虛實與先後……等差異的強調；而莊子，他卻力陳無待、
齊物……的超越知見。再者，老子深明「銳則挫」、「堅則毀」
之理，而求取不挫不毀的門徑；不過，莊子卻力求在俗世生活
中，逕使自己「獨能與天地精神往來」而有「外死生……」的
超脫生命之意境。

　　儘管如此，在莊子力求漫妙人生、要擁有超脫生命的意境
素養中，你（妳）、我依然還是能發現莊子之能夠如此的重要
祕訣：在肯定世上有「道」的大前提下，人始有可能倚藉努力
接近於「道」的玄妙，以獲致個人的安身立命之道。

　　這裡所說的「道」是什麼樣的「道」呢？就是老子體悟到
那作爲萬有生化的本源，本身即爲一無形、絕對、永存、遍
在、周行、有（眞）情、有信（實）與慈善……的「存有自
身」。有如他的自述所顯示：

　　　「夫道有情有信，無為無形；可傳而不可受，可得而
　　　不可見。自本自根，未有天地，自古以固存；神鬼神帝，

生天生地。在太極之先⋯⋯，在六極之下⋯⋯，先天地生⋯⋯，長於上古⋯⋯。」

——《莊子・大宗師》，第六

就因為莊子發現一切均如老子所言：都是來自於那「自本自根」、「自古以固存」的「道」（夷、希、微）：為此，人生的一切，雖是有限、又不完美，但這又有何妨？又有何懼？⋯⋯人只要能明白道的本然，而且人與道有其內在的互屬關聯；這樣，如何讓自己開放心胸於追尋真知、真人的至高人生目標，這才算是人生的要務，也是一個人唯一要掛懷的大事。

承以上所言，若論及莊子的生命智慧在哪裡？或者問道：莊子對智慧人生的體會是什麼？想必，就可以頗輕易的這樣作回答：「要知道、行道、體道、揚道而求得道。」有如前述儒家孔子的一席話：

「朝聞道，夕死可矣！」

——《論語・里仁篇》，第四：8

這即是莊子最高的生活指標，是他對人生至深的人性體認，更是他的哲學的終極關懷之所在。

這樣看來，你（妳）說：莊子的哲學，或莊子的「愛智」的竅門，若不是在此，那又會在哪裡呢？

（五）綜括與歸結

以上，我們曾就古希臘的智者蘇格拉底、哲人畢達哥拉斯、柏拉圖、亞里斯多德⋯⋯：以及古中國的聖人孔子、孟子、老子與莊子⋯⋯等人對其各自人生的追求暨解讀，以探討

「什麼是哲學？」或「哲學的智慧何在？」至終，想必我們可以得出下述這樣的一個歸結：

肯定人生有它的意義之所繫，正如肯定人的個體生命有它永恆的根基——在這方面，像古希臘的蘇格拉底即相信世上有神（又作：未識之神，不可知者）；畢達哥拉斯承認有神（神明、神祇）；柏拉圖認定有善自身（又作：至高的理念）；以及亞里斯多德推斷出有第一因（又作：神、至高的存有、完美的存有、純粹的形式、至善的神，或第一不動原動者）。

而古中國的孔子認可有「天」（眞神）；孟子亦提及可事奉的「天」（眞神）；老子推知有「道」（三一者；又作：作為「夷、希、微」的終極實在、存有自身）；以及莊子也承認有「道」（自本自根、獨立不改者⋯⋯）的永存⋯⋯。

其實，這裡所談到的神、善自身、第一因、天、道⋯⋯等，若從學理（宗教哲學）的角度來說，都可稱它是「終極實在」（the Ultimate Reality），而如以我中國人平日的生活用語來說，便多是在指：「老天爺！」

你（妳）想，古人曾說，人窮即呼「天」；而孔子曾言：

「知我者其天乎！」

——《論語·憲問篇》，第十四：35

這可顯示什麼呢？豈不是在昭告世人，人生的豁達與窮苦、潦倒與榮華，乃至生與死⋯⋯等，它的玄秘，它的終極主宰權，可不多是繫賴在「天」、在「道」、在「神」、在「第一因」、在「至善的神」、在「完美的存有」⋯⋯？

為此，我們則可大膽的指說，哲學在愛好、尋求智慧，而

這個被求取的智慧，當不出於你（妳），也不來自我這弱小又有限的生命個體，而是來自於那創生萬物、造化萬有、托持一切和覆育眾生……的終極本源。

不論你願稱祂爲神、爲天、爲道、爲存有，或其它任何的名稱，祂總和你個人的生命與其它的一切息息相關。你並無法自外於祂，祂也無法自你的潛意識隱離。人就是這麼和祂相依相隨：祂陪伴你一生，祂「見」你成長，也「見」你衰微；祂「看」你快樂，也「看」你憂傷；祂「聽」你傾訴，也「聽」你吐意。祂是你生命的起始，也是你生命的歸宿。祂賜給你人生的意義，也賞給你追尋自我實現的原動力。……

這一切的一切，本都在默默中、都在無形中滋生著，發展著。世上的睿智者，明哲地覺察到祂的「存在」，而愚鈍者則永不知道祂的「存在」。可眞是好一個弔詭的獨特存在觀！

你看，就連古書《中庸》的作者，也道出了這種人與道不分、天與人不離的剴切洞察；誠然足供你、我作一深摯的省思：

> 「天（按：孔子心目中的「真神」）命之謂性，率性之謂道，修道之謂教。
>
> 道也者，不可須臾離也；可離，非道也。是故，君子戒愼乎其所不睹，恐懼乎其所不聞。莫見乎隱，莫顯乎微，故君子愼其獨也。」
>
> ——《中庸》，第一章

這則已明確告示大家：恐懼於人所未聞、戒愼於人所未睹；也就是人應對他未曾聞聽，未曾目睹的生命的本源、存在

意義的賜予者暨人生眞知識、眞智慧的啓迪者——宇宙世界的大主宰——有所敬畏，這才是人的生命之根本、人的安身立命之大道。

三、哲學在東、西方的出現

談到哲學在東、西方的出現，在此，則要將它鎖定在東方的古中國、古印度和西方的古希臘這三個區域。

(一) 西方古希臘哲學的緣起

提及古希臘，或者希臘這個古代的城邦國家，想必大家多會想起這麼一個充滿力與美的歐洲古國；因爲，她是奧林匹克運動會古老的發源地。有的人甚至就會搶著說，他（她）知道，古希臘曾出現過一位非常有名的哲學家——蘇格拉底。蘇格拉底這個人，他就是我們先前已介紹過自認爲是「無知」的那一位智者。

其實，說到古希臘，雖然大家不必然要對她產生什麼樣的興致；但是，如從人類文明演進史的角度，甚至從我們今日所關懷的科學教育、人文教育，乃至生命教育的觀點來看，如果我們不去瞭解希臘，也不對古代希臘她豐沛的思想資源、智慧成就有所傾注；那麼，這必定是大家的一種損失。

因爲，說來頗教人注意，在西元前八世紀的古希臘，就出現有荷馬〔Homer，詩人，相傳是伊利亞得（Iliad）與奧狄塞（Odyssey）的作者〕的神話暨史詩。而在西元前第七世紀初葉，便有首位的哲學家泰利斯（Thales，西元前620～546年）的活動。泰利斯相信，宇宙萬物的起源就是「水」；不過，水中卻是含有神性力量（神明，the divine）的存在。

　　這種哲學在西方，尤其在古希臘出現的芻型，一般學界則把它理解成一種具有所謂的「物活論」（Hylozoism），即物質中含有神性或生命力量的學理、學說。

　　再說，泰利斯的這種素樸的哲學思維，也明確地影響到他的後繼者；分別是亞納芝曼德（Anaximander，西元前610～547年）與亞納西姆內斯（Anaximenes，西元前588～524年）。前者主張，「無限」（定），即具有神性的無限，是宇宙的起始；而後者則強調「氣」，即具有無邊際、無界限和神性的氣，是宇宙的太初（開始）……。

　　自此以後，古希臘哲人有關宇宙與人生的討論，幾乎可以說，多離不開玄秘（神秘）的神、力量、無形者……等之對一個人的思想觀念的影響。

　　在泰利斯他們師徒三人（史稱：米勒學派）之後，古希臘所出現的伊利亞學派的哲人，在思考人類與宇宙萬物的關係上，也難以推辭神性（神明）力量確能對萬有的存在造成一定的影響。

　　當然，在伊利亞學派出現的前後，也曾出現各式各樣的學說、理論；其中，便包括有多元主義、唯物原子論，以及其它的思想學派。不過，相較於後來所出現的蘇格拉底的哲學學究風格，蘇格拉底以前的各種學派暨學說，多是被定位在對宇宙事物的關切上，而較疏忽於對人本身、人心的內在，以及人之生活在世上……等各種活動的終極關懷。

　　自此，即自蘇格拉底的出現，有學界人士才驀然警覺到：若說要談哲學，即以「人」作它終極關懷的對象暨智慧的探討目標，則非要以蘇格拉底莫屬了。蘇格拉底——誠然可以視他

爲西方「眞正哲學」的一個開始。因爲，在前蘇格拉底時期古希臘的哲學研究，多是放在對「物」的探求（如：關切宇宙的起源、成素……）上；因而，可以視它（們）是：在探討所謂「世界統一的預設」這樣的問題。

為什麼蘇格拉底的哲學作爲，會引起後人作出那樣的評價？難道他的努力和追尋智慧的過程，是如此值得後人來大書特書？……

頗爲弔詭的是，跟我國古代的孔子生活行徑相當類似的蘇格拉底，一生則是「述而不作」。他的個人思想，已多被保存在他的大弟子柏拉圖早期的作品中。所以，我們要想瞭解蘇格拉底這個「怪物」，當然，就非得求助於柏拉圖的作品（尤其《對話錄》）不可。而當代丹麥的一位奇人，也是我們經常會提到的（宗教）存在思想家祁克果，他對蘇格拉底則格外感到興趣；他並且有關於蘇格拉底的無知與反諷（Irony）作爲……等的闡述。是以，現今西洋的學界，便多有人認定，祁克果無不是繼柏拉圖之後，另一位頗具有詮釋權威的當代蘇格拉底學的首席專家。

而此間，在涉論哲學與生命的關聯暨探討上，我們首先會留意古希臘哲學的出現，並且也略微縱談自泰利斯到蘇格拉底這近兩百年期間哲學發展的大要，用意當是：想扣緊有關「（個）人」、「人性」、「人心」和「人生」……等這類課題的探討，並且逡視它們才是攸關今日的生命哲學和生命教育經練的過程。

換句話說，在有關人類的生命哲學或生命教育的研討暨關懷上，如果不能預先對人類（不論東方，或西方）在這世上的

生命活動或存在作為有所深入瞭解；那麼，就算現今的我們已建立了一門體系健全的生命教育的學程，那也將是一種頭輕腳重或頭重腳輕的半截的知識系統。

此外，在論及古希臘蘇格拉底這種關切「（個）人」、「人性」、「人心」或「人生」的人學的研究暨開展上，我們也應清楚：它在往後歷史進程上，到底已衍生到什麼樣的境地？是被淡忘了呢？還是已被某種學門、學派……完全取代了？不然，是否已沉寂了相當長的一段時間，而在後來的某一時期或某一年代，才又被人記起而開始提倡與推展……？諸如這一切的問題，誠然多有必要進行瞭解，才不致枉費大家對生命哲學或生命教育拼命的垂注。

談到這裡，我們試想補充的地方有兩點：

1.重視蘇格拉底的人學精神

如果我們理解得無誤，蘇格拉底的人學思想，或對人心、人性、人生……諸問題的主張，這種學思路向，在蘇格拉底之後，只是被他部分的弟子或直接繼承，或選擇性的強調，或予以改造而加以闡揚與延續下去。這些弟子，則分屬於梅加拉學派、早期的犬儒學派和祁連（施樂尼）學派，而統稱作：「小蘇格拉底學派」。此外，還有柏拉圖這位大弟子──一位有名的哲學思辯學家。

不過，縱觀整個西洋自古至今的哲學發展，蘇格拉底的哲學與精神，在中古基督教的宗教哲學暨神學出現之後，好像就已被埋沒殆盡；不然，就是已被完全取代。這個情形，似乎一直延續到十九世紀初葉，在丹麥出現有祁克果的（宗教）存在思想之重視蘇格拉底學的精神與價值，而才有它起死回生、重

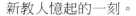

新教人憶起的一刻。

我們認為：批判地承繼蘇格拉底人學思想的丹麥祁克果式的存在哲學，應可說是重建蘇格拉底人學的價值，並對其終極關切生命的意義給予高度肯定的有力推手。

今日，我們在此涉談西方的人文主義教育、生命哲學（即：人生哲學）或生命教育的實質，確然是不能忽略古希臘蘇格拉底的這種人學思維，以及其後在丹麥崛起那一種與它有重要的內在關聯的存在（主義）哲學思想的獨特價值。

對於後者，我們將留待涉理存在哲學的崛起，或存在哲學之與生命教育的內在關聯上，再作進一層的探討。

2.審慎看待希臘的科學成就

而談到古希臘人學思想之外的其它哲學學說，尤其是有關於宇宙萬有的起源是什麼？或什麼是世界統一的預設？……等這類問題，西洋一般的學界，也多注意到它對往後西洋的自然哲學、自然科學，乃至社會科學……諸領域的影響。

以最起碼來說，今日科學教育所提到的基礎學門的訓練，即對數學和物理學的紮根教育，這對古希臘來講，她早就有輩出的數學家畢達哥拉斯（前述），以及提出最早的唯物論、原子論思想的德謨克利圖斯（Democritus，西元前460～370年）。

特別是德謨克利圖斯的原子論主張，可以說，它間接影響後來一味鼓吹歷史唯物論的當代猶裔德國的社會思想家兼哲學家馬克思（K. Marx, 1818～1883）。據載，馬克思的哲學碩士論文的寫成，便是以伊比鳩魯（Epicurus，西元前341～270年）的原子論作為研究主題。而伊比鳩魯這位哲人，則是德謨克利

圖斯一位忠心的仰慕者暨其學術思想的重要繼承者。

從以上簡要的論述中，讀者諸君，你（妳）可否因此注意到：在今日，無論東方或西方，也不管是未開發、開發中或已開發國家的科學研究暨創獲；特別是，在人文社會科學思想界已流衍上百年所謂的進化論思想（按：它的初胚思緒，最早則出現在古希臘亞納芝曼德的斷片作品中。亞氏基本上係認定：濕氣即是生命的起源，也是一切動物進化的開始。以人類來說，魚類便是人類的遠祖……。這種學說，即隸屬於自然科學的研究領域），亦即英國科學家達爾文（Charles Darwin, 1809～1882）所宣揚的物種進化的思想假設，也要以古希臘作為它的原始搖籃地。

至於現今自然科學界所重視的理性（邏輯）思維，即歸納和演繹思考，跟在人文社會學界有漸被強調的辯證思維，以及在太空、物理、天文學……等方面的先進研討，也可以說，它們即有不少的理念、假設和學理……，都要歸功於古希臘民族的智慧型或智慧性的偉大成就。

今日，我們人類涉談一般科學、自然科學，甚至拙文以後將進一層提到的生命科學，光是論到「科學」這種思想的誕生，就跟在我們涉論西洋哲學的起源一樣，也要在它的觀念、理念和知識的初胚形式的探求中，往上追溯到古希臘民族在宇宙、人生構思上的創獲。（在此，可不要忘了！古希臘哲學，原本就是西洋科學主要的思想誕生地。）

（二）東方古印度哲學的緣起

談到印度或古印度，一般人的印象多會是：她好像是一位臉龐蒙上了一層面紗的少女那樣的羞澀與神秘。或許，也有人

會這麼表示：印度，她應是像極了古埃及，一直充滿著人類古老歷史的傳奇與詭譎。而隨著交通的便利、發達，各種資訊的傳播迅速，以及各國對自身文化風情的大肆渲染與招徠，今日的我們要想來瞭解印度，顯然是比以前的人還來得容易、有效和幸運些。

　　據一些曾前往印度走訪的人回來表示他們的觀感，他們多認為：印度人口眾多，有的地區生活環境條件極差，許多地方有待加強改善的可不少。不過，印度人對自己傳統的宗教（印度教）信仰的虔誠，可教人印象深刻……等，多可稱得上是他們對現代印度的總體評價。

　　其實，如從文化歷史演進的角度來看，印度——這個國家的古老，幾乎能夠這樣說：她可和古埃及、古中國……這幾個文化古國相互媲美。特別是在宗教文化、神話文學、解脫哲學，乃至自然科學（尤其零觀念與進位法，以及化學……）諸方面的創獲，古印度每有她舉足輕重的歷史地位和教人引以為傲的一頁。

1.古印度民族暨其文化的興起

　　話說古印度民族暨其文化的興起，這就必須自今往前推溯到四千多年前，也就是西元前二千多年那時候在中亞所發生的人類大遷徙的事件。

　　傳聞約在西元前二千多年時，有一批身材碩偉、皮膚白皙、鼻高目深的亞利安人，曾從中亞開始往南移動，並且橫越喜馬拉雅山（雪山），進入到現今印度河上游的五河一帶。由於這些外族人的入侵，自然免不了會和當地的土著產生衝突。最後，還是這些外來的亞利安人戰勝了土著；接著，便把他們

的軍事、文化……等勢力引了進來，而且繼續往東擴展到恆河流域。

就在西元前一千多年的時候，這些亞利安人又將他們的影響力延伸到恆河河口。到了西元前五百年左右，當時的錫蘭島，也被他們納入了勢力範圍。

據文獻記載，亞利安人的文化活動暨其生命力的表現，在西元後一千年左右，曾經中挫過一陣子。再者，因為在此間又逢外來伊斯蘭教（回教）軍隊與蒙古人的入侵，乃使印度文化與外來文化交相激盪下，終而促生了所謂印度梵文文學的崛起，而漸有她席捲全印度、並且獨佔鰲頭的一個態勢。

大約自西元十四世紀開始，印度本身的宗教文化隱然起了一系列革新的變動。例如：在十五世紀時，即有印度教的一支——羅摩宗的興起，而推行古印度教（婆羅門教）的改革；在十五、六世紀之交，又有錫克教派的出現，儼然成為印度另一種新興的宗教。而從十六世紀到十九世紀前半葉期間，同樣，這幾世紀則可以視為印度教文化暨其宗教革新內部整合的一段時期。（糜文開著：〈印度文學史探討〉，收入《幼獅學誌》，第十七：2，台北，民71年，頁128-9。）

而自十九世紀前半葉至今，對於印度我們似乎又可獲得這樣的一種認知：她擁有詩哲泰戈爾（R. -N. Tagore, 1861～1941）、小說家普雷姜德（M. Premchand, 1880～1936），以及推動和平主義的政治聖雄甘地（M. Gandhi, 1869～1948）……等影響時代的重要人物（糜文開著，前揭文，頁132）；有獨尊古印度教的再生與業力思想而峻拒西洋文化的「神智協會」，以及本身雖能認可伊斯蘭教、基督教與古《奧義書》的

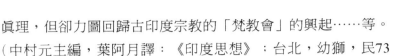

眞理，但卻力圖回歸古印度宗教的「梵教會」的興起……等。（中村元主編，葉阿月譯：《印度思想》；台北，幼獅，民73年，頁8。）

　　當然，如果有人還要問說：現代的印度是否又有哪些值得一述的地方？想來，我們則要表示：佛教的信仰，在印度當地好像並沒有什麼市場；或者可以說，它已然是一種名存實亡、已多不受重視的另一種「宗教」型態。

　　而論到一般的民生現象，有人會表示：他們印度人或者多是出於無奈，或多是出自情願，而在刻苦修行印度教的戒規、戒律下，他們多能活得甘之若飴。至於國家的實力，目前的印度則擁有局部的核武力量，儼然獨霸於南亞一方；而和她周邊的國家，如：巴基斯坦、中國……等交界國的關係，印度本身似乎有她能與之相周旋的腕力。

2.古印度宗教暨哲學的緣起

　　言歸正傳，提到古印度宗教暨哲學的緣起，我們便想要說：自中亞來的亞利安民族之入主北印度，並且建立它的文化系統，當是以強調對大自然加以崇拜，而且持定以泛神論思想爲主的吠陀文化、吠陀宗教暨吠陀哲學……作它的基調。

(1)《讚頌明論》時期

　　什麼是大自然崇拜？就是：以宇宙自然界所出現的一切現象，作爲它畏敬、禮讚和崇拜的對象。什麼是泛神論思想？就是：視天神，甚至宇宙至高的主神，因爲擁有祂無邊的法力或能力，因此，祂可倚藉施化、分身而臨在於世界各個角落。爲此，不論是天象，就算是地上的動、植、礦物……等，都可稱作是天神的同質、同體又同性的化身的產物。

又，什麼是吠陀文化、吠陀宗教暨吠陀哲學？據我們所知：這三者委實有若是三而一、一而三的東西。因為，我們在吠陀文化中，可以看到吠陀文學、吠陀宗教與吠陀哲學。相反的，在吠陀宗教中，又可見到吠陀文學與吠陀哲學。同理，在吠陀哲學中，我們也能看到吠陀宗教，以及吠陀文化的特色……等。

其實，說來也頗為奇怪，傳聞在西元前二千多年入主印度的這個亞利安民族，在當時還另有兩支，其中的一支，曾進入中亞的東部波斯，即今日的伊朗，而帶給他們二神教的信仰文化（按：拜火教、祆教，或作：瑣羅亞斯德宗教）；另一支，則往西遷移至中東、南歐，甚至是西歐和北歐……等地。

不論中亞的這個亞利安民族，究竟是分出了幾支，而且又進入到哪幾個地域，我們就此則想表達的是：她顯然是一支道道地地的宗教性民族，而給古代的人類世界帶來了若干的神秘色彩。

古印度哲學，如前已約略提述，它是一種雜揉吠陀宗教、吠陀文學，乃至吠陀文化的特色的哲學。雖是如此，它又有怎樣的實質內容呢？我們要說，它應是一種富含神話思維的神學化的哲學，或者是哲學化的神學。特別是後者，它在較後階段的吠陀文學時期，即《讚頌明論》〔按：它是古印度的天啓聖典文獻之一，也是古老的吠陀文學之一種，可視作是對太古自然界諸神祇的崇拜與禮讚的歌詠集；又有傳聞指出：吠陀（Veda，意即：知識、智識）最古早的讚歌的出現，在年代上其實是可往前推至西元前的三～六千年之遠〕後期的發展階段，則最為明顯。（中村元主編，葉阿月譯：前揭書，頁1、

12～13。）

　　簡要的說，古印度早期的神話神學或神學化的哲學，當以大自然界、諸般的自然現象，以及將潛藏在自然界背後的玄秘力量予以神格化為它奠定的基礎。

　　這時，神祇的數目咸信並未固定；它們也多是一些抽象的神明，即由天、地、空三界所出現的自然的各種力量與作用……而形成的。就因為早期吠陀宗教的諸神具有共通的性格，而難以對他們各自的本質與個性作出嚴格的區分，致使遂有朝向所謂的交替神教（Kathenotheism），乃至漸往泛神教的方向在作演變。（中村元主編：前揭書，頁18～19。）

　　這是古印度哲學，即在《讚頌明論》初期的開展階段所呈現的一種情況：產生一種以神話神學或神學化的哲學作它的基調的哲學特色。如以今日我們所關切的生命哲學，乃至生命教育的立場來看，它也只不過在顯示：古代的印度人，跟遠古人類之畏敬「自然」力量，而每以精靈的角度去看待他們周遭大自然界中的一草、一木、一天象和一野獸一樣，即以祈求神祇襄助的方式，俾使他們能夠趨吉避凶，好過完他們自己的人生。

　　而到了《讚頌明論》後期的發展階段，想必是由其內部的變革，或有人不滿多神教義的分歧，而有漸往一神教探求的傾向。

　　當然，這樣的一種演進方向，也並不代表它會完全的放棄泛神論的思維。只是，較為中肯的說，應是：它企圖呈現神（按：位格神）的創世，以及人的生、死觀。這也就是說，它是從多神教而朝著位格神教（含萬有在神教），以及一神教

（含泛神教）該方面而在漸作演化。為此，對於這個時期的變遷，有學者則指出：它應可視作是古印度哲學即將產生大變化的一個思想的搖籃。（黃懺華：《印度哲學史綱》；台北，眞善美，民55年，頁3～12。）

(2)《淨行書》時期

在《讚頌明論》時期（約自西元前二千年到西元前一千四百年）之後，古印度哲學的發展，即演進到《淨行書》時代的哲學階段；時間大概是從西元前一千四百年到西元前一千年。

在這個時期，也可以說是亞利安人開始自行建立國家，並把先前的部落君主制改訂成社會階層分明的種姓制──即區分出有：職司祭祀的僧侶「婆羅門」；世襲王侯的武士「刹帝利」；農、工、商的庶民「吠舍」，以及職操低賤工作的勞動階級「首陀羅」──的時期。

此間，由於社會階層分明，各種人間事務得以分工；因此，有關宗教事務的推行，便集中在上層職司祭祀的僧侶階級「婆羅門」。自此，重視宗教儀規的祭祀，遂取代先前以讚頌神祇的崇拜方式。特別是，攸關前者這種祭祀活動，這時期的宗教社會，也出現了所謂的四種修行要求；分別是：淨行、家居、林棲與遁世生活。（黃懺華：前揭書，頁5-6。）

至於在哲學面上，由於在《淨行書》時代的末期曾出現「梵我不二」說，而且也蘊生了輪迴（按：以天堂、地獄為範圍）、業說與些許的解脫思想；為此，有學者表示：它可為後世的印度哲學奠定了堅實的學理基礎。至少，它確已催生了《奧義書》時代的來臨；後者的思想與語義的精深，可說是多已被轉化成爾後印度各宗各派哲學義理的重要主幹。（同上，

頁29。）

　　什麼是「梵我不二」說呢？這裡的「梵」，原意即是：「禮節、頌、唱詩僧的意思。之後，則被引伸作：由禮節所得到的魔力（咒力）。接而，又有其它意涵的引伸，例如：是世界的精力，是造物主，是能遍滲一切的虛空，是風，是生氣，是個人生命的本原，是世界的本質，是萬有的起源，是宇宙的始元……。

　　至於「梵我不二」，意思則是：梵我一如，梵我合一。這裡的「梵」與「我」，就是世界的原質。（湯錫予：《印度哲學史略》；台北，河洛圖書，民62年，頁3。）

　　自《淨行書》時代末期，即大約在西元前一千年，到西元前三百二十年這六、七百年期間，一般學界視它為教學勃興（全印度）時代，也是古印度文化發展中最為光彩的時代。因為，在這期間，曾出現有六派哲學之首的數論派與（原始）佛教哲學。

　　這裡，姑且不談數論派的哲學義理和主張；不過，若是不提（原始）佛教在此時代出現的意義，顯然就有點說不過去。何況，我們所關注的是生命哲學與生命教育的重要課題——人為何在此世界存在著？而且他的生命意義又何在……？

　　簡要的說，原始佛教會在這期間出現，無不是有它的因緣際會與時代背景。它諸種的原因之一，也是最主要的原因是：當時的社會因有階級嚴明的制度，這則造成了若干的不公與貪權現象。特別是，上層的婆羅門階級總攬一切權力。箇中，即包括有：宗教、哲學、文學、曆學、數學與醫學……等學理的發言權暨主導權。再加上，繁文褥節的宗教儀規，也造就出不

良的玄秘教風……。由此可知，這可為倡導人人生來平等、一切力求中道……的佛學思想，預舖了生存的道路。

3.釋迦牟尼的佛教哲學

談到佛教的教主釋迦牟尼所建立的佛教哲學或佛學思想，首先要大家知道的是：它並不是專注苦行的沙門學派，而是一種在絕對無（位格）神論的基礎上，強調個人心性的修行的解脫哲學學派。

所謂要人真確認識人生（一切）的無常，且由出離我執的生、老、病、死這人世苦海，以達到常、樂、我、淨的涅槃境界，便是原始佛教重要的義理之一。

在這裡，讀者諸君！你（妳）是否想過，原始佛教為什麼視人世便是苦？是無常？……想來，這應是釋迦牟尼在學道、修道和成道後的一種高度的知見：除非你以因緣和合的觀點去詮解人世的一切，並發現一切都是無常性、變動性而無恆在性；否則，你便會以私意、慾心去認定某事物或某東西，甚至把自己身體的某部分當成真實的、不變的，而可愛戀，可以執著。

情形一旦是如此，那麼，頗遺憾地，在先前人所認定為真、為不變、為可愛戀與可執著的事物，要是消逝了、不存在了，則這個人的痛苦必是可預期、可難以言喻。

為此，如何脫離人生一切的悲苦，釋迦牟尼創立的佛教，便教導人應悟得有情（按：心、物合一）的組織，全是由色（物質）、受（感情）、想（表象）、行（意志）、識（意識、悟性）這五蘊的因緣和合而成。只要人不貪執假我（按：五蘊中的任何一蘊），即不視假我為真我而加以戀執，他才有可能自

力解脫於生、死的輪迴。

就此，如從生命哲學暨生命教育觀點來看，我們認爲，原始佛教的這種生命教育，當是側重在對個人內在意識的覺醒，而根本排斥有他力（如：神靈力量……）的介入。這也就是說，它強調人人應由自己對自己的心性作觀省起；這樣，在不戀執任何一切外物，包括自己個體的有限生命中，他才能觀見自己存在的眞實面貌。

釋迦牟尼的（原始）佛教哲學，雖出現於西元前的六世紀；不過，自釋迦牟尼去世（按：佛教徒稱之爲「圓寂」、「入滅」、「寂滅」……）之後，他的弟子群則因爲在詮解其師尊的佛法（按：「佛」就是「覺」的意思）上起了爭執，而導致有所謂上座部（按：長老）與大眾部的分裂。這裡的上座部，咸信是採取較保守的立場；而大眾部，則是採取較激烈的改革立場或自由的態度。

在這之後，這兩派本身各自因內部的爭論，彼此又產生了分裂；這時，即進入所謂部派佛教的流行時期。這個部派佛教哲學的發展，曾一直延續到西元前一百年左右，而有大乘佛教哲學思想的出現。

大乘佛教哲學在印度本土的演進，如果能從西元前大約一百年算起，直到西元後七百年左右，在這接近八百年的大乘佛學流衍期間，我們總可看出它是高度富涵哲理性的思辯。

只是，到了十一世紀左右，由於當時佛教文學的發展，因爲出現有秘密儀軌的文學傾向，也就是重視無理性的密咒與玄秘……等；終而，導致大乘佛教思想在印度的日漸式微。（糜文開著：前揭文，頁116。）

在這裡，值得一述，也值得你（妳）、我來省思的是：從原始佛教（甚至更早的根本佛教，也就是釋迦牟尼在世時的說法時期），經由大眾部、上座部的分裂，跟部派佛教的出現，再一路演進到小乘佛教、大乘佛教這幾個階級，讀者諸君！不知你會否注意到它原始重要義理的變遷？或者你會認同某位佛教的朋友對你所作的告白：「我所接受的某種大乘佛教教派的佛理或佛法，就是原原本本釋迦牟尼在圓寂前所說的正法、佛法。」實情可是這樣嗎？……

今日，咸信有不少的佛教信眾，會根據他（她）所隸屬的教團或僧團而主張：他接納的是一種「多神論」的佛教，或「有神論」的佛教。因為，他會振振有詞地告訴你，我們尊奉的「佛」，是成道的「佛」（祖），是能來去三界偉大的智者：……我們禮佛、敬佛、謝佛；當然，就會得到佛的保佑、佛的庇護。不信的話，君不見，在好幾年前，國內朝野曾大舉動員迎接世尊佛的舍利「佛牙」。在迎佛期間，甚而可見到有高官向之膜拜祈福；而這，不就在說明佛是可供膜拜、祈福和庇佑世人的……？

祇是，稍具有佛教歷史知識的，每每在有人論到拜佛、祈佛一事，他本人要不是立時三緘其口，便是想當下撇清：他是佛學修行者，而不是佛教（信）徒！為什麼會這樣？顯然，要不是他深知原始佛教哲學力主自行智慧的解脫，係與大乘佛教某宗派的倡言佛能接引西天說（按：具宗教性的他力之救援義）有它內在的、本質上的差異；不然，便是在感嘆：為什麼原本是力持單純的、徹底的「無神」基調的原始佛教，至今竟會演變成或為有神教，或為多神教，或為佛、道不分的一種神佛道

混雜的宗教？

　　想想：一個人是應重視自己的生命意義與價值的。尤其，也想想：如果有人把他個體的有限生命或寄託在無神的佛教，或寄託在前述的印度教（按：即古婆羅門教在近代的變革暨復興的產物；它的內在精神，乃力主泛神論，或一神教與泛神論能夠相互並容），這兩者實是有實質上絕大的差別。

　　循乎此，對今日的佛教信徒來講，我們建議：一個信眾自己實應努力去分辨——他（她）現在正在修行的是什麼？以及他當下正在信仰的又是什麼？如果混淆了知見與信仰先後的位序關係，甚至不明白他接受的佛教的根本性質（按：即徹底的無神論，從而，自也應排斥它自身所富涵其它任何有關靈異、神怪……等的現象暨思維），那可就是一種得不償失的人生投注。

4.歷史回顧與前瞻

　　印度佛教自演進到大乘佛教（哲學）階段，據前述，在西元十一世紀左右，因為它的文學多已彌漫玄秘、無理性的密咒現象，終而即到了衰微的結局。

　　而反觀發源自古印度的婆羅門教哲學，因為歷經復興、混合外來文化、文學……等各個時期（時間約自第四～十六世紀），而有它東山再起的契機。

　　話說在十五世紀便有哲人如：羅摩難陀（Romonad）和他的弟子加比爾（Kabil, 1440～1518）分別創立了「羅摩宗」與「般提宗」。前者，推崇印度教的三神之一毘濕奴（Vishnu）（按：守護神）的化身——羅摩——，而展開奉愛羅摩的運動。後者，則專崇羅摩為造物主，而拒斥伊斯蘭教的虛偽與印

度教的偶像崇拜。此外，當時還有不少的哲人、智者陸續出現，並進而建立自己的宗派。

自十五世紀末到十九世紀期間，我們所看到的印度宗教暨哲學思想界，可以說要不是因爲國家對外貿易的日增，也因捲入外國的戰事，而被納爲英國屬地，終而促使其思想界徹底進行反省；便是在哲學與宗教方面，各有它們變革的活動的出現。其中，前述的「神智協會」與「梵教會」的產生，各自就極具代表性。

而此間，「神智協會」雖被視作是一種改教運動的團體，不過，由於它的成員多是外國人士，而且教義又毗近印度教與佛教；因此，每被當成一種「擬似印度教」來看待。

至於在十九、二十世紀之交，則有名爲威韋卡南大（Vivekānanda，本名Narendranāth, Datta, 1863〜1902）的哲人，出面建立一力主「所有宗教都歸於一」的教會；並且強調：「世界上係存在著唯一的宗教，而非多種宗教。」甚至還認定：印度教，才是世界上最優秀的宗教哲學。（參中村元主編：前揭書，頁373〜375。）

以上，我們把古印度宗教與哲學思想的緣起，甚至它大致的演進與發展解說到此。用意當在於：希望讀者諸君能夠瞭解——作爲一個神秘古國的印度，她其實是有她自成一個格局的思想世界。這個思想世界，大致而言（即排斥力主徹底無神論的佛教思想），歷來曾經是蘊生了不少漫妙的、神怪的與玄秘的傳奇。

今日，在我們所關懷的生命教育中可不能不瞭解：在地球的另一個角落，誠然有那樣多的人在思索、在相信著——人類

與大自然界的關係，其實，是可以推衍出人正是在和自然界的「本尊」（按：可稱之為「梵」、「造物主神」……）建立某種的溝通渠道。這個溝通渠道，就是一種可復原人有限的生命至他初始的無限情態的唯一通道。

　　祇是，不論他們的信仰（哲學）是對，是錯，是眞，是假，我們誠然有必要藉由他們的文化歷史和人生經歷，來幫助自己對自己生命情境、歷史情境，乃至文化情境的瞭解。特別是，你（妳）、我在探討自己和關切大眾生命的福祉上，尤需認識這種有別於你、我平常認知的思維。不知讀者諸君意下如何？

（三）東方古中國哲學的緣起

　　論到中國哲學的緣起，想必，自然會讓人聯想到中國文化悠久的歷史，以及她在人文化成上曾對後世人類所作出的貢獻……。

　　什麼是中國文化悠久的歷史？那是指：在遠古時期，曾逐鹿中原，並在中國這塊偌大土地上生殖繁衍及建設文明的歷世、歷代先輩們的生命滄桑史。這些歷世、歷代的先輩們，指的是：那些聖王、賢君、哲人、仁人、學士、義士，以及一般籍籍無名的平凡俗人。由於有他們的努力、奮鬥，才能造就出今日你（妳）、我所熟悉的中國民情、中國人的宇宙人生觀，以及中國人的生活方式……等。

1.儒家哲人對個人生命的關懷

　　什麼是中國哲學？或者說，「什麼是中國哲學的傳統？」這個問題，委實說來，是泛指：自古以來，我中華民族或歷代先聖先賢，乃至仁人、哲士或學士們對宇宙人生的洞察暨見識

所發抒的哲理思維的總集成。

另外，中華文化在人文化成上曾對後世人類作出了什麼樣的貢獻？關於這一點，誠然可由先秦時代中國的人文社會思想的開花與結果而清楚看出。一位已逝的中國哲學的專家之一，方東美先生（1899～1977）如此形容：

> 「中國人（是）以妙性知化，依如實慧，運方便巧，成平等慧。」
> 「中國平等慧演為妙性文化，要在掣幻歸真。」
> 「中國慧體（即）為一種充量和諧，交響和諧。」

又表示：

> 「中國民族生命之特徵，可以老（兼指莊）、孔（兼指孟、荀）、墨（簡別墨）為代表。
> 老顯道之妙用，孔演易之『元理』，墨申愛之聖情；貫通老、墨得中道者厥為孔子。」（方東美：《哲學三慧》；台北，三民，民60年，頁4～6。）

以上的引述，姑且不論原作者是採取哪一種的批判立場，我們依然可以從中看出他對中國文化所作的高度評價，以及扼要點出中國哲學的緣起的特性。

像方東美即看到中國文化的特質：在以「妙性知化」，而成就「平等慧」；並且中國的平等慧，可演成「妙性文化」。至於它的本體核心，就是「充量和諧」、「交響和諧」。

好一個以「妙性」與「和諧」去詮解中國文化的精深內涵！中國文化的特質，難道不在這裡嗎？

此外，我們從他對中國民族生命的特徵的解讀上，也可看出他對中國哲學緣起的認知：能顯「道」的妙用的道家老子，似乎是中國哲學的起始；而後有演「易」的元理的孔子，以及抒發愛的聖情的墨子。不過，箇中極具關鍵型的人物，便是孔子。因為，孔子貫通老、墨二學而能契得中道，並且行出中道。

　　再論中國哲學的緣起。當代中國的美學史家之一葉朗，就如同前述方東美的觀點，逕把老子哲學當成中國哲學史的開始。因為，在他看來，孔子並不是最早的哲學家。（《中國美學史大綱》，上冊，葉朗著，台北，滄浪，民75年，頁19～20。）

　　不過，鑽研中國哲學（史）有成的勞思光先生，在他自著的《新編中國哲學史》（上冊）中，卻另有自己的看法。他先是區分出古代中國思想——包括：《詩經》中的形上天的觀念；《易經》中的宇宙秩序的觀念；以及《書經》中的政治思想……等——，跟中國哲學理論的不同；接著指出孔子，才是中國哲學最早的創始者。因為，孔子在周末創立儒學，是第一個建立中國哲學理論的人。（前揭書，台北，三民，民73年，頁101。）

　　此外，在上述不同的學者抱持各自相異的論點之外，我們在其他的哲學研究者當中，也能看到他們各據一方的見解暨主張。

　　就像逝世有年的新儒家學者之一的牟宗三，就認為：古代中國的聖王，如堯、舜、禹、湯、文、武、周公這類人物，因曾表現出對「生命的關懷」，為此，便可稱他們是「中國哲學

的開端」。（《中國哲學之簡述暨其所涵蘊之問題》，牟宗三講述，台北，出版時、地未詳，頁12〜13。）

金公亮則依據漢代的太史公司馬談論六家的要旨，而偏重其中的四家，即儒、墨、道、法（按：另外兩家，為陰陽家與名家），逕指它們即是中國哲學思想的首出。（《中國哲學史》，金公亮編著，台北，正中書局，民41年，頁16〜17。）

至於陳元德，則偏重古代群哲的論點，並輔以古代經書，例如：《書經》、《易經》……等的見解，而肯定它們（他們）是古代中國哲學思想的起源。（《中國古代哲學史》，陳元德著，台北，台灣中華書局，民46年，頁402〜409。）

綜括以上所言，不論中國哲學的緣起或開始，應斷自哪個哲人？哪位聖王？哪本經書？或哪個時期……？想必，它們（他們）多無法否定今日的我們所得自於對傳統中國哲學思想的重點的理解：古人的人生智慧，或對生命（包括宇宙的、天地的與個人的……）的理解所把握到的生存智慧，可充分反映在他們對人與天、人與地、人與物、人與人，乃至人與幽冥界，或人與超越世界（按：指具位格神義的真神、「天」、「帝」、「上帝」……等）諸方面多有一特定的認知暨體悟。

像所謂的「天聰明，自我民聰明；天明畏，自我民明威。」（《書經・虞書・皋陶謨》）；「天生烝民，有物有則，民之秉彝，好是懿德。」（《詩經・大雅・蕩之什・烝民》）；「古者庖犧氏之王天下也，仰則觀象於天，俯則觀法於地，觀鳥獸之文與地之宜，近取諸身，遠取諸物，於是始作八卦，以通神明之德，以類萬物之情。」（《易經・繫辭傳上》）；「易有大極，是生兩儀，兩儀生四象，四象生八卦，八卦定吉凶，吉凶

生大業。」（同上）……等。這些古代重要經書的文辭，可無一不在展示古人（按：原作者似乎在代他們發言）實已充分注意和體會到人與天、人與地、人與物、人與事、人與幽冥界、人與超越世界，以及人與他人、人與自己……等有彼此內在的獨特的和融關係。

當然，此間的這種內在和融的關係，一如先前有學者提到的「充量和諧、交響和諧」，則可衍化出古人，乃至歷代哲人、學士之對自我完成的一種要求：努力尋找個人自己與天、與道，或與……冥交契合的可能。或者，也可以這麼說，像：對天人合一、物我合一、人我合一，或道我合一……等這種崇高秘境的追尋暨證得，差可說成是傳統中國哲學，在歷代曾出現的某一宗、某一學理，或某一門派一直戮力想探求的重要目標。

換句話說，為了能求得上述這種崇高的生命秘境，中國的古聖或歷代哲人，便多看重自我心思意念的澄明，並且著力於自我品德修持的紮實；有如先前已述的孔子的自我剖白：「志於道，據於德，依於仁，游於藝。」（《論語・述而篇》，第七：6）；「德之不修，學之不講，聞義不能徙，不善不能改，是吾憂也。」（同上，第七：3），以及「不怨天，不尤人，下學而上達，知我者其天乎。」（《論語・憲問篇》，第十四：35），便可印證我們所言之不虛。

孔子是如此，他的弟子孟子也不例外：他曾作這樣的自我告白：「萬物皆備於我矣。反身而誠，樂莫大焉，強恕而行，求仁莫近焉。」（《孟子》，〈盡心上〉，四十六：4）；以及「盡其心者，知其性也。知其性，則知天矣。存其心，養其

性，所以事天也。殀壽不貳，修身以俟之，所以立命也。」
（同上，〈盡心上〉，四十六：1）

這裡所提的由「知天」、「事天」到「立命」的意境，便如同孔子自視的能「上達」於「天」；即能夠知我、識我，甚至也能夠接納我的那個「天」——宇宙中唯一的、至高的、至榮的，又至大的「眞神」。

2.道家哲人對個人生命的關懷

以上是儒家哲學對個人生命的關懷；至於道家又如何呢？同理，我們也可以從老子和莊子他們自己畢生的努力，看出他們個人的生命的意境暨其特質。首先來談談老子。

（1）老子

老子的人生智慧暨其終極關懷，在前文已有論述；唯老子對於「道」確有他獨特的體悟與發現，因此，我們想強調的是：老子究竟是怎樣把他個人的生命，植基在這一玄妙的「道」的根基上？

這個問題，也是指：老子究竟是怎樣把他的生命，建立在「道」這一永恆的基礎上呢？我們認爲，他先是要求自己，也期待別人能夠重視道，並且多用內心去觀照道的神妙。像他就說：「……常無，欲以觀其妙；常有，欲以觀其徼。」（《道德經》，第一章）

爲什麼要先由「觀」（照）開始呢？想必，他是從人的生活情態的角度來設想。這裡的「觀」，據我們的理解，雖是指用心去觀（照）的意思；但是，它也可以說，是指一種內心（心眼）與目視（肉眼）相互配合的獨特的觀看。

要觀看什麼呢？就是去觀看「道」在萬物中大公的運行、

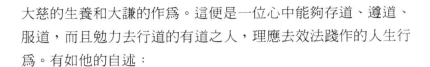

大慈的生養和大謙的作為。這便是一位心中能夠存道、遵道、服道，而且勉力去行道的有道之人，理應去效法踐作的人生行為。有如他的自述：

　　「是以聖人〔按：有道之人〕處無為之事，行不言之教〔按：如道的默然作為〕；萬物作而不為始，生而不有，為而不恃，功成而弗居。」

　　　　　　　　　　　　　　　　　——《道德經》，第二章

此外，他還說道：

　　「上善若水。水善利萬物而不爭，處眾人之所惡，故幾於道。

又表示：

　　「居善地，心善淵，與善仁，言善信，政善治，事善能，動善時。夫唯不爭，故無尤。」

　　　　　　　　　　　　　　　　　——《道德經》，第八章

　　這裡，顯然更清楚談到：一個學習道、效法道的人，如果也能去學習「水」的柔和、不爭，以及它能夠助益萬物、滋潤萬物的特性；譬如，在他平日的生活中，能居處在善於選擇的場所（有如：諸水匯聚在低窪處，那是被人厭惡、嫌棄的地方），心地善於持守沉著，待人善於誠摯以愛，言語善於信守承諾，……行事善於發揮才能，動作善於把握時機。這樣，就因為他懷蓄謙柔、沉靜、誠摯、信實、才德，以及善於掌握契機……，他在平日的生活中，就最能接近「道」、證得「道」

的美妙境界。

　　總括的說，在老子的心目中，一個心中有「道」，並常懷著「道」的美德而切求行「道」、行「德」的人，他的人生智慧才是至高的，他的生存意義，才是眞實的。老子所稱謂的「自知者明」（同上，第三十三章），即是在表述：一個有這樣的認知自己、理解自己生命的自我要求者，他才是一個明哲的人，也是一個偉大、有爲又有守的智者。

　　如果能套用前述孔子的自我剖白，並將它改寫成：「不怨道，不尤人，下學而上達，知我者其道乎！」大概可以反映出老子他那坦然、見「道」的生命情懷與洞察，以及對萬有的基源──「道」──的永存性的生命見證。

（2）莊子

　　接著，來談談莊子。

　　先前在談論「什麼是哲學？」中，我們也曾提到莊子的人生智慧，以及他個人的終極關懷。而在此間，我們則試想從他的人生洞察中來理解：爲何莊子也如同老子一樣，會把他個人的生命事務，完全委交在「道」這永恆的存在的基礎上？

　　話說莊子的道觀；後者，即呈現出莊子對「道」有他獨特的體認：有情（感）、有信（實）、無爲（僞作）、無形（體）、可（言）傳、可（證）得；「道」，並且是（以）自（己爲）本（因）、（以）自（己爲）根（源），是自（互）古以（來就永）固存（在），而且又是（創）生天（創）生地萬有的偉大創始者。

　　基於這樣的一種存在的觀照或洞察，莊子的一生，當即在體現道通爲一、人道合一的生命眞理暨生活意境。所以，便有

這般的言論：

> 「道通為一；其分也，成也；其成也，毀也；凡物無
> 成與毀，復通為一。」

——《莊子·齊物論》，第一

這裡意指：人生一切的功成或毀壞，它的道理都是一樣
的。功成在有朝一日，最後，卻定將毀壞；只是，毀壞並不長
久，後來人也將有功成的一天。其實，人、事、物或成或毀，
這一切全都是由道神奇的運作、偉大的作用所造成。因而，人
心要有這種的見識或體悟，才不致因功成而心喜，因毀損而心
傷。

此外，他說：

> 「夫大塊載我以形，勞我以生，佚我以老，息我以
> 死，故善吾生者，乃所以善吾死也。」

> 「死生，命也，其有夜旦之常，天也。人之有所不得
> 與，皆物之情也。」

——《莊子·大宗師》，第六

> 「人之生也，與憂俱生；壽者，久憂不死，何苦
> 也！」

——《莊子·至樂》，第十八

又表示：

> 「死生存亡，窮達貧富，賢與不肖，毀譽，飢渴，寒
> 暑，是事之變，命之行也。」

——《莊子‧德充符》，第五

　　這裡，即已清楚顯示莊子的認命人生觀：人的生、老、
憂、死，甚至人一生中的好、歹遭遇——有如：存亡、窮富、
毀譽……等——，都是現存的萬事、萬物所必有的變化現象；
也是人生在世他個人所無法推諉、難以規避的命運（命定）。

　　也因為有這種超乎常人的識見，莊子便以「一志」來勵
己，又勵人：要世人能重視自己心神的專一，學道、習道以作
為擁握真知的「真人」，去配合天道的大化運行。像他就這樣
傾述自己的見道心得（按：這一段，傳聞是莊子借孔子的言論
來抒發自己的心願）

　　「若一志，無聽之以耳而聽之以心，無聽之以心而聽
之以氣。聽止於耳，心止於符。

　　氣也者，虛而待物者也。唯道集虛；虛者，心齋
也。」

——《莊子‧人間世》，第四

他又表示：

　　「至人無為，大聖不作，觀於天地之謂也。」

——《莊子‧知北遊》，第二十二

　　「至人者，歸精神乎無始。」

——《莊子‧列禦寇》，第三十二

　　「……有真人，而後有真知。」

——《莊子‧大宗師》，第六

「不離於真，謂之至人。」

——《莊子‧天下》，第三十三

以上，我們幾乎可以看出：如何追求眞人人格而有眞知，亦即能證成至人人格而有接近作爲「無始」者那「道」本身，這可是莊子以他人生的洞察、生活的實踐，以證得「道」的生存之旅——矢志對永恆、無始之「道」逐作生命的見證。

3.綜括與歸結

綜括以上列述的孔子、孟子、老子與莊子的生命智慧，想必，我們已可瞭解到：早期出現在我國先秦時代的偉大哲人，雖然他們有自己個人的人生追求與對自己存在的體悟，我們依然可以看出，混雜有感性、知性、理性、德性、悟性，乃至「靈性」的人生活動，在古代中國的人文社會思想界，可扮演它極大的角色和影響力。

再者，古中國人的思想活動，雖然不像古希臘人那樣重視純客觀、純理性的逐物探索（終而，導生了純理論的自然科學思想的研究……等）；但是，它在人性內在的觀省和梳理上，卻有它不可忽視的重大貢獻。這個貢獻，即顯示在對人心、人性這種內在心性的開鑿暨發明上。

試舉一、二例來說明。你（妳）可看看，《中庸》一書的作者，究竟是如何洞燭人心的機先的？請見以下的引述。他說：

「喜、怒、哀、樂之未發，謂之中；發而皆中節，謂之和。……致中和，天地位焉，萬物育焉。」

——《中庸》，第一章

　　而《大學》一書的作者，又是怎樣看到人心的深處，以及治心的重要呢？

　　他說：

　　　「大學之道，在明明德，在親民，在止於至善。」

　　　　　　　　　　　　　　　　　　　　　　——《大學》

　　又表示：

　　　「古之欲明明德於天下者，先治其國；欲治其國者，
　　　先齊其家；欲齊其家者，先修其身；欲修其身者，先正其
　　　心；欲正其心者，先誠其意；欲誠其意者，先致其知；致
　　　知在格物。」

　　　　　　　　　　　　　　　　　　　　　　——《大學》

　　這裡，已呈現出：關注內心的一切，勤求掌理個人心意的動向，好在人間世扮演他做為一個人理應要有的角色，當是中國古代哲人（甚至，在歷代哲人中也可以看出）所求取於自己和他人的人生洞見。

　　只是，我們可不應或忘：或肯定有「天」〔按：宇宙唯一真神；如孔子、孟子，甚至《中庸》一書……的主張〕；或肯定有「道」（按：亦作萬有存在的永恆基源；如：老子、莊子……的見解）；進而，尋求人與「天」或人與「道」的永恆契合，這可說是中國哲學的智慧之所繫！

四、哲學對宇宙、人生的關懷

　　先前，我們已從若干位古代哲人的觀點，去談述他們的哲學要義，並且也從哲學在東方（中國、印度）和西方（希臘）兩地的緣起，去探討不同地域的文化暨該地哲人們對生命的終極關懷。而在這其間，不知讀者諸君，你（妳）是否覺察到：為什麼遠古的人們，尤其是那些哲學思想家，為何有那些哲理性的思維？而他們孜孜營營於去探究所謂的宇宙的根源，以及人生的蘊義……等，他們人生的終極目的又是什麼？

　　你想：如果你、我都被質問了這個問題，你會怎樣的作答呢？豈會回答說：「他們只是為了好奇，只會因為驚訝於整個宇宙、人生，到處都充滿著玄秘與神奇；因而，才會探問那些看來是稀奇古怪的事。」或者，會作出這樣的回覆：「他們因為多半是一些文人，不然，就是貴族，整天看來好像是無所適事的樣子；頂多，是倚藉吟詩、頌詞，或者談天、說地來自娛娛人的人。」

　　再不然，便是倚藉想些奇奇怪怪或玄之又玄的問題，來考考自己的腦力，或者吸引別人的注意。用今天的青少年們喜歡用的口頭禪，就是：「耍酷、愛現！」

　　實情，難道是這樣子嗎？難道沒有別的解釋了？

　　以我們的看法，古人，不僅是東方的，連西洋的也一樣，他們之所以關注那些宇宙、人生的問題，想去探究那些所謂終極事物永恆存在的難題，其最基本的關懷點，應無不在於他（她）企想藉此一探問，一者，以抒解他個人心中的疑難；二者，則當是他亟想倚藉個人的想像、質求，以尋索自己在世上

的安身立命之道。

所謂人人心中都有「永恆」的潛在意識，例如，就有經言這樣提到：「神造萬物，各按其時成爲美好，又將永生（永遠）安置在世人心裡。」但是，人總是要問：永生（永遠）是什麼？它在哪裡？是在你、我的心坎內嗎？抑或是在我們的身外、心外？不然，或是在此世上？還是就存在於彼世、彼岸……？

想想：如果能夠把先前我們所提那些古哲各人所關切的課題，例如：天（孔子、孟子、《中庸》……）、道（老子、莊子，甚至列子……）、存有（柏拉圖、亞里斯多德……）、善（優克里德Euclid，約在西元前400年）、未識之神（蘇格拉底……）、至上神耶威（猶太教徒、基督宗教信徒……）、阿拉眞主（阿拉伯人、伊斯蘭教信徒……）、梵（印度教徒……），以及其它你所能叫出永恆的終極實在者的名稱，當成是被安置在人心深處的「永生」（永遠），或「永恆者」、「永福」……等；那麼，我們是否因此就可以這樣表示：世人對宇宙人生所提出他那個人的終極關懷，它最根本的動機暨目的，當即是在爲自己探詢，並且嚴肅地關切那攸關自己未來是否能夠獲得永生、永遠、永恆或永福……此一眞正能教人「安」身、又「立」命的永恆要道？

答案如果是這樣的話，那麼，想必我們就可作出這樣一個很有價值的總結：「人一切的哲學問題的總出發點，當是企想回返到對人類自身存在生命的永恆關切這樣的一種存在的反思。」

簡要的說，人類探究任何的問題，包括：今日人類的科學

的探勘外太空；人類的醫學和生命科學的研究基因系譜結構；
人類的宗教神學嘗試建構宗教性的天堂、淨土世界……；甚至
人類的政治、社會學企圖描繪，並構作一個理想的未來世界的
藍圖……等，無非多是在為人類自身構建出人心所思及和嚮往
的永遠國度。

　　只是，由於人類圍限於他天生的智力，也侷限於自己有限
的行動能力……，他所能想像與努力的範圍，就都受到各種
主、客觀條件的框限。所以，日以繼夜，風起雲湧般地造作文
化，建設文明，傳播知識，以及奠定既有的思想規模……等，
便成為人類唯一能夠延續他的理想、智慧、技藝、希望與期待
的方式。

　　在這種既無奈，又不得不爾的情況下，人類出現了各種具
有歷史性、留傳性的學說，諸如：科學、醫學、人類學、社會
學、心理學、生理學、生物學、考古學、哲學、倫理學、美
學、宗教、神話與神學……等。目的何在呢？多無不是在見證
人類自身的辛勤努力！人類永不向命運、命定低頭！人類的生
命，原本就是要出死入生，迎向新生，邁向新的生命世界的！

　　循乎此，你（妳）會懷疑：今日我們的探討哲學，解讀哲
學，它的終極目標，可不是在瞄向「生命」，尤其指向人應如
何行動才足以認知暨證得其永遠生命（永生）的可能？不然，
就此你（妳）想能作怎樣的理解呢？！

貳、生命哲學的崛起

先前，我們曾略微談到「什麼是生命哲學？」，並且指出：一種有關人在世上的生活目標，以及人們的行事為人的標準的學說，也可以稱作是生命哲學或人生哲學。

基於有學界人士之對生命哲學迻作這樣的認定，我們就想本於這個論點，嘗試來探討與生命教育息息相關的生命哲學的崛起，以及它的思想內涵……。謹分成兩個角度來說明。

一、歷史回顧

(一) 名稱的首度應用

據文獻記載，所謂的生命哲學（Life Philosophy; Philosophy of Life）這個語辭，早在西元1827年時，就被德國的一位哲學家兼文學家希雷格（F. von Schlegel, 1772～1829）所應用過。

希雷格這位學人，早年曾就讀於哥汀根與萊比錫大學；之後，則在耶拿擔任大學講師。當他在教學期間，就因為廣泛接觸過不少的哲學人物，其中包括有：德國的觀念論者斐希特（J. G. Fichte, 1762～1814）、美學家兼哲學家謝林（Fr. W. J. Schelling, 1775～1854）、普遍詮釋學家兼宗教哲學家史萊馬赫（F. E. D. Schleiermacher, 1768～1834）、理性主義者斯比諾莎（B. Spinoza, 1632～1677）、萊布尼茲（G. W. Leibniz, 1646～1716），以及詩人、劇作家兼哲學家席勒（Fr. Schiller, 1759～

1805）……等人，致使他個人的哲學人生觀便深受他們的影響，而多有關於生命哲學與歷史哲學……等這幾方面的構思和創作。

簡單的說，希雷格是重視歷史（事物）的存在，當然，他也肯定有永恆（者）的永存。爲此，在有限的歷史與無限的永恆（者）之間，他並不認爲它們的關係一定是衝突、矛盾，而是可作一種巧妙的綜合。他曾表示：人只要能從歷史的事物，以及由有限、暫世的人世災難提升他個人的視野；這樣，在高點他就能看到永恆（者）的存在。

換句話說，在希雷格看來，每個人的人生總需要有永恆（者）作爲它的支柱；不然，便會失去他個人的奮鬥方向。此外，他還相信，文化是會演進的；不過，唯有人類的科學，能和生命（生活）彼此相交融。這樣，文化才會獲得它應有的生命力而得以進展。

想來，就因爲希雷格一向重視生命，並且涉談永恆（者），這與動輒便高談理性、觀念和辯證……等近代西洋的理性主義者及觀念論者，〔尤其是黑格爾（G. W. F. Hegel, 1770～1831）〕的論調，有它相當大的差距；終而使得後世的學者，多認定他就是生命哲學思想的一位極有力的闡揚者，並且，也是近代德國羅曼（浪漫）主義運動中的重要領導人物。

（二）兩種的探討路線

論到生命哲學，雖說它是一種攸關人的道德生活的哲學，以及凡是裨益於人類實際生活的見解，便可視作是生命哲學；爲此，好像只有研討某些人生觀或某類的道德理論，便可完成生命哲學的研究。其實，實情並不僅只是如此。像當代德國的

哲學家，一位思想深受前述斐希特、黑格爾與康德（I. Kant, 1724～1804）……等人影響的利凱特（H. Rickert, 1863～1936），便指出兩條研究生命哲學的主要路線，分別爲：（1）由生物學的角度；（2）從內在體驗的角度來作研討。

1.生物學的角度

　　何謂生物學的角度？在此泛指：完全經由生物的觀點去觀察，並瞭解包括生物個體在內之一切實在界的存在物的認知型態。

　　今天，我們可以看到：所謂生物學的研究，它對生物個體的生命型式的理解，每每是把它當成一種不可分割的整體來看待。它並不同於生命哲學的研討方式；因爲，生命哲學重視生命的價值、生命存在的雋永意義，以及攸關生命種種「可能的形上的」發展……等。

　　由於生物學的專家經常本於生物主義的立場，逕把生命視作是呈現在原形質生命的那種型態，而不把個體有機物當成生命的最先擁有者；致使對他們來說，什麼是生物個體的「生命」？那便是在指稱萬有中整體生命的一個小部分，是宇宙大生命系統中的個體化的小生命。

　　其次，什麼是生物個體的「死亡」？它便在意指：生物個體回歸它生命的原始基礎。是以，對我們人類來說，人的自我、意識與精神……等，便被視爲有條件的一種存在者；也就是必須要依賴生物個體中的有機條件，如：細胞、神經、血管……等的既有存在而才得以存在。不然，一旦這些相對的有機條件消失了，它們也就會跟著消失。

　　顯然，抱持這種觀點以探討、並詮解生命的方式，是極具

唯物的傾向,而將受到來自不同的領域,尤其是哲學與其它知識學門的批判暨攻擊。為什麼會這樣呢?因為,它忽略了精神、意識與自我……在人類生活環境中所扮演的重要角色和居處的地位。(《西洋哲學辭典》,布魯格編著,項退結編譯,台北,國立編譯館暨先知出版社,民65年,頁33~34。)

2.內在體驗的角度

什麼是內在體驗的角度?那就是認定:生物個體,尤其個人生命的內在體驗,才是掌握生命本質最重要與最後的途徑。再者,這種思考和探討生命的方式,由於對個人的主體意識、自我感受和精神追求……的強調,自然而然,它對一般學界人士之純以客觀的反省、客觀的思考,或純理性思維的方法以瞭解生命和詮解生命,自是採取批判、保留的態度。因為,它極力要維護生物個體,尤其,個人整體生命及其主體的尊嚴與主體的價值。

所以,任何有助益於主體生命的成長與發展的研究,它應不致於排斥。它也認定:任何有利於主體生命意義的開展的事務,這才具有決定性的。否則,就算是透過客觀的、純理性的或純機械式的研討,而得到生命某種的真理知識或確實的答案,那也是一種值得作長時期檢視,以及最後還應迴向主體的詮釋以作定奪。

在這方面,我們可以看到:在十八、九世紀有德國羅曼(浪漫)主義的首開其端,以及有古典羅曼派的詩人兼哲學家哥德(J. W. Goethe, 1749~1832)的輩出。接而,便有前述關注個人內在體驗的生命哲學的奮起,以抗逐自然科學與科技進步所肇始的機械唯物主義的思潮。在這波反對唯物、機械主

義，反抗高唱理性至上、科學萬能的思想運動中，我們則可發現到：重視主體的內在體驗與精神價值的生命哲學（甚至存在哲學）的興起，應可視爲一凸顯內在體驗的優越性的學說暨學派。

有關以內在體驗探討生命哲學的進路的事例，我們將以德國的意志主義者兼生命哲學家尼采（F. Nietzsche, 1844～1900），以及意志主義哲學家叔本華（A. Schopenhauer, 1788～1860）作代表。至於也被視爲此間力主反唯物、反機械主義和反理性至上論的宗教存在思想家祁克果（S. Kierkegaard, 1813～1855），因爲他是十九世紀初、中葉存在（主義）哲學思想最有力的創始者，我們則將之留待另一單元於探討「存在哲學的崛起」時，才詳作解說。

以下，謹分別談談叔本華與尼采的人生經驗。

(1) 叔本華的意志世界

叔本華是近、現代之交德國一位幾與遵循唯心論思想路線以探討一切事物南轅北轍的唯意主義者。有人認爲，他也是十九世紀一位力倡主觀主義思想以抗斥客觀主義思潮的重要哲學思想家。

據傳，當時的叔本華所極力反對的，就是邏輯學家兼數學家波查諾（B. Bolzano, 1781～1848）的客觀主義思想。後者，是一位深受前述近代德國的哲學家萊布尼茲的影響，而有關於（理性）分析才是把握知識的可靠方法的主張。

說來，哲學家叔本華之所以重視主觀主義與意志主義的價值，這可能和他個人的生活經驗與求學的生涯有密切的關係。

據記載，叔本華是一富商之子，其父爲法國思想家伏爾泰

（F. M. A. de Voltaire, 1694～1778）的一位衷心擁護者。小時的叔本華，因為時常跟隨父親到處經商，因此，便有機會到各處旅遊。他的足跡，可說已遍及了法國、英國、瑞士與奧地利……等國；他並且在該地求學。

自他父親去世之後，叔本華就前往哥廷根大學就讀。他在求學期間，曾涉獵過生理學、物理學、化學、植物學、醫學與哲學……等。其中，在哲學領域裡，他則認定：柏拉圖與康德才是世上最偉大的哲學家。

此後，他也轉赴柏林大學，聽習前述的斐希特與史萊馬赫所開設的課程，並且準備撰寫博士論文。不過，據傳，斐、史二位哲學教師的講學，頗令他感到失望。

就在叔本華致力於對哲學的鑽研中，一說，是有人提到：佛教思想曾深深吸引過他的注意；另一說，則指出：古印度教哲學的重要經典——《奧義書》有關「梵」的思想，則對他的影響至鉅。

例如，在對宇宙人生的構思上，叔本華基本上是主張：這個世界，即你（妳）、我所居處的世界，是一個麻雅（迷妄 māyā; illusion）的世界、不真的世界；而且你、我每個人，則是一種形上學的動物。就因為人具有形上（學）思維的傾向，所以，他會在驚訝於大千世界的存在中，企圖提出問題，並且去探討它的究竟意義。

至於對個人，也就是對他自己來講，他認為：人擁有一種自我直接的認識能力；也就是說，人都擁有內在自覺的能力。就因為運用這種內在的自覺，人就會發現到一種情況：人類自身，或每一個自己，都可以從兩個角度去理解。這兩個角度，

分別是：一是，把個人自己的身體（形體、軀體），當成物理世界中的一個對象或一種事物；另一是，則把自己看成是具有活動性的、有創生力的意志本身。特別是，在叔本華看來，他認爲後者的這項認識，才是根本的、有決定性的與確實的。而前者，即人的身體，它只不過是主體個人內在意志的一種客觀化的產物。

在這裡，不知讀者諸君，是否已能夠瞭解：叔本華這位哲學家到底在說些什麼？他口中所談的「意志」又是什麼？如果我們理解得沒錯，就想在這裡來告訴大家：叔本華口中所一再提到的「意志」，可不是「理性」，而是一種非理性的力量，是一股衝力；也就是先前所說的：一種擁有創生力與活動力的意志。

這樣，想必我們多少已能夠瞭解，叔本華到底是怎樣在論說著意志。意志，它不是一種靜態的、只停留在個人的心思中或心意裡的那種意志（力）；而是一種具有看不見的特性，不過，卻能虎虎生威，並且可以統合哲學家對現實世界所作二元分立性的理解——按：或如康德所指出的，萬有可以分成現象與本體這兩元的世界；或如英國的經驗主義者洛克（J. Locke, 1632～1704）；或如法國的理性主義者笛卡兒（R. Descartes, 1596～1650），都以身、心二元性的觀點去看待世界，看待自己。

從這裡，總能夠教人知道：對叔本華而言，意志的包容力可有多大；它大到可以把主體與客體，心與物，以及本體與現象……那種二元對立的情況予以消解，而完全消融到它自身之中。

　　從以上簡要的論述中，我們應可窺見到：叔本華的心靈世界，是那樣的意志化、是那麼的主觀化。再者，由於叔本華曾把周遭有形的世界，詮解成是人的意志的體現（按：客體化、客觀化）；這時，生活在此世中的每個人究應怎樣自處呢？決意經受苦行，並過著不依附世界的個人生活；這樣，他便有可能達到聖善的精神妙境。

　　在叔本華的心目中，這種有如出離世界、超脫世間的修持生活，總能教人達到渾然忘我的心靈境界；如用佛教的「涅槃」（Nirvana）感受來形容，則最是恰當不過。又，這樣的玄妙境界，叔本華也用音樂的鑑賞和感受來作比擬；因為，在他看來，音樂便是以意志作主體，而且又是憑藉意志自身的活動。這樣的一種生命境界，叔本華同時認為，它當是一個生活在此一變幻莫測、又如幻似真的世界中的人們，所能夠倚藉自己的努力以達到的一種可喜的安慰。

（2）尼采的超人世界

　　尼采是當代德國一位頗受爭議的哲學思想家。因為，從他作品的性格上來看，有人稱他為：當代西洋存在主義的開拓者之一；不過，也有人指他為生命哲學家，是一位極具生物學傾向的無神主義者。甚至，更是一意志主義者兼虛無主義者。

　　儘管如此，我們從他的作品《悲劇的誕生》（1872年）的論調上應可看出：尼采的一生，無不沾染著無窮盡的悲情、衝突、虛無與無奈。

　　而談到尼采思想的作風的形成，當時的音樂作曲家華格納（R. Wagner, 1813～1883）、古希臘的神話人物太陽神阿波羅（Apollo）與酒神戴奧尼索司（Dionysus），以及反基督（宗）

教的倫理道德意識……等，對他可說是啓迪甚深。

此外，在尼采人生的經驗裡，由於他年輕時因病未能從軍，這樣的一種奇特遭遇，據說，對他爾後激越性格的形塑，則造成一定程度的影響。像他就曾經這樣表白：

> 「最高貴與最堅強的生活意志，並不在於生存競爭的事實，而是在戰鬥與（衝創）力的意志。
>
> 生命的意志，就是戰鬥的意志、（衝創）力的意志與克服的意志。」（《尼采語錄》，尼采著，魏桂邦譯，台北，業強，1986年，頁169～176。）

針對他的這種生命意志論，我們從想像軍人都是有雄糾糾、氣昂昂的生命力道，以及更懷具旺盛的克敵戰鬥力與意志力……的印象上，應可揣摩出尼采為什麼會如此的青睞一個戰鬥的人生、衝創的人生。

在尼采的學術生涯上，他曾經在巴塞爾大學擔任古典語言學的教授工作；也因為熟識前述的音樂作曲家華格納，而曾撰寫有關音樂、樂曲與戲劇……等的作品。

據載，尼采在四十幾歲時即在杜林（Turin）染上嚴重的中風病症；之後，被送進了一家瘋人院。在病逝之前，曾得到妹妹與母親的照顧。

至於論到尼采的生命哲學或生命意志論，不知讀者諸君你（妳）是否已有了預感？也就是預感到尼采會向你訴說著：「你要朝向生命的高峰、面向自己存在的極點攀爬而上？」沒錯！年輕時代的尼采，他早就注意到人世間到處可充斥著激越、無奈、衝創與矛盾……等各種情境暨面向。在這方面，他

則相當欣賞人間藝術的表現；因為，在他看來，藝術的最高境界，便在彰顯冷靜與激情、理性與感性、明智與奔放……那種既是狂野、又能溫馴之雙面對立的辯證暨統一。

致使，對尼采來講：什麼是生命？又，什麼是生命的意義？分別的說，在無神作為人生活動的背景下，人類的生命，就要靠人類自己去珍愛。因此，你、我生命（壽命）的長短，就不是很重要了；重要的，莫過於是：一個人心中一旦充滿了愛時，此一剎那，便可成為一種永恆。

在這樣的理解生命的情況下，尼采表示：生存要有堅強的生活意志來支助；為此，生存又可理解成──它是不斷從你、我身上排除掉任何會使我們趨向死亡的東西。而論到死亡，它的無情是：它對年老的、可憐的，以及將逝的人，則構成一種持續的謀害。（同前揭書，頁3。）

至於什麼是生命的意義呢？尼采執拗地認定：人類生命的意義，並不在增進大多數人的福祉，而是要創造天才；並且，重視超人人格的創造與發展。為此，針對所謂的進化論的主張（按：當時所流行的一種生物學暨科學的理論），尼采則肯定的表示：人們誠然有必要重新去檢討、估計，以及改造現存的道德與神學價值──在這裡，我們便不難想像：為什麼尼采會在所出版的《在善與惡之彼岸》（1882年）一書中，一方面，藉著揭示「主人道德」與「奴隸道德」這兩種道德理論的不同；另一方面，則嚴詞批判基督（宗）教的道德觀之對西歐文化暨文明的戕害。

尼采的主要論點是：「主人道德」實質上正與「奴隸道德」有它們相反、又對立的價值觀。譬如：「主人道德」觀對善、

惡的認知是──凡是能扶助強大的，便是善；反之，就是惡。
不過，在「奴隸道德」觀裡，它卻持相反的見解──凡是能憐
弱濟小的，便是善；反之，就是惡。因此，上述這兩種道德觀
的對立情況是：一者所視爲善的，另一者則當作惡來看待；反
之，也是這樣。

就因爲尼采有這一種分立的道德意識，他盱衡整個西方的
歷史進程，便嚴厲批判道：充斥奴隸道德意識（按：源生自基
督宗教的人性價值觀及其倫理道德思想）的西方，自傳統以
降，便因此而弊象叢生。它的結果就是：人性優越感日漸失
落；道德虛無主義則到處蔓延；以及假民主、假平等思想四處
泛濫……等。

如今，尼采則認定：這是一個「上帝已死」的世代，也是
人類價值該當轉換的時代。

而說到轉換，就該怎樣進行呢？尼采認爲：就是要創造天
才，並且注意超人人格的發展與創造。這裡的「超人」，可不
是我們在「卡通」世界或電影裡所看到的那位能飛天遁地、以
打擊惡魔爲其志業的英雄超人，而是一個會重視自己本能意志
的衝創性、活力性之超人人格的人。他也是一個會爲了人類未
來的新希望而重新創立一切價值的人。當然，爲了追尋新生，
爲了能創現一切新的價值，他就必須由破壞先前或舊有的道
德、哲學、宗教、神學，乃至藝術……所表現出來的價值，而
作一種汰舊換新的價值的大轉換。

綜合上述，我們就把尼采的生命哲學或生命意志論說明到
這裡，並且希望大家能夠瞭解：一個全無宗教信仰、反神主義
者或敵神主義者其內心的吶喊，究竟會震天價響到何種的程

度？如今，尼采已不在人世了，但是，他對生命戰鬥意志的籲求，卻仍不時迴盪在你（妳）、我個人的心坎中。這箇中的弔詭、矛盾與況味，你又是意會了多少呢？！

二、生命哲學的思想內涵

從以上對生命哲學的歷史回顧，以及有關它的兩種探討進路的解說中，我們應該可以瞭解生命哲學所聚焦的主題，便是：以關注生命、探討生命，並且嘗試爲生命之在宇宙中的出現，尋找出一種所謂合理的解釋。

而就在關注、探討與解釋生命這一主題上，（西洋的）生命哲學界至少出現了兩種不同的研究進路：一是生物學的；另一是內在體驗的。後者這一種方式，我們認定，它可極其攸關存在（主義）哲學所擅用的探究問題的方式。

又，針對這兩種論述生命方式的評比上，我們則注意到：生物學的研討生命，乃極容易陷入唯物、機械式，甚至過於簡化複雜生物個體的諸種生命現象。至於說到要從內在體驗的角度來探討生命，就此，我們則寧願採取存在（主義）哲學所運用的內省、直觀（直覺）和反思……的觀點暨方式——雖然在內在體驗這一層面，人仍難以使用現有的範疇性的、理性化的語言概念，好將它完全地表述出來。因爲，在語言與實在物，或者概念與具體事物之間，彼此誠然是有它們在實質上的差距的。

基於上述這般的說明，我們就想指出，生命哲學的主要思想及其內涵，係有：（1）認知動、植物的世界；（2）關注人類的生命世界這兩種。

（一）認知動、植物的世界

這是指：注意到在生物個體，尤其人類這個生命個體之外的動、植物世界，原本就有它們獨特的生命形式暨活動現象。例如，植物界本身，即自成一個獨特生命的系統；因為，植物本身有它自身的萌芽、生長、開花、結果的新陳代謝作用暨生命表現。至於動物世界，則有牠們的孕育、成長、繁衍，以及表現在感覺、欲求和運動……等各方面的生命現象。

（二）關注人類的生命世界

它尤其關注作為「萬物之靈長」的人類，這更加具有獨特性質的生命個體的生命活動及其生命現象。在這裡，我們指稱人類生命活動現象的獨特，是由於：他除了擁有前述的植物界、動物界一樣具有基本的新陳代謝的作用與能力，以及動物界所能具有的感覺、欲求和運動……等能力，在天性上，他還秉持有動、植物界全然沒有的理智能力、道德（判斷）能力，以及靈性（追求）能力……等。

當然，在這之外，人還因為擁有創造、語言和智慧表現……等各種天賦才能；所以，人類能夠倚藉他的雙手、腦力、智識，以及優雅語言的創用……等，去建構一個迥然有異於低等動、植物世界的精神文化暨文明的世界。

也因為這樣，人類生命的外在活動及其殊異表現，自是在涵示其內在活動及其幽隱層面的繁雜暨玄秘。為此，如果我們僅以人類生命是高於其它生物一等或多等的角度，去瞭解人類自己；甚而，祇以表層的觀察或浮面的檢測手法，去探討人類生命的深層結構，那樣的結果，要不是容易胡亂妄下斷語，就是容易妄自菲薄，自取其辱。

　　這是今日我們注意到生命哲學之所以被重視，以及存在（主義）哲學之所以被強調的最主要關鍵所在。因為，它們寧願從深度去挖掘、從廣度去剖析，以及從高度去統觀生命（尤其人類個體生命）的總體現象及其總體表現；進而給予它一種合情、合理，又合宜的解釋。換句話說，我們認為，生命哲學的主要思想暨其內涵，就繫於此。

　　如今，確實有不少人墨守所謂的人類的生命，即是由低等生物，經由演進程序而進化到現在這樣的高等階段的臆測：他們這種的看法，則極容易把人類可能就是經由猿猴演化而來的這種「假設」，當成是宇宙中一個永不可動搖的「絕對真理」。

　　讀者諸君，你（妳）可否想想：作為一個擁有繁複的生命個體，跟生命意識……的你或我，難道可以被如此地來作簡化的瞭解和說明？就像有人也許單要從基因的角度，來涉談人類與其它動物個體生命的內在關聯；想必，這樣的比擬與推演，仍需有待進一步偉大科學的新發現，才有可能遽下較好的結論。現在想來，如果有人仍想妄作不必要的斷語和主張，那就很有可能是在自欺與欺人。

參、生命哲學與生命教育的關聯

　　先前，我們已對西洋自近代以來所崛起的生命哲學作了歷史性的考察，同時，也對它的思想內涵作了扼要性的陳述。在此，我們則想進一層探討生命哲學與生命教育的關聯問題。

　　話說（個）人這一生命個體，它可是一種不止息地在變化

中、在變遷中的存在。因為，不管是從生理或從心理的角度，來察看你（妳）、我生命的存在現象，我們就能確知這自是一個事實，也是一個不容狡辯的真理。

說實在的，今日我們從「人」這個秉具有獨特生命能力與生命表現所產出的知識或學門，可說不知有凡幾。其中的心理學、生理學、醫學、生命科學、倫理學、哲學、藝術、美學，乃至宗教、神學……等，則無不直接或間接在關切人類於某知能方面上的活動暨表現。

而就在這些知識的學科和類別中，我們雖然留意到心理學、生理學、醫學與其它……科學等多對人類的生活與生命活動極感興趣，而且在它們各自的研究上，也屢有創獲；不過，在此間，我們則寧願關注哲學（尤其是生命哲學，乃至存在哲學）、倫理學（尤其是存在倫理或生命倫理）、生命科學、美學（尤其存在美學，或作：生命美學），以及宗教神學……等，在對生命教育上所能扮演的極有意義的角色。

因為，我們相信：這些學門，或從理論層面或從實際層面，迭對你、我這一生命個體的活動與表現，均能展現其高度的關注，並且也擁有相當多的潛在認知。因而，在實質上，它們應能助益於一個人美好生命教育的養成。

此間，我們就要先來看看：生命哲學與生命教育究竟是具有怎樣實質上的關聯？

一、對存在生命與事實的肯定

在有關存在生命與事實的肯定的探討上，如果大家還不健忘，那麼，在本套叢書《生命教育》的第一集（按：《生命思

想vs.生命意義》）的書冊中，應可看到我們曾對每個人的生命、每個人的存在，以及他的生命存在此一事實作過相當詳實的論述。

　　不過，在這裡，特別針對生命哲學與生命教育的關聯性問題，我們想作進一層的表示：對存在生命與事實的肯定，它不僅是生命哲學亟想探討及展述一切有關生命活動的事象的基礎，而且更是生命教育這個學程領域所積極含納的核心主題。因為如果不正視、不看重存在生命與存在事實；那麼，儘管使用如何鏗鏘有力的語辭，想詮解生命的價值與生命的意義，那簡直就像在水中撈月、緣木求魚般地不切實際，也不合乎人情。這對生命哲學是如此，就是對於生命教育本身，也更是這樣。

　　接下來，我們就要說：生命哲學和生命教育到底是聯袂對存在生命與事實（尤指你、我每個人來說）作了什麼樣的肯定？答案可能就會是：

　　（一）（個）人，這一生物個體的存在，他是一個活人的存在，是一個擁有意識、擁有精神，以及擁有未來希望的存在。

　　當然，生命哲學與生命教育會作這樣的認定，自是表示：它們所看重的是一個具體的、活生生的，甚至是有血、有肉，以及有感情、有理想的（個）人的存在。而不是把一個活生生的人，當成是：一個觀念性的、理念性的，或抽象性的存在。

　　（二）（個）人，這個存在，雖然受到時、空間各種條件的限制，也因為這樣，他的一生，難免會有低潮、苦難、挫折、失敗，乃至絕望的時候；但是，人的意志、毅力、決心和精神力，甚至他的信仰、激情與力量，往往就是那些挫敗、失意、

愁煩與苦悶……等負面心情的剋星。

畢竟，箇中的關鍵即在於：你（妳）、我每個人是否能找出沉靜的時刻，好好專注自己內在精神的意向，而試著去解決在生活中所經歷到的每一件事情？

（三）（個）人，這個存在，就是橫亙在生、死界域中而擁有一切可能性的存在。也因為人擁有一切存在的可能性，所以，人——這也作為在世間中存在的人，他就必須為他美好未來的人生盡自己最大可能的努力，好使它能夠如願的實現。

這裡所說的「盡自己最大可能的努力」，自是意指：你、我可不要輕視自己內在的潛力；當然，也不宜高估自己所擁有的實力。凡事總要精誠以至，而結果或好，或壞，則是另當別論。當然，結果如未能達到個人的預期，其中的原因，可能就會是：時機不合，或時運未到。這時，能沉著面對，能再沉潛努力，俟機而動，所謂「天助自助也」，美好的成果必將指日可期。

（四）（個）人，這一生命個體的存在，既然存在於自己的生、死界域中；因此，說明白一點，人，即你、我每一個人，都是一個有限的存在。也可以說成是：每個人即是朝向自己生命的結束的一種存在。

每個人的生命境遇既是這樣，而且毫無例外。畢竟，就在死亡臨到以前，個人所要做的事情，總是何其的多。想來，其中最需要去完成的，應該就是：先要正視自己生命的難得與可貴，而以好好的生活，努力的學習，專注的探討什麼是生？又為什麼會死？或者，應該去關注生命的價值及死亡的「尊嚴」……等這一類的問題，俾使自己能成為一個有見識、有知識，

甚至是有生命智慧的人。

　　（五）（個）人的存在，不應祇把自己當成是一種類似低等動物，而活在對原始本能的刺激與制式反應那種生活模式中；反而，應該凸顯人有道德意識、倫理行為、責任分擔，以及實現（理想）自我……等的美好德性，以激勵自己。這樣，人類的社會，才能以最起碼的人性基礎作為它往高層建構的一個開始。

　　（六）（個）人，這具有獨特生命力和創造力的存在，他不應自貶身價而把自己降格成僅是一堆原子或無機物的組合體；反而，應從他會嚮往永恆（永生）、祈禱天神，乃至膜拜他已認識或未認識的「終極實在（者）」那種精神的活動暨性靈的表現，來闡釋人類生命本身所富涵的高貴性、優質性與宗教性。

　　當然，這類的思維，並未排斥這一種論點：從人類生命結構本身（受造）的奧妙，以及其秉有智慧創造能力的玄奇的角度，可教人設定一個獨特的生命價值觀；那就是——有關人類的生、死，以及其中所含藏的悲、歡、離、合……等人生一切的問題，將俟人類性靈發展到可與大自然的創造者（按：造物主）建立一種特殊的關係時，便可一一獲得明確的解釋。

　　接著，我們要來談談生命哲學與生命教育的另一項關聯。

二、對自我與存在意義的強調

　　在早先，我們已略微提到：在十八、九世紀西洋所出現的生命哲學，是繼羅曼（浪漫）主義運動與哥德這位古典詩人兼哲學家的輩出之後，為挽救人類的精神文明，之不致淪落成自

然科學與科技機械主義思想的附庸，而有它挺身而出暨艱苦奮鬥的一面。

在這裡，我們可以來想想：當時的生命哲學家何故如此？他們之想隻手抵擋那龐大的思想黑幕，該是何其的困難！可再思忖一下：那些生命哲學家為什麼要這麼做？難道他們的心智已然昏沉？不然，就是他們的行動，豈是受到一種明知其不可為而為之的愚鈍及無知之力在支撐著？

箇中，我們可以來想想尼采一生的努力及其生命活動的表現；也可以去思忖繼德國羅曼主義運動興起之後，北歐的丹麥為何會有祁克果宗教式的存在（主義）思想暨哲學的崛起？——這種獨特的存在思維，可富涵極其豐沛的生命思想與生命智慧！

就此，針對上述這一系列的提問，我們則很想要說：他們就是格外關注人類此一有生命、有個性、有自我的重要性，以及其存在意義的嚴肅性與雋永性。為什麼這樣說呢？答案就是：

（一）生命哲學與生命教育所共同看重的，就是每一個個人的獨特自我的重要。這個獨特的自我，尤其是呈現在每個人日常的心思與行徑中；它經常伴隨一個人的天稟、氣質、個性與性向……，而隨意的作自身的展示。

就因為每個人有他的自我，而且這個自我是個人在成長過程中，從他開始認識自己、他人與它物……等各種關係網絡中而逐漸形成的一種認知；這樣的一個自我（意識），因而可以說成是人言人殊、人人各異的自我。

這就如同（有關單位所建立的）手紋或指紋口卡一樣，它

所反映的是：人人各有其不同的手紋或指紋紋路。這不同的手紋或指紋紋路，則正指向他（她）的主人，無不是有別於他身外任何其它的每一個人。

（二）生命哲學（按：尤其從內在體驗的角度來說明）與生命教育所共同強調的是：每一生命個體，或每一存在的個人，他個人的存在意義，當是獨特的、不可取代的，而且是專屬於他本人自己的。

這裡所提的存在意義，當是意指：擁有生命活動與表現的每一個人，在過他自己的生活、經練他個人的人生上，他就會漸次感知，並且體悟到那專屬於他自己的生命特質，那專屬於他個人的存在的因由，以及他為什麼要活著的可能理由……。

當然，他的這種自我感知、自我體悟，最重要的是要把自己「有朝一日」會死的可能給包括進去。這樣，所謂的一個人的存在意義，才能夠作圓融的掌握與呈現。

（三）生命哲學與生命教育努力要教示的是：人的「生」是寶貴的、值得珍視，而不可恣意糟蹋。有人就是因為不深知生命育成的艱難，也不寶愛生命的無上尊敬，致使常以膚淺、無知、愚鈍、幼稚、荒誕……的思想或手法自殘。

在自殘手段中，尤以自殺──對自我生命的摧毀最為激烈。這種非自然方式的結束生命，或非自然化的消滅自己的存在，不僅無以提昇自己曾擁有個自生命的尊嚴，反而是在殘害自己對尊嚴的生命理應懷有的畏敬。

（四）生命哲學（按：尤其從內在體驗暨道德性的自覺說起）與生命教育鄭重推薦的是：每個人應該從一個容易被情感、欲求所主導的人，努力地使自己成為一個有有理性在驅使

你（妳）、我去生活的人；再者，它們也期待一個理性主導其
生活秩序的人，能再努力使自己成爲一個有德性的自覺以導引
自己去生活的人。當然，它們應不致反對一個有德性自覺以導
引自己去生活的人，能再努力提昇自己，俾使自己能夠成爲一
個眞正有愛在心、有慈悲在行動上的宗教實踐者。

　　特別是後者，他個人的心靈應是臻於神聖的，視野則是超
卓的。當然，他個人的生命舉措與精神活動，則無不是裨益人
世、周遭人群的。

　　總括以上所述，對個人存在生命與事實的肯定，以及對自
我與存在意義的強調，誠然可以說是生命哲學與生命教育所共
同關注的焦點。

　　而此間，如果要說生命哲學與生命教育這兩者，到底在它
們所共同關注的這個焦點或重點上，是表現了什麼樣的態度？
我們就想指說：前者，應是偏重學理的闡述與主張比較多；而
後者，則是看重實際能發生效用，即能夠增益世人對生命（包
括自己與他人）的尊重與敬愛的成份比較濃。

　　不過，不管怎麼說，有了生命哲學作它理論的一種支柱，
生命教育內容的豐實，以及其推廣與運用範圍的加大，勢必穩
健地指日可待。

問題vs.回應

1. 請從字源學的角度談什麼是「哲學」？

2. 在你（妳）看來，西洋人所談的哲學跟我們中國人所論的安身立命之道是否一致？何故？

3. 蘇格拉底如何談生命與無知？

4. 當代西洋的存在思想家祁克果（丹麥人），如何詮解蘇格拉底這位哲人的哲學教育？願聞其詳。

5. 你認為，蘇格拉底自稱自己是無知，他是真的這般無知嗎？為什麼？請說出你個人的看法。

6. 古希臘的數學家兼宗教哲學家畢達哥拉斯如何界說「哲學」？

7. 蘇格拉底的大弟子柏拉圖的宇宙、人生觀為何？請談談你個人的瞭解。

8. 柏拉圖的真理觀為何？請詳細說明。

9. 亞里斯多德為什麼說：「吾愛吾師，吾尤愛真理。」？他的思想背景是什麼？願聞其詳。

10. 亞里斯多德的哲學觀為何？又，他是怎樣把哲學知識作一種分類？請簡要說出他的哲學分類之大要。

11. 請解釋一下：亞里斯多德所稱謂的「第一哲學」是指什麼哲學？或什麼樣的哲學研究對象？

12. 請解說亞里斯多德的自然神學觀。

13. 沉思這一種活動，對亞里斯多德而言，是佔有怎樣
    的地位？請表達你自己的意見。

14. 請談談你個人對一般所謂的哲學研究的看法。

15. 你認為：中國的古書或古代思想家，是否有西洋人
    所稱述的哲學智慧？為什麼？可舉實例輔助說明。

16. 孔子個人的人生志向為何？請就你所知做一說明。

17. 聖人孔子是一個樂天派的人？抑或是有其煩憂的
    人？如果是後者，請問：孔子憂煩的是什麼？願聞
    其詳。

18. 孔子心目中的「天」是怎樣的一個「天」？請依據
    《論語》史料做一說明。如果可能，也請提出你個人
    的評判。

19. 請由通盤的考量這個角度，簡要說出你對孔子這位
    古代聖人的印象。

20. 孟子一生的志向為何？請就你所知，簡單做一說
    明。

21. 孟子的心性論與他的天論究竟有何關聯？請提出你
    個人的比較及綜合的解說。

22. 孟子對生命的態度為何？請由他的宇宙人生觀的角
    度說明起。

23. 孟子如何談美好人際關係的建立？願聞其詳。

24. 你對中國古代的老子這位神秘人物，到底瞭解有多
    少？願聽聽你個人的意見。

25. 老子如何技巧地講述「道」與萬物的關係？

26.老子由「夷、希、微」的角度闡論「道」的難以捉摸的特性；你認為：老子心目中的這個「道」，跟猶太暨基督教徒口中的耶威（雅威YHWH：YAHWEH）神是否有若干相似的所在？為什麼？願聞其詳。

27.你對猶太暨基督教的「神造萬物」的觀點瞭解有多少？願聽聽你自己的意見。

28.你對中國道家的莊子這位人物瞭解有多少？請簡單論述一下。

29.莊子對「道」的瞭解又是如何？請就《莊子·大宗師》篇中的言論析述一下。

30.你認為：莊子對人類生命的本質瞭解有多深？又，在你看來，莊子是否可以被稱作是一個擁有人生智慧的大思想家？為什麼？

31.請由綜合的角度，談談你對孔子、孟子、老子、莊子、蘇格拉底、柏拉圖與亞里斯多德……這些古代中、西方哲人的總體印象？如果可能，也請嘗試評論一下他們的宇宙人生觀。

32.請談談你個人的生命價值觀。

33.你認為：「人定勝天」是對的嗎？不然，是否人應敬「天」？乃至人應畏「天」？為什麼？願聽聽你個人的意見。

34.請談談古希臘哲學的起源及其特色。

35.請簡述一下：古希臘神話對西洋古代哲學興起的重要影響。

36.西洋最早的哲學學派暨最早的哲學家爲何？他們有何素樸的哲學主張？

37.蘇格拉底爲什麼會被後世學界的人士視爲是西方眞正哲學的創始者？何故？

38.請嘗試比較東方的孔子與西方的蘇格拉底這兩位思想家的教育態度，以及他們各人對知識的看法。

39.在你看來，我們是否有可能從蘇格拉底的哲學教化中，抽繹出有關生命教育的課題及其內容？爲什麼？

40.請談談蘇格拉底哲學在蘇格拉底身後所遭致的命運？願聞其詳。

41.你認爲：西洋科學思想最早的起源，是否與古希臘的人文暨社會思想的發展有關？爲什麼？請做一清楚的說明。

42.什麼是進化論？它的倡導人是誰？又，這種理論最早的起源地是在哪裡？願聞其詳。

43.請嘗試說明你對古希臘民族的總體印象。

44.請簡要談談你對印度這個國家及其民族文化，乃至宗教……的普遍印象。

45.你認爲近代的印度，是否曾發生有值得人們矚目的大事件？爲什麼？

46.請談談古印度吠陀宗教的特色。

47.什麼是大自然崇拜？它是否類似精靈論的宗教信仰？何故？

48.什麼是泛神論？請問：就你所知，迄今有哪一種宗教或信仰，仍然墨守這種泛神論的宗教教義？

49.你對亞利安人或亞利安這個民族瞭解有多少？願聞其詳。

50.古印度的吠陀文學中有一本名叫《讚頌明論》的宗教經典；請問：你知道它在講說些什麼？

51.請簡要談談古印度宗教神觀的演變過程。

52.請問：什麼是印度四階層的社會結構？請簡要做一說明。

53.古印度教中有所謂的「梵我不二」說；請問：它在講說些什麼？願聞其詳。

54.佛教會在古印度的文化暨其社會中出現的機緣為何？請就你所知做一解說。

55.原始佛教的基本義理或教義是什麼？請扼要說明一下。

56.原始佛教講的五蘊，是指哪五蘊？

57.請就你所知，談談佛教自根本佛教、原始佛教、部派佛教、小乘佛教到大乘佛教這幾個階段的演變過程。

58.你認為：佛教是一種「宗教」嗎？如果是的話；那麼，它是主張一神論？多神論？抑或是一種在根本上強調徹底的無神論（按：無位格神創造萬有世界的理論）？為什麼？願聞其詳。

59.假如把生命教育的某種觀念寄託在「佛教」的教義

上，你認為：我們可以從它教義的內部擷取哪種
（些）可供教化時人的義理觀念？願聞其詳。

60.在你看來，古印度社會為什麼容納不下佛教這種教
義暨其思想的發展？請就你所知來作答。

61.當代印度有位哲學思想家名叫威韋卡南大，你可否
談談他對「宗教」的看法？

62.在你看來，今日我們涉談生命教育的重要，是否應
該將它與一般的宗教教育掛勾？不然，你是否有另
一更好的建議？願聞其詳。

63.你對中國文化或中華文化的精神瞭解有多少？

64.已逝的哲學家方東美先生，曾用頗美妙的語辭解說
中國人的生命智慧；你認為：他的那種形容是否得
體又貼切？願聽聽你個人的評論與意見。

65.你認為：「中國哲學的起始」這句話應作何解？哪
個聖人、哪位哲人、哪個思想家，或哪個哲學學派
足堪被視為中國哲學的起始？請表述你個人的瞭
解。

66.美學家葉朗曾著書而把老子哲學當成中國哲學（史）
的開始；在你看來，這是否適當？願聞其詳。

67.當代中國哲學思想家勞思光先生，如何解讀中國哲
學最早的開始？

68.就你所知，中國哲學思想的重點，是否可當成今日
生命教育的重要題材之一？請舉事例說明之。

69.《詩經》如何論「天」？

70.《易經》如何談「易」？以及如何論「八卦」的起源？

71.古人所談的天人合一、人我合一或道我合一，到底是想表述什麼？請就你所知，說說自己的看法。

72.孔子、孟子的「天」論，是否可當成一種自然宗教的自然神學觀？爲什麼？願聞其詳。

73.老子如何把他個人對生命價值的洞察，建立在對「道」的體悟暨追尋上？

74.老子如何形容水的德性？又，人又應如何效法水的美德？請就你所知，詳細說明。

75.莊子如何把他個人的生命情懷，寄託在道化自然的運行眞理上？請就他是如何涉談眞人與眞知的角度，來做一說明。

76.就你所知，古代中國哲人的生命情調與古希臘哲人的求知情懷是否有別？何故？願聽聽你個人的比較與意見。

77.《中庸》一書如何洞見人的心性之活動？請舉事例說明。

78.《大學》一書如何談修身與養性之道？

79.就你所瞭解，哲學的出發點雖是出自於人對宇宙、人生的關懷，不過，你可否知道：哲學的這種研究方向，可蘊涵了它對人類生命，或者說，對你、我生命的意義有它終極的關切？爲什麼？

80.「宗教講永生，哲學談永恆，凡人說永遠」：在你

看來，永久的事物是否存在？如果存在，它又會是
什麼模樣？請就你個人的想像，嘗試描繪一下。

81.就你所瞭解，哲學的最高訴求或最高的境界，是否
可通達於一般義的宗教？譬如說，哲學有追求自知
之明，宗教有談先知、先見；哲學有論解脫之道，
宗教有教示救贖之門徑……等，這兩方的各自探
尋，至終有否會通的可能？願聞其詳。

82.西洋學界有誰率先應用「生命哲學」這個語辭？
又，他對生命與永恆的關係，可做了怎樣的詮釋？
請詳細說明。

83.在你看來，「生命哲學」一語辭是否可和「人生哲
學」做一種互用？爲什麼？

84.德國的思想家利凱特，如何談論研究生命哲學的兩
種進路？請簡要說明。

85.一般而言，生物學者多是由哪種角度或立場去看待
生命？又，他們的觀點，多是什麼？請就你所知扼
要回答。

86.強調由內在體驗的角度以探討生命的思想家，他們
多是抱持怎樣的一種觀點在作這種研究？而你自己
的看法，又是如何？

87.在近、現代之交的歐洲（尤其德國），曾興起所謂的
生命哲學思想；在你看來，它主要是針對哪種流行
的思潮而在做一種對抗？

88.可否談談德國意志主義者兼悲劇思想家叔本華簡略

的一生？

89.叔本華的意志哲學到底在講些什麼？你知道嗎？

90.在你看來，叔本華的心靈世界，是否契合佛教或印度《奧義書》哲學的玄秘思想世界？爲什麼？

91.你對德國的悲劇哲學家兼生命哲學家尼采瞭解有多少？可否談談他一生的奇特遭遇？

92.尼采如何解讀生命的意志？你同感否？爲什麼？

93.尼采如何看待藝術的最高意境？

94.在你看來，以無神思想爲背景的尼采的超人理論，在人的一生之中或人生的某個階段，可否付諸實踐？爲什麼？願聞其詳。

95.尼采的兩類道德論，到底在指說什麼？又，從這種道德二分法，尼采如何批判西洋世界的墮落及疲弊？

96.尼采的「上帝已死！」的論調，是否有它推銷的市場？爲什麼？願聞其詳。

97.你對植物世界，以及人類之外的動物世界，到底瞭解多少？請說出你個人的見解。

98.從與其它生物或動物相評比的角度，你對人類的觀感是如何？爲什麼？

99.人類是由猿猴演化而來的嗎？請談談你個人對這個問題的看法與心得。

100.今天，在各種學問精深的發展下，我們應如何藉之以瞭解人類生命的謎團？

101.就你的看法，跟生命教育學程有極其相關的學科類別的會是什麼？請儘量做一個說明。

102.你認為：生命哲學與生命教育所關注的問題，是否有它的重疊之處？為什麼？

103.可否請你說明一下：你對人這個活人的存在，到底瞭解有多少？請詳細做一說明。

104.人總有他情緒失落或低潮的時候，在你看來，人是否有克勝他心靈失意、情緒低落的籌碼？願聞其詳。

105.你對「人是擁有一切可能性的存在。」這句話，瞭解有多少？

106.你相不相信「天助自助」這句諺語總有它會實現的一刻？為什麼？

107.每個人總會面臨他個人生命大限的來到：在你看來，在死亡未到以前，人應該做些什麼，才能真正對得起自己？

108.孟子曾經表示：「人之異於禽獸幾稀！」在你的認知裡，他是否在影射人都有天生而秉具的道德意識與道德自覺……？為什麼？

109.人可否從他有想拜神（明）、求神的舉動……，來推估他生命所本具的高貴性與優質性，而一般的動物則否？為什麼？願聞其詳。

110.世上的哲學思想家，是否經常為維護人的自我價值以及他的生命尊嚴而生？何故？

111.談到每個人的存在意義，一般而言，大家多能泛泛
　　的瞭解；不過，一旦嚴格的細究起來，請問：你是
　　否知道「人的存在意義是什麼？」這句話，到底在
　　指涉什麼？願聽聽你個人的意見。

112.自殺，這種殘害自己生命的動作或行徑，是否和對
　　生命本身的尊重有所牴觸？為什麼？請說出你個人
　　的心聲。

113.一個人的一生，可否列出一些自己倚藉著努力，便
　　可漸次達到的高層次的生命境界？如果可以的話，
　　你認為會有哪些？願聞其詳。

114.生命哲學與生命教育是否有相互補足的可能？為什
　　麼？

第二章
生命詮釋學的出現

壹、歷史回顧

貳、生命詮釋學的思想內涵

參、生命詮釋學與生命教育的關聯

　　論到「生命詮釋學」，或者說，什麼是「生命詮釋學」的
研究對象？首先，我們就必須要瞭解：「詮釋學」是什麼？自
此，才容易明白「什麼是生命詮釋學？」這樣的一種詮釋學理
論。

壹、歷史回顧

一、詮釋學的本義

　　根據文獻的記載，「詮釋學」（Hermeneutics）這個語
辭，是來自希臘文的「hermeneutikos」（英文譯為
interpretation）；意思是指：詮釋、解釋、解說、說明、描
出、翻譯、迻譯或譯述……等。

　　這個字的語根「hermes」（赫默思），原是出自古希臘神話
中有一位職司學藝、商業、創造、辯論、偷竊和狡詐……等工
作的神明（神祇）的稱謂。據悉，古希臘神話中的這位神明，
到了羅馬帝國的興起，便被接收成羅馬神話中的那位守護神
──麥丘里（Mercury）。

　　再論赫默思這位神明：在神話中，則有提及赫默思除了要
負擔自己原有的工作之外，他還要負責傳達或轉譯天界眾神明
的意旨給凡間的人類。當然，如果有其必要，他仍必須作些澄
清、加註和轉譯的工作，好使眾神的話語能如實地傳講給世人
瞭解。

　　自近代以來，在西洋學界所流行過的詮釋學思想運動，便

從古希臘這個神話取得詮釋學的主要內涵：對文字或文句其語意脈絡的稽定，以及揭示語句符號或象徵所蘊涵的訓意。

二、古代人的詮釋活動

其實，若論到在嚴格的學術界的詮釋學思想運動之外，是否還有其它場合曾出現這一類的詮釋學思想活動？有人就要說：有的！在古代許多已自成一個體系的文化發展區域，如更古早的希臘神話活動時期、古代的希伯萊宗教文化活動時期、古印度的宗教文化鼎盛時期，甚至古代的中國宗教文化活動時期……等，多應有它獨特的文學或宗教文獻的詮釋活動。

此中，我們可以進一步來看看古希臘以及古希伯萊人如何進行他們自己的文學的詮釋活動。

首先，來談談古希臘的詮釋活動。在學界人士的研究中，他們曾發現：所謂（古）希臘教育系統中的文學詮釋，便是以古代的神話學者荷馬（Homer，西元前八世紀）的作品，作為他們文學詮解和批判的主要史料。此外，它們也研討其他作家的詩作或著作……等來推動類似的文學的詮釋工作。

談到古希伯萊時，有學者指出：在希伯萊的宗教文化中，總可以看出它早期的猶太教律法師，在理解經典、解釋經文和運用經訓上，便極嫻熟他們猶太教經典（有如：Midraschim、Talmud）的一些詮釋規則。因為，熟諳了詮釋規則，便能夠從古老有如天書般的經文，解讀出其時代或當時人所需用的重要訓示。

綜括以上這兩個事例，不知讀者你（妳）是否看到了什麼？是否曾注意到所謂的文學詮釋，或宗教經文（經典）的釋

義,以及它想要傳達的對象?當然,它是要傳達給有生命而活在世上的每一個人。詮釋或釋義本身,其實,並不是為了它自己,而是為了它想傳達的對象——是世上的每一個人,也就是全人類,就是你、我與他呀!

三、詮釋活動在近代的興起

既然人類還存活在世界上,他的文化作為,當然是承先啟後,持續不斷,而且能夠一直的演進下去。

在這之中,我們委實可以看到:所謂本於生命共同體這一基礎關係,不管中、外,歷世、歷代的人們,應多是在從事理解前人,策勵自己,也就是詮解早期人們的生存活動、文化行為,而為自己建立一種可行的文化行為暨其生存的模式。

循乎此,我們且來看看西洋中古、近代之交的宗教改革時期,所曾經出現的一些攸關詮釋學活動的事跡。

(一) 馬丁·路德的迻譯聖經

首先,我們就來談談德國的宗教改革家馬丁·路德(Martin Luther, 1483~1546)。馬丁·路德的一生,其最令人矚目的個人事蹟,除了是曾經提出九十五條論題以辯駁當時羅馬教廷的異端,因而聲名大躁,且被後世視為基督宗教的改革先鋒之外;再來,就是他曾經以德國本土的語言——德文(按:在當時即被視為一種地方性的方言)——,去翻譯以古希伯萊文(舊約)和希臘文(新約)為主的基督宗教的經典:《聖經》,因而震驚當時的教廷暨宗教神學思想界。

姑且不論馬丁·路德的主要動機為何,新譯文《聖經》版本在當時的問世,可說是正打破了欲理解《聖經》、譯解《聖

經》，乃至運用《聖經》經訓的權柄，唯獨是操在教廷少數掌有教職領導權者手中的神話。

此外，他的德譯《聖經》版本，不祇提高了一般平信徒理解《聖經》和擁有其知識的水準，而且更推動後世的（基督）宗教神學界在細緻解經、譯經和釋經上的工作進程。

據我們所知，今天眾基督教會間的分分合合的現象，以及他們各自認為自己是「正統」和其擁有的教義即是憑賴這本《聖經》……等主張，這一切的一切，說穿了，總是離不開他們各自多會往自己的教派這一方在作片面、最佳，又最有利的譯解經訓的工作。當然，論到他們為何要這麼作的動機與目的，其主因還不是：他們多認定自己才是擁有《聖經》解釋，即能詮解《聖經》經文的最高權柄。實情豈是這樣子嗎？——對這個問題的解答，且暫時交給時間與真理去作答。時間與真正的真理，在可見的將來，想必應會考驗一切，並驗證出真象的！

（二）史萊馬赫對普遍詮譯學思想的構建

1.重視日常語言的使用

在西洋近代詮釋學思想的發展史上，最受人注目的思想人物暨詮釋學界的健將，就是身為神學家、教育家、宣道師、教會政治家兼宗教哲學家——史萊馬赫（F. D. E. Schleiermacher, 1768～1834）。

相傳，史萊馬赫在西洋十九世紀的德國學術界，已是一位家喻戶曉的出色的系統神學家兼哲學家。特別是，他那強調以人的「感受」（feeling）作為個人皈依其信仰主宰的依據的論點，可說是主導了當時德國神學界的動向；因而，博得了所謂

「十九世紀神學教父」的美名。就是在當時的人文暨哲學思想
圈中,也因爲他曾提出重視人類日常語言的使用,並在傳統既
有的文學詮釋活動之外,倡導迴向心理而鼓吹要有一種心理的
或技術的詮釋技巧以爲輔助,從而奠定了他在西洋學術界一個
極高的地位暨榮譽的頭銜──「近代詮釋學的創始人物」。

2.要理解,不要誤解

　　說到史萊馬赫的詮釋學思想的形成,可以說,當時德國學
術界曾流行的超驗哲學〔按:一種源生自康德,歷經斐希特與
黑格爾等哲人的經營,而形成以思辯爲主軸的觀念論哲學〕,
以及先前所提的羅曼主義,即曾促使哥德與生命哲學興起的思
想學說暨思想運動,對他影響頗深,而驅使他對人們在日常生
活中的言談、溝通、對話與理解⋯⋯等現象有所注意;甚至,
還想去探討什麼是理解?什麼是語言有效詮釋的可能性⋯⋯等
一系列的問題。

　　其實,就像今天我們與別人在交接、談話與溝通上,最需
要的是要能瞭解對方的意見,知道別人對你(妳)的想法;爲
此,不致因爲彼此的溝通不良而導致不必要的誤會,甚至發生
不願見到的衝突。

　　當時的史萊馬赫,就因爲會從人們在平常生活中所發生的
最小件、而又看似很平凡的說話動作中,去找出攸關人際關係
良窳的說話藝術──「要理解,不要誤解;要明白,不要模
糊;要溝通,不要衝突」──,他便留心前人有關這方面的一
些見解或觀點。就像:

　　(1)沃爾夫(F. A. Wolf):沃爾夫是十八、九世紀一位
　　　　有名的語言學家。他曾經指出:當一個人在與別人交

往時，這個人說他理解了別人時，這個意思就是在表示──他一定已理解了別人的思想。

（2）亞斯特（Fr. Ast, 1778～1841）：亞斯特曾經表示，所謂人與人之間語言的溝通，這整個的溝通或理解的過程，便是創造過程的一種重複。（按：這是什麼意思呢？我們認爲，它應是在指：主要當事人在自己的心裡，要能重現對方個人的想法、問題或意見。這樣，就好比是在自己心裡由無中生有的一種創造，即倚藉複製的過程來作彼此的溝通和交往。）

（3）康德：康德認爲自我是存在的，因爲，在人的思想或思辯的過程中，自我確實可以產生不少的觀念、想法，以及對某種事物可能的理解……。

（4）埃臬斯迪（J. A. Ernesti, 1707～1781）：埃臬斯迪的論點，則比較嚴肅一些，因爲，他注意到要先區分理解與說明的不同；進而又表示，一個人理解的精確與否，是不同於你（妳）或對方所作的說明之精確或不精確的問題。而前者，它才是隸屬於詮釋學的範疇。

除了這些人物的特別觀點之外，史萊馬赫也對哲學家斐希特、赫德（J. G. von Herder, 1744～1803）、理性主義者斯比諾莎（B. Spinoza, 1632～1677）、文學家希列格（F. von Schlegel, 1772～1829），以及考古學家溫克爾曼（J. J. Winckelmann, 1717～1768）……等人的講法，多加留意。因而，提出他的系統詮釋學理論──又可稱作「一般詮釋學」或「普遍詮釋學」。

3.「普遍詮釋學」的幾大特色

話說在史萊馬赫提出他自己的詮釋學觀點以前，在中古宗教改革時期，一個名爲馬西亞斯‧弗拉秋斯（**Matthias Flacius**）的德國路德教派信徒，這位思想家就曾經爲新教（按：指改革之後的基督教，有別於以羅馬教廷爲中心的天主教）的詮釋學（即：聖經釋義）建立了一個頗爲重要、又有系統的架構。

而在十八、九世紀史萊馬赫那時代的德國學術界，也曾經流通一些詮釋學的思想學說；可將之歸納成這三種類型：聖經釋義、古典的研究，以及法律。

由於這三種工作都需要動用到語言文字的譯解，以及對文字的詮釋等，特別是，因爲它們多半只處理那些經由觀察蒐集得來的東西；也就是以蒐集若干的規則及暗示而進行經典語文的迻譯或釋義，這在史萊馬赫看來，卻是未能顧及詮釋的整體性與目標，而無法由根始上和整體的角度去把握理解的眞象。這種欠缺對理解現象作根本的、整體的掌握的詮釋學，史萊馬赫便把它總稱作：「專門詮釋學」。

不同於這種專門詮釋學，史萊馬赫的普遍詮釋學又有什麼樣的特色呢？我們認爲，它約可歸納成下列這幾項：

（1）基本上，認定人與人之間的言談或對話，是理解現象所發生的契機或場所。

（2）對人們日常語言中的理解（兼誤解）現象，可以作普遍的、有系統的與哲學思想性的討論。

（3）眞實理解的產生，必須要以能把握語言（話語）論述過程中的兩大要素作爲前提；這兩大要素就是：局部（如個別的字語）與全部（如所有的語句文脈），也就

是個殊要素與整體要素。

（4）人們口中說出的話語或用手寫下來的文字（按：都可視爲語言）與思想（按：倚藉話語或文字所表達出來的心意、想法……等），這兩者，便聯袂決定了詮釋學的工作。

（5）普遍詮釋學有兩種詮釋法：一是文法學的詮釋；另一是技術的（又稱：心理學的）詮釋。前者，在人的理解與詮釋活動中，是最早出現的。又，這兩種詮釋的運作，其目標便是避免誤解現象的產生。

（6）語言，它雖然是作爲文法學詮釋的首要預設，但語言本身，卻是難以探究的；如：光與知識這兩者，便是。這也就是說，光與知識在它們的本質上，人是無法窮盡的。因此，如果碰到想要探討它們的眞象的情況時，唯有倚藉「使用它們的方式」，才能夠決定它們將有怎樣的意涵。

（7）基督教（按：應指原始屬靈的基督教）是創造（人類）語言的一種宗教；因爲，從開始以來，基督教就已經是一種秉具語言能力的靈（精神）。

（8）人世上一切的理解與詮釋活動，它們都是在共同生命的領域中發生和發展成的。〔按：這意思是——人類的生命，也就是人的共同生命領域所涵示的「普遍人性的基層結構」，當是人類彼此溝通的可能基礎。這裡所提到的人類的生命，其實，便是在指人類的「同種性」（congeniality）。由於人與人彼此的關係，是同種、同類的關係；這樣，便能縮短歷史時、空間中

的距離，而促使某甲能夠就他理解的努力過程，從而
達到認識某乙（或：它物）的世界。〕（史萊馬赫
著：《詮譯學：手抄原稿》，第6、34、51、124
則。）

　　由於史萊馬赫特別注意到「共同生命的領域」這個論題，
以及傳聞史萊馬赫在他後來的思想階段，也已轉向於對「主體
性」（subjectivity）此一課題的重視，在這方面，則格外引起
我們的興趣。因為，他對這兩大論題的重視，何嘗不是在預告
他的普遍詮釋學理論，有可能與我們所關切的生命教育的問題
——如：重視生命、關懷存在、瞭解生命的意義，以及強調存
在的未來發展……等——彼此交觸，乃至攜手合作的空間？

　　既然史萊馬赫那麼重視人類生命的同種性，以及強調思想
語言在人的理解與詮釋活動上所扮演的角色；何況他立意的出
發點，可不是想和人們的生活經驗脫節，反而是針對人們在日
常語言（言談、對話或會談……）溝通上所可能出現的種種情
況而試圖給予一種嚴肅的對待，即努力避免誤解、謬解和錯解
的發生，並且希求能達到人與人之間真正的溝通、真實的理
解；而這，即確然構成他學理研究所關切的重心。循乎此，我
們認為：史萊馬赫的學術認知，可不必然會排斥所謂生命教育
的實際運作；再說，他還是一位宣道師兼教育家呢！

（三）狄爾泰對「生命詮釋學」的重視
1.提出「生命詮釋學」

　　狄爾泰是當代德國有名的新康德學派的一位歷史學家兼哲
學家。前述的史萊馬赫、康德、謝林（F. W. J. Schelling, 1775

～1854）、黑格爾和英國經驗主義者……等人的思想，據聞都曾影響過他。

　　狄爾泰早年在海德堡與柏林接受教育，之後，則曾在柏林大學教書（尤其教授哲學史）。由於他對生命哲學產生高度的興趣，因而使他往後的研究，多專注於精神科學或人文研究（歷史）的知識論的分析。

　　據悉，狄爾泰所關注的精神科學，係涵蓋人在歷史、精神與文化……等領域的活動的探究。他的探究法，多半則是得自史萊馬赫的普遍詮釋學思想的啓蒙；從而，即發展出那專屬於他自己風格的生命詮釋學思想理論。

　　狄爾泰爲什麼會關切人類精神在歷史、文化……諸領域中的活動暨表現？這個問題，可以從下列這些事實或情況約略看出：

（1）自十七世紀英國工業革命成功之後，歐洲的社會、國情顯然因爲有此一強勢科學思潮的推動，而逐漸有它改變的跡象。這樣的改變，則無不反映在歐洲人對俗世事務的興趣，可大於對精神生命的內在需求。剋就這個問題的嚴重性，早在狄爾泰之前於丹麥出現的（宗教）存在思想家祁克果，就看出了箇中的關鍵。像他就這樣說道：

　　　　「我們這個時代，在本質上，是一個沒有熱情，只重視理解與思想的時代。」

　　　　　　　　　　　　　　　　——《今日的時代》

　　　　「這個時代，整個都陷入理性的泥濘，沒有一個

人因它而哀惋；這兒，只有自滿與自欺。」

——《日記》，1852年6月4日

「我們的時代，是一個廣告宣傳的時代；是一發
生過什麼事，就到處是宣傳的時代。」

——《今日的時代》

他又表示：

「現今，愈來愈多的人，只想放棄神所喜悅的那
種安靜、又正常的生活；一心想作一種更偉大的事
情，想去探討各項人生關係中的更高關係。」

——《今日的時代》

（2）在近代自然科學的領域裡，已見物理與數學（數理）
思想的結合，因而造就了頗為有效的科學方法；這對
哲學課題的研討，則構成了前所未有的挑戰與衝擊。

（3）由於科學思潮帶動社會營生結構根本上的改變，致使
此間工商社會個人的自主意識，也因而逐漸高漲；為
此，即影響社會既有的道德、價值……等秩序。

（4）針對當時的理性主義思想，尤其自然科學思潮的反
動，便有羅曼主義的興起；再加上人們逐漸從歷史變
遷中的意識甦醒，這則更加深了人們對傳統既有思想
體系的反省與批判。

2.人具有理解歷史的能力

狄爾泰為什麼會提出他的生命詮釋學思想理論？他的動
機，其實，應可說是基於一種歷史的使命感所使然：「有鑑於

歐洲科技文明力量的逐漸高漲，便亟思為西方的文化、社會、道德與政治……等人類的活動，找出一個歷史的定位與未來。」因為，在狄爾泰看來，作為歷史活動的要角——世上的人類——，他可是具有歷史性與時間性的（生命）主體。也因為這樣，人的社會組織和文化系統……等的建構，在實質上，自是帶有與人類本身一樣的歷史性與時間性，甚至是動態性、發展性與開放性的特色。

人是可以理解歷史事物的，人也可以瞭解自己在時間中的存在活動。借用狄爾泰的說法，那便是：單要倚藉你（妳）、我這個「生命」，以作為「一切人性所共享的生產力」。

這到底要怎樣去瞭解呢？也就是狄爾泰在講人、講生命，以及講生產力時，他是怎樣在談論「人」這個生命主體呢？在此，希望讀者能夠明瞭，狄爾泰自始所認定的「人」，便是一個具有「歷史理性」、具有高度自我意識的生命個體——用你、我平常所能理解的語言，便是：我們都有記憶力，可藉此以回想過去、追憶過去。當然，我們也擁有反省自我的能力，可以把人類（包括自己）在過去的作為，逕作一種通盤的省察與詮釋。

又，這樣的一個人，他在理解自己與他人在過去的作為上，自然是預設了一種以人類生命（及其活動）為基礎所形成的世界觀。因此，有人認為：狄爾泰的重視生命，掌握生命，當是把生命當成下述這種的情況來瞭解——「生命，是要從內部來理解的。」「理解，是由個體（按：人）的心靈力量及其整體，由外在（按：指客觀的表現；前述人類所建立的社會、文化……等系統，便屬之）以把握內在（生命）的過程。」

3.人的生命成份

從以上的簡述裡，我們可以看出：「人」，這個作為生命個體的人，在狄爾泰心中可佔有極其特殊的地位。至於生命又是什麼呢？或者說，生命本質所賴以形成的成份是什麼？承以上約略已提到的觀點，我們即作了這樣的一個整理：

（1）個體（按：每個人）的希望與恐懼、歡樂與哀傷、意志與決斷、思想與行動，甚至人所訂定的社經制度、信仰的宗教，以及所建立的文學、法律、藝術與哲學……等，全都可視為他生命的成份。就因為這樣，可以說，人世間的一切，都是產出自人類的生命，或人類的生存活動之表現。為此，哲學，便可當成：它就是一種生命哲學。

（2）生命並不是一叢叢無關緊要的事物，而是四處可見，已被組成、可以解釋，以及最具有其意義性的事實。就此，哲學家的工作是有價值的，他的任務更是重大的；他要使用種種的原理、原則，來組織他個人的經驗，並且透過對人類的歷史活動的理解，而把意義賦予他的世界。

（3）人以生命為基礎所建立的世界觀，實際上，就是一種和「實在」有所關聯的哲學。而人與生俱來的傾向，便是想對這樣的一種哲學或世界觀，逕作出整體的詮釋。

4.綜括與歸結

綜括以上所述，雖說狄爾泰提出的生命詮釋學的構想，對

當時歐洲的社會與文化所正面臨的立即危機，有他遲來的療傷止痛之效。而，他這種基於高度歷史使命感所從事的思想上的反向運動，多少是得力於他的業師史萊馬赫本人的影響，以及也受到康德的重視批判精神的啓蒙，因而有他那企圖力挽狂瀾的學術動作。

祇是，平心而論，在狄爾泰之前的歐洲世界，誠然已因宗教改革的勃興；民族主義的抬頭；個人自主意識的高漲；社會政、經結構的改變；科技、人文間的張力與衝突；以及工、商資產階級的興起……等，而有了令人觸目驚心的丕變。

就在這樣的大環境之下，有狄爾泰這類熱衷人類生命事務的有心人士的輩出，確實已給當時的社會，尤其是爲人文社會思想（學術）界提供了一盞燭照暗路的明燈。因爲，他重視生命，且關注人類在世上走過的種種的生命足跡；更且還極力呼籲：人是一個擁有歷史理性的覺察的人，並要各人在其歷史的省思中，多爲自己一切的生命表現提出一種有意義、有價值的對待。

在此，如有人想探問：「狄爾泰對今世的人們，究竟會有怎樣的一種啓發？」我們便可如此表示：他重視生命，並且能從整體的角度，去觀照人類總體生命的表現。此外，更由於他能從動態的歷史眼光，去爲人類在世上的一切生存活動，提供一種「有意義」的說明和詮釋。說來，這對今人的啓迪，簡直是既有價值，而且又具有它非凡的寓意的。

因爲，它珍視你（妳）、我每個人在有限時間（歷史）中的存在；更且，能夠從有意義的觀點，有力地闡明：人類可不應妄自菲薄，即自甘墮落於物化的世界，並想成爲此一物化世

界中的一個傀儡；反而是應該極力發掘自己與生俱來的生命意識、自我意識，好為人類在世上所產出、所經營的一切的文化暨文明的作為，提供一種攸關自己生命意義的整全理解。從而，以為人類（這擁有其獨特生命性質的人類）找到他在存在思維上的自我理解之道。

貳、生命詮釋學的思想內涵

從以上有關生命詮釋學的歷史回顧中，我們分別談到詮釋學的本義、古代人的詮釋活動，而且聚焦在近代西洋人文社會思想界所興起的生命詮釋學思想學說。特別是後者，我們曾經以馬丁‧路德的譯經、史萊馬赫與狄爾泰等哲學家詮釋學思想的出現，進而論及到生命詮釋學這種學說在近代和現代社會中所扮演的角色暨地位。

在這裡，我們則想綜合整理，也就是再次提醒讀者能夠去瞭解什麼是生命詮釋學？或者說，應去注意：單單出現在西洋近、現代之交的生命詮釋學，到底曾提出了什麼樣的重要主張，而值得今日的學界理應去加以注意和積極的正視？

據我們所知，其主要義理應可將它列述成以下這兩點：

第一、重視生命的整體性。
第二、凸顯生命的意義性。

茲分別簡述如下：

一、重視生命的整體性

　　為什麼指稱重視生命的整體性，就是生命詮釋學的一個思想內涵？我們認為，有關這個問題的解答，大概就要溯回到西洋近、現代兩位重要的詮釋學思想家，即前述的史萊馬赫與狄爾泰他們兩人的主張。

（一）生命意指「共同生命的領域」

　　首先，來談談前者。雖說史萊馬赫這位哲人的詮釋學思想，一如前述，可以將它指稱為普遍詮釋學或系統詮釋學這樣的一種學說；我們在這裡面，卻可以發現到它對「生命」的重視，這則格外令人感到興趣。

　　當然，這裡的生命是具有兩種涵義的：一是指，人類使用語言所表現出的一種生動性的意義；另一則是指，表現出說話行動的主體——即每一自由的個人——的生命。

　　尤其是後者，在這裡所指的生命，則是特指：「共同生命的領域」。誠如先前已提，對史萊馬赫來說，在人世間，人類所作出的一切理解與詮釋，全都是在這「共同生命的領域」中所發生與發展成的。

　　這裡所說的「共同生命的領域」這句話，我們認為，它乃假設著：人類的生命，原是一種共同整體性的生命，而能產出文學、法律、哲學、科學、經濟、藝術與宗教……等各式各樣的學門，或人類的生命活動的各種產物。這些學門或產物，因為都來自人類的生命活動；所以，也可稱它們是：人類的思想與精神所有的客觀化暨外在化的表現。

　　上述這樣的一種陳述，不知讀者是否能夠瞭解？也就是瞭

解到：史萊馬赫莫非是喜歡把「生命」這樣的語詞或範疇，指涉成人類一整個生命或人類生命的整體……等這類的意象？我們認爲：針對「人類」這個範疇或對象，史萊馬赫本人應是會作這樣的認定的。

至於針對每個「個人」而言，他則會不會這樣作呢？想必，也會！對於這種質疑與回覆，我們直覺認定：以下這幾段引文，應該能夠爲它作一個佐證。像史萊馬赫在論到某人應如何認識別人或理解別人時，似乎就透顯出他對這類問題的一種看法：

> 「某個人必須已認識一個人，才能理解他所說的話；然而，人卻先要藉著（理解）他所說的話，而才來認識他。」
>
> ——《詮釋學：手抄原稿》，第99則

> 「正如一個人必須從道德法則開始，才能去理解人；同樣的，人為了要理解一種語言，他就必須從它的結構法則著手起。」
>
> ——《詮釋學：手抄原稿》，第59則

史萊馬赫又表示：

> 「首先，要把整體理解成一個類型。——新的類型，只是從較大的領域發展出來，而在最後的分析裡，它則是從生命本身發展而成的。」
>
> ——《詮釋學：手抄原稿》，第124則

這幾個語句段落，顯然是在呈示：某人這個生命整體，或

他生命的整體性（的表現），是另一個人想認識他或理解他所必須依賴的基礎。捨此，則無它法。

　　自此，我們則可以說，在史萊馬赫的心目中，生命，尤其在意指這個涵義：對一個人而言，個人生命的整體性或他的整體的生命（的表現），當無不是他藉以去認識、理解別人，或者被別人所認識、所理解而唯一能憑賴的依據。同理，對人類全體而言，人類的生命整體性，或人類整個的生命（的表現）——也就是在指：「（人類）共同生命的領域」——，當是人類（包括每一個人）去認識自己、理解自己（或前人）所唯一能夠憑賴的依據。捨此，則無它。

　　接著，我們來談談狄爾泰。

（二）生命是「從生命內部來理解（的）生命」

　　先前我們也提到：狄爾泰能夠把他自己的生命哲學，發展成生命詮釋學，也就是重視「由生命內部來理解生命」；這確應歸功於史萊馬赫本人不朽的發現與對狄爾泰的啟蒙。

　　在此，我們則想循前述史萊馬赫之對生命整體性的重視這條思路，來指稱狄爾泰也是看重生命的整體性，並且把它當成生命詮釋學的重要思想之內涵。

　　狄爾泰也是這樣的一個思想家嗎？它的答案，應是極其肯定、又確實的。

　　像在先前我們已約略提到：對狄爾泰來說，生物個體，尤其指人類或個別的人的希望與恐懼、其文學與哲學的創作，以及其思想與行動的表現……等，都可視為他生命的主要成份。

　　說到生命，對狄爾泰而言，其實應是具有兩個涵義的：一是指，它是動物界所擁有的一種生物學的事實；另一是指，它

是構成人類生活的社會，以及其歷史實在（物）的無數個體生命的聚合。

特別是後者，它涵示了：生命，當是意指社會（按：如前述由人類的思想與精神所建構的文學、哲學、經濟、科學……等這些學門或知識系統的總稱）與歷史實在（物）的聚合。也是在指涉：無數個體生命的聚合。當然，像這樣的表達，自是在指明：狄爾泰所看重的生命，則無不是意指著整體的生命，或生命的整體性這樣的一種生命性質。

此外，我們從狄爾泰對「理解」這種認知生命的一種方式的界說，也能看出：他是如何看重生命的整體性，或把個體生命（人類生命）當成一個整體來對待。例如他說：

> 「理解，便是由個體的心靈力量與其整體，由外在以把握和決定內在（按：生命）的過程。」

又表示：

> 「從生命內部來理解生命。」

這自可證明：狄爾泰跟史萊馬赫一樣，也有他同樣的訴求——視生命即是值得你（妳）、我能夠依賴，而且唯一能夠依賴的。因為，生命是你、我有存在這個事實的唯一明證。若沒有了生命，則什麼都免談。更不用說，人可以去認識這個或理解那個，去論述這個或證明那個。

以上，我們已清楚說明：重視生命的整體性，是生命詮釋學的一個思想內涵。這是第一項；至於第二項，則是：它強調或有意凸顯生命的意義性。

二、 凸顯生命的意義性

(一) 生命的出現不是荒謬的

什麼是生命的意義性？首先，可以試著從它的另一個說法來瞭解。就是：生命，即生物個體的生命，尤其包括你（妳）、我在內每個人或我們人類的生命，它在世上的出現，則不是無意義的或不是沒有意義的。

換句話說，任何的東西，只要可以稱作是有生命的，不管大如遠古所謂侏儸紀時代的恐龍，或者小如今日的科學（尤其醫學）教示我們偌小的病菌或濾過性病毒……等，它（們）的生命的存在，儘管是有如曇花一現；不過，它在這世上（曾經）出現本身，對它自身而言，則是極有意義的，而不是荒謬的。

生命詮釋學家有如前述的史萊馬赫與狄爾泰這兩位哲人，他們之所以會把自己的哲學思考，定位在對人類的生活（如史萊馬赫對人們日常語言的關注……）和生命（如史萊馬赫提到「（人類）共同生命的領域」，以及狄爾泰對生命的主張……）的重視暨強調上，基始上，我們認定，它最大的前提，莫過於：他們應是從根本的、原初的價值之角度，在肯認生命自身之不可取代的價值，也就是在肯定生命自身的極深的（有）意義性。

(二)「我」是進行歷史理解的主角

1.生命價值或生命（有）意義性之強調

我們為什麼要強調生命的價值或生命的（有）意義性，是史、狄二人的詮釋學思想（尤其後者的生命詮釋學）的重要內

涵？其主因應該是：

(1)「我」是進行歷史理解的唯一主體

　　他們都認為：「我」是理解事物、認識他人……，乃至去詮釋人類在歷史中所進行的任何活動的唯一主角、唯一主體，或唯一的基礎（按：從「我」是有生命這個角度來說）。像史萊馬赫就曾說過：

　　　「我正理解一切的事物，是一直到我碰到一種矛盾或荒謬為止。」

　　　　　　　　——《詮釋學：手抄原稿》，原稿 I：第1則

又表示：

　　　「我所無法知覺與瞭解為必然者的任何事物，我都不理解它。」

　　　　　　　　——《詮釋學：手抄原稿》，原稿 I：第1則

　　至於狄爾泰所談的理解活動的主體，同樣也是在指涉著你（妳）、我這作為主體存在或有生命存在的個人。

(2) 人類的生命本身就是意義的提供者

　　他們應都認定：人類的生命本身，就是意義的提供者。譬如說：史萊馬赫的普遍詮釋學，儘管曾指出文法學與技術（心理學）詮釋法的重要，而且它也觸及到語言（按：他就認為，語言是文法學的詮釋所必須預設的及發現到的）、意涵、思想秩序、意義與生命……等問題的探討；但是，可想而知，這一切的一切，如果都不是出自生命（或：人對生命所作的理解）；那麼，人對事物、人對他人，以及人對歷史（事件……）

……等的認識或瞭解，就無任何意義可言，也無任何意義可以獲得。

2.理解之建立是在人生命活動的基礎上

話說人類的生命本身，就是意義的提供者；這對史萊馬赫是如此，就是對於狄爾泰也是一樣的。像他的生命詮釋學，就明確指出：理解是可以成立的；理解是建立在人的生命活動這個基礎上，人經由對某個事物、某個事件的詮解，就可以掌握到它的意義。

譬如，他就表示：關於心理學、歷史、哲學、經濟學、文學批評、比較宗教、語言與法理學……這類有關人文的研究，應是生命哲學的研討根基（按：對象）。至於在理解與詮釋作爲上，他就曾指出：所有人文的表現，都是（人類）歷史進程的一部分，而需用歷史語詞來解讀；不同的年齡（包括：歷史學家本身）與不同的個人，都受限於自己，而僅能倚靠他們個人的觀點來理解……。

說來，像上述所提到的（人的）解讀、理解或詮釋……等，這若不是在涵指「意義」這一方人可感受到的意象領域或思想範疇，那就可以確定：它是如何的不知所云了。

就此，我們又可從狄爾泰本人的生命觀來得到一個有力的佐證：（如前所述）對他而言，生命可不是一叢叢無關的事實，而是在你（妳）、我周遭，四處可見那已被組成、解釋與具有意義的事實。爲此，在他看來，人類之賦予他的世界的意義，便是哲學家工作的起點。

這也就是在說：如果有生命的人類不賦予「世界」任何的意義，則哲學家便無事物可讓他來探討；就算有事物可予以探

究，恐怕也得不出任何可被他理解的結果。因為，他無法從
「意義」，或從「意義」所涵指出的「本質」，去瞭解事物的存
在的究竟。

總括以上所述，史、狄二哲人所代表的原初生命詮釋學的
思想，可說是對於生命，尤其對人類的生命做了高度的評價和
倚重。這無不是大家有目共睹的一件事實。想必，藉此來思索
這種生命詮釋學之與我們刻正關懷的生命教育的內在關係，必
是有一可予期待的結果。

參、生命詮釋學與生命教育的關聯

論到生命詮釋學與生命教育的關聯，一般人可能會從表
面，也就是望文生義地指說：「『生命』，就是它們兩者之間最
有交集、最有關聯的所在。」對於這樣的說法，如果是從大原
則、大方向或大處來著想，這種的言論，可以說並沒有什麼不
妥。不過，若從細部的角度來觀察，有人可能就會表示：「其
實，它們兩者是有相當的差異，而難以顯現它們的內在的關
聯。」因為，一者，是強調學術般的、學理性的學說理論；而
另一者，則是重視實際生活面的教育暨勸化的過程。

總之，不管怎麼析述，這兩者誠然是有它們各自的關懷和
重點。祇是，就我們所知，也就是從事理的闡析角度來看，這
生命詮釋學和生命教育，委實有它們內在的重要關聯。這個重
要的關聯，則至少顯現在下述這兩大訴求上：

第一、強調生命主體的存在價值。

第二、主張人可揭現生命的蘊義。

一、強調生命主體的存在價值

論到「強調生命主體的存在價值」這一課題，看來，它則頗像在先前探討生命哲學與生命教育的（內在）關聯時，我們曾指出的「對存在生命與事實的肯定」，以及「對自我與存在意義的強調」這兩大項論題。說實在，它們彼此是有一共同交集的所在。不過，在這裡，我們則從另一個角度來表明：「強調生命主體的存在價值」，當是生命詮釋學與生命教育所共同關注的要點之一。

為什麼這樣說呢？這就必須從它們各自的觀點來作說明。

（一）從生命詮釋學的角度來談

我們曾說過：西洋近代曾提出普遍詮釋學思想的史萊馬赫這位哲人，他在又名為系統詮釋學的理論中，則納涵有關於生命與主體性（按：尤其在史萊馬赫晚期的思想階段，他對「主體性」這個範疇，則格外注意）……的思維。特別是前者（生命），史萊馬赫對它也有不少的提述與討論。

此間，我們則應特別注意的一點是：狄爾泰，這位史萊馬赫的得意門生，他在個人的生命哲學領域，幾乎把自創的精神科學研究，跟生命詮釋學理論的提出，作了一種頗為巧妙的結合；即逕視精神科學的研究，無不是一種針對人類的精神與思想的客觀化（外在化）的各項產物，有如：經濟、科學、法律、藝術與宗教……等這類人文（學科）的研究。

而在這種研究中，自然有必要動用到人的認知能力——狄

爾泰稱它爲：「歷史理性」——，以對歷史中所出現的任何一事、一物進行理解與詮釋。在這裡，也就是針對上述這類人文學科所進行的理解與詮釋的研究工作，狄爾泰又稱它爲「生命哲學的研究」。由於這項研究所需要的理解與詮釋的思想操作，必須依據人類的「生命」這一原始的基礎；因而，可以說，在狄爾泰看來，奠基在人類生命這個根基上所作的任何（思想的）理解與詮釋的活動，都可視之爲生命詮釋學的一種活動或工作。

是以，綜括史萊馬赫與狄爾泰的論點，我們幾乎可以得到這樣的一個印象：擁有生命的你（妳）、我，甚至你、我、他與她……這在世上已出現的人類群體所建構成的「共同生命領域」——或稱「人類的生命」，也就是他的共同生命領域所涵示的「普遍人性的基層結構」——，當是人類彼此之間可以達到相互溝通、相互認識，乃至相互理解（瞭解）的可能基礎。

試想：這裡所提的生命詮釋學，誠然有如生命哲學一般，它怎會不重視你、我和其他每個人，這作爲每一生命主體的存在價值？如果說它並不重視和強調你、我，這作爲有生命活動力暨其表現的主體，或主體的存在價值；那麼，它又如何能自圓其說地表示：人類的生命〔按：即由你（妳）、我和每個其他人的生命所形成的聚合體，或共同體〕，便是人類之從事理解他人、它事或它物（按：史萊馬赫的觀點），或者是人類從事各種人文學科或知識的研究（按：狄爾泰的觀點）所應憑依的主要根基？

想必，從以上輾轉析述的過程中，大家應可得知：重視生命主體，也就是重視你、我每個生命個體的尊嚴；乃至重視每

個人有可與他人、它事或它物……溝通的能力，可以說，這無不是生命詮釋學重要的核心要義之一。

（二）從生命教育的角度來談

承先前所提：生命教育是一種熱切關注每個在世上出現的生命個體（尤其是你、我每一個人）的價值與尊嚴，並關懷他在社會、人際關係上其存在意義的開展……等實踐性的教化學程。

就此，相較於它與生命詮釋學的性質究竟有何不同？或者探討它與生命詮釋學究竟有怎樣的內在關聯？我們則想很肯定的表示：重視生命主體的存在價值，就是生命教育當然的重要內容。一如前述，它是生命詮釋學一再強調有生命的一個人，便是倚藉生命（按：涵指他個人的生命，以及人類全體的生命的聚合），以作他進行理解世界、詮釋世界，進而以認知自我在歷史中出現的真實意義……等的基礎。

為什麼是這樣說呢？實情就是這麼簡單。君不見，在早先（按：即本套書的首冊——《生命思想vs.生命意義》）我們即已明白指出：作為生命個體的你（妳）與我，便是一個擁有（有限）自由能力、時間意識，以及諸種可能性之認知的人。此外，我們也提到：祇要一個人肯努力學習再學習、追尋再追尋，他就可能在主體認知的世界裡，建立一種最攸關他個人生命福祉的真知識——一種幾可稱之為「生命智慧」的真實知識，或美好的生存洞識。

你想：不用說別的，光提以上這些人之所以為人的能力或特性，以及人之可能企及人生最美妙的生命境界——擁有最攸關他個人生命福祉的生命智慧——；這樣，要不是在我們論述

的背後，就已預先設定我們是深切關注每一個人的生命事實，重視每一個人的存在價值，甚至注意到每一個人祇要他肯努力，他便可能企及他人生的最高點……，不然，我們如何有可能進行一系列的表達、一系列的探討，乃至想作一系列的聯想或申論？

再者，說到生命教育的實施，或它的理念之能否社會普及化，試想：對於生命教育的提倡者或推動者而言，他們的內心難道並不焦急？他們甚至會有比這件事之能否順利推展，還教他們心急如焚、牽腸掛肚的嗎？這樣的答案，應該是可想而知，不言而喻的。

是以，從生命教育的角度來談，我們誠然可以作這樣具有比較性的說明：它當是較生命詮釋學更加看重作爲生命主體的你（我）、我每個人，之在當前生活世界中的存在價值與存在尊嚴。

因爲，它極力呼籲每個人要愼重他自己的人生抉擇，嚴肅看待自己生命的未來。也就是：當有人或遭遇橫逆，或身、心深受某些程度的垂煉與打擊時，他仍要鼓起勇氣去面對，而不是一時失意或喪志地向他個人的命運徹底的低頭；進而，還走上偏峰，走入了斷自我的絕境。

爲此，我們也可以這麼說：「萬事莫如救命急！」可成爲現今我們所探知的生命教育的階段性的大目標。因爲，幾乎是幾天或過了一陣子，我們多可聽到，或看到你、我周遭的某一個生命個體，是一個一個或在人爲（自己）釀成的災難中，或在自身痛楚無助的意識內，乃至無意識裡而相繼離開這個人世。

試想：一個稍對生命的崇高價值與極其可貴性有所注意的人，他們難道不會為他周遭有些人的不自愛、不珍惜、不看重，且不細忖自己生命的「無價性」、「珍貴性」而隨意拋擲、棄置，從而感到不解與惋惜？

　　自此，大家應可明白：何以我們要稱述「重視生命主體的存在價值」，就是生命教育的焦點要項，也是它可和生命詮釋學有其內在關聯的交集之所在。

二、主張人可揭現生命的蘊義

　　什麼是生命的蘊義？如果單從字面上來理解，這裡的生命蘊義，自是包涵有：生命的奧蘊、生命的深蘊、生命的內蘊、生命的本義、生命的涵義，以及生命的意義……等如此多的可能的內容。

　　而在這裡，我們提到，並且「主張人可揭現生命的蘊義」，即是生命詮釋學與生命教育共同關聯之所在；就此，有人可能會問：「那麼，你所稱述的『主張人可揭現生命的蘊義』，究竟是指謂著哪一種或哪一些內容？」

　　對這個問題的回覆，我們認為，首先應對下述這兩項重要的認知作個理解，才會比較輕省些：

　　第一、人是持續不斷發展的靈（精神）。
　　第二、靈是催促人逕作理解的原動力。

　　因為，唯有這樣，我們認定：有關生命的「蘊義」，當是有限的人，即你、我借用自身有限的理智，便能夠達到自己所認定的整全的理解。

（一）人是持續不斷發展的靈（精神）

「人是持續不斷發展的靈（精神）」這句話，應該作怎樣的瞭解呢？如果筆者的認知沒錯，那麼，對於這個問題，就應該由「人」、「持續不斷發展」，以及「靈」（精神）這三方面來著手。

1.人

什麼是「人」呢？這個提問，在先前（按：《生命思想vs.生命意義》）我們就已做過清楚的論述：人──他是擁有受命定的「生」；他宜懷有返本溯源的認知；甚而，他一生的言思行徑，以及他的存在、他的能力和他的未來……等，總攸關一種「終極實在」的設定。

2.持續不斷發展

什麼是「持續不斷發展」？這個問題，在字面上的瞭解，應該就是：有某種東西，或有某樣事物是存在著的；不過，它（他）卻不停歇地往前或朝上在做自身持久的運動。這裡的「某種東西」或「某樣事物」，可以用來指謂：植物、動物或「人」。如果就「人」（包括每一個人）來說，那麼，我們便能夠作這樣表示：（個）人，是一個持續不斷在發展中的人；人，也是不停歇地往前或朝上在做自身持久運動的人。

3.靈（精神）

而什麼是「靈」（精神）？這一個問題，則牽涉到心理學以外的宗教或有關基督神學的一種設定。我們為什麼要這樣說呢？大家可不要忘了，雖然生命教育的學理範疇，不一定要含納某種宗教或某項神學的論題；但是，我們卻也不能說：就因為這樣，它一定非得排斥宗教或神學（尤其基督神學）的主張

不可。

因為，在我們看來，凡是有裨益於對人類生命本質與真象的瞭解的知識或學門，生命教育的學程，應是竭力歡迎與接受，它怎麼會故意去排拒它呢？何況，在今日宗教神學的範疇上，對於人的生命實質，已多有討論，並且也提出了一定的斷言：有如前述的基督神學，它即主張——人是靈（spirit）、魂（soul或life生命）、體（body）這三元要素的構成或綜合體。

作為西洋十九世紀德國基督新教圈中一位頗具聲譽的系統神學家兼哲學家史萊馬赫，他就曾經以「靈」的角度去闡釋人的存在性；他說：

> 「人是一個持續不斷發展中的靈（精神）。」
> ——《詮釋學：手抄原稿》，第Ⅱ，5（3）則

至於涉談生命、理解生命有成的狄爾泰，他又如何呢？他曾經使用過「精神科學」這一語詞。狄爾泰會使用這個語詞，想必也是要涵示：人是一個有精神（靈）的人；我們人類就是倚藉自己的行動，靠著自己的精神力量與思想而建構了他的精神對象（或外在、客觀化了的對象）——前述的文學、法律、經濟、政治、藝術、科學與宗教……等，則全都隸屬於它。

就因為（可假定）人是一個在持續不斷發展中的人，他藉著自身的趨前或朝上發展，就愈加開發出自己原有（按：與生俱來）的才能或潛能。而在此同時，相映於這個人諸般才能或潛能的實現，他本人的生命應該是愈發的豐實、愈發的彰顯出它那不可捉摸的一面。就此，我們也可以說，人類的歷史與文化，也會因此而增加它繽紛的色彩和各式各樣的內容。

　　君不見，人世間五花八門、形形色色的學問，或者知識、技藝、技巧、學門、科別與制度……等，這一切的一切，難道都不可視爲那不斷在發展中、不停歇地在自我開發的人的智識暨其智慧的重要結晶？這個答案，當然是十分可予肯定的。

　　就此而言，對於什麼是人類生命的蘊義？或什麼是人類生命的奧蘊、深蘊、內蘊、本義、涵義與意義……等，委實，便不難以來作詮解。

　　譬如：有云人是受造的（如猶太暨基督宗教的主張）；人是因緣和合、五蘊的合成（如原始佛教的主張）；人是由天所生（如《詩經》、原始儒家的主張）；人是來自道的造化（如原始道家的主張）；人是梵的化身的產物（如古婆羅門教、印度教的主張）；或者說，人是來自低等生物的進化（如當今生物科學的假設）……等，對於這一切，你（妳）都會接受嗎？不然，你會「相信」哪一種說法呢？

　　其實，如從人原本是無知的角度來說，人都是無法單憑自己的判斷，去接納其中任何一種理論的。這也就是指：人並無法靠他自己有限的知能，而把它當成「眞」的來接受。除非他是倚藉著，或執著於某個獨特的信念，或堅持某一奇怪的信仰，或兀自篤信某種的學說……那樣一廂情願的自我吹噓、自我斷定——請大家試著來想一想：這豈不是太過於主觀了？而，又富涵著自己「無知般」的偏見？

　　看來，人類應該就是憑靠自己個人主觀的偏執〔按：從某個角度來講，便是無知〕，自認爲已掌握了某種的人生眞理、某項的宇宙眞象，而自認爲自己能心安理得、心領神會。你想：就此而言，這豈不是在表示——人多自認爲自己已揭現了

他（乃至其他人）的生命的蘊義，已明白了人類生命的本義，以及已清楚所謂的生命本身的奧蘊……？

是以，我們敢於表示：什麼是人類生命的蘊義？或什麼是人類生命的本義？……等這些疑難是「不難來作詮解」的意思，便繫賴於此──儘管生命本身仍舊隱藏有它不為人知的奧秘或玄蘊，人總是自我認定：他應有知識、有能力去理解它，或詮釋它。

在這個脈絡下，我們因此便想指出：生命詮釋學與生命教育的交集，是在於它們因為能接納人是持續不斷在發展中的靈（精神）；因而，便不反對來主張──人，其實是可以揭現人類自身的生命的蘊義。所謂：「知之為知之，不知為不知，是知也。」這句古諺，應該能夠說明生命詮釋學與生命教育這兩者，之對於上述這種論點的態度。

（二）靈是催促人逯作理解的原動力

其實，人是否真有能力能理解，乃至詮釋任何事物的真象？或者說，人是否真有能力把握歷史的真象……？對於這類尖銳的問題，如果從早先（按：《生命思想vs.生命意義》）我們所指出的論點，即人是受命定的、人是有限的……這個「事實」，以及在上一篇幅的結尾時所做的「定論」來看，則可以得知：我們人類祇能夠從他自己有限的認知角度，去評估他的能力究竟有多少？或自我認定──他已怎樣接近了，或者已怎樣掌握了所謂的某（些）事物的存在真象。

不過，如從對象、認知域的立場，或人企想探討、試想接近、想去理解，乃至想去詮釋……的事物本身的觀點來看，你（妳）認為：實情難道會是這樣子嗎？想來，這種逆向式的思

維，總會把人類的自我認知、自我膨脹的心理，壓縮到他經常難以想像的一個情況：他一生的用心研究與努力，或許有「可能」終究是偏離了真實。或者說，他現在自認為業已擁有的某些整全的真理知識，或許也有「可能」多是充斥了錯謬與偽知……。

再者，如由先前我們在析論「人是一個持續不斷發展中的靈（精神）」此一課題時所提出的一項觀點，就是：「人總是自認為他有知識、有能力」去理解、去詮釋，或者去做怎樣的事……來看；誠然，我們人類多是活在自信滿滿的生活情境中。並且，在他與別人，跟它事或它物的交接上，也多會這樣地釋放出他個人的自信、智識與才華。

譬如：在這方面，我們可以看到歷來若干的哲學思想家，在他們自認為已把握了自己所認知的世界實象之餘，就總會倚藉著書、立說或講述……等方式，來宣揚他個人業已發現了所謂的事理真象的過程暨其理念。

而在這方面，我們也能找到不少的科學思想家，在他們或經由觀察或透過實驗而自認為已掌握了所謂的宇宙事物的真象，而競相通報同好，或向全世界宣告這難得的大好消息。……

這就是我們人類（不論是專家、學者，或者一般人）之對世界、對於事物，也就是對自己身外的任何東西，最可能採取的一種「自然的」、「認真的」，乃至是「以自我為中心的」態度。

在這裡，我們不妨來探討生命詮釋學與生命教育的另一個交集──（它們）「主張人可揭現生命的蘊義」；尤其，在論

述「靈是催促人逕作理解的原動力」這樣的一種認定上，我們則不得不說：多半採取上述這種說法的一般人，乃至專家、學者等個人，在涉理他與它事、或他與它物的事宜時，所考慮到的「自然的」態度、「認真的」態度，便是我們任何一個人，包括前述的史萊馬赫與狄爾泰⋯⋯等人，也都無法規避此一事實。

像史萊馬赫就說：「人是一個持續不斷發展中的靈（精神）。」（參前）；「語言是無限的。」（《詮釋學：手抄原稿》，原稿III，第9則）；「理解是一種永無止息的工作。」（同上，原稿 I ，第3則）；以及「基督教〔按：原始屬靈的基督教〕已經是一個秉具語言能力的靈（精神）。」（同上，第51則）這在在已顯示出：對史萊馬赫而言，「靈」——它是基督教的實質，也是我們人類生命的本質——應無不是催促我們人類逕作理解（按：在追尋事理眞象上所必須運用的一種認識方式）的一股原生動力。

至於對狄爾泰來說，他在這方面的見解，想必也差不了多少。因爲，他也曾經說過：「理解，就是由個體的心靈力量（按：應指人的靈或精神力量）與整體，由外在以把握和決定內在的歷程。」

又表示：關於世界觀，也就是對實在（實物）界逕作整全的理解與詮釋而形成的認知，是人類與生俱來的傾向。

這裡所說的實在界，在狄爾泰看來，其實，並不是空無一物的領域，而是充斥有各種形形色色的實在物（按：包括人、事、物⋯⋯等），並且還糾結著實在物本身（存在）的意義、價值與行動的原理原則⋯⋯等。因而，值得一心想追尋事理眞

象的世人，也就是值得被靈或精神力量催促的任何一個人，努力去接近，認真去探討、去理解，乃至去詮明它（他）的眞象。

綜括以上所述，我們要說：設定人有認知、人有發現自我美好生活的能力，並且人可全力以赴，是生命詮釋學與生命教育所可能接受的一種觀點。而在這樣的生命原則下，主張人可揭現其生命的蘊義，人是不斷在理解、探索事理眞象……等，當是生命詮釋學與生命教育這兩者共有的思想要義，以及它們重要的內在關聯之所在。

問題vs.回應

1.請從字源學的角度,談談什麼是詮釋學?

2.請就你(妳)所知,談談古希臘與古希伯萊文化中所出現的經典(如:宗教、文學)的詮釋活動。

3.你對德國的宗教改革家馬丁‧路德瞭解有多少?願聽聽你個人的意見。

4.你對西洋近代的詮釋學之父兼十九世紀的神學教父史萊馬赫瞭解多少?請談談他一生努力的目標是什麼?

5.你是否認為:當你和別人交往時,一旦你說「你已理解了別人」時;這時,你就會認定你已經理解他(她)的想法嗎?不然,又是什麼?

6.你對人與人之間的溝通有什麼樣的看法?你是否想過:與人誠摯的相處,就是一種最佳的待人、又待己之道?

7.你對「自我」(self)這個概念瞭解多少?又,你是否曾想過:經常以「自我」作思考中心的人,他的行事風格總是令人輕蔑與厭惡?

8.你對十八、九世紀德國學界所出現的詮釋學風潮瞭解有多少?可否談談當時出現了哪三種型態的詮釋學思想理論?

9.德國的思想家史萊馬赫的普遍詮釋學理論的特色為

何？願聞其詳。

10.在你看來，語言在一個人的日常生活中是扮演著什麼樣的角色？

11.當你和別人交接時，你曾否考慮到：爲了避免彼此的誤會（誤解），你會盡力用心以善美的言辭去和別人溝通，並以此提高彼此的信賴，作爲你與別人達成眞實理解，進而建立美好關係的一個前提？

12.有人常說：某某人心口不一；又，某某人卻是言行一致……；在你看來，「人心」、「人在說話」與「人的行動」這三者的內在關係爲何？願聞其詳。

13.你對「光」瞭解有多少？請說出你個人的意見。

14.你對「知識」瞭解有多少？可舉事例說明之。

15.在你看來，你是否同意這樣的說法，即：（原始屬靈的）基督教，是一種創造語言，並且秉具語言能力的靈（精神）？何故？

16.有人常說「生命共同體」；有哲學家則表示「共同生命的領域」；而在你看來，這兩種說法是否可以相通？爲什麼？

17.有人稱人性是存在的；有人則表示反對。不過，在你看來，你是否承認人有「人性」？爲什麼？

18.你對主體性或主觀性這個語詞（範疇）瞭解有多少？

19.哲學思想家經常把我們平日生活中所看到或體會到的事物，當成他哲學構思的起點；在你看來，這種

說法是否有它的瑕疵，而必須予以修正？爲什麼？

20.你對狄爾泰這位史萊馬赫的門生瞭解有多少？請談談他的生平事蹟之大要。

21.在狄爾泰的生命詮釋學思想出現之前的歐洲社會，到底是怎樣的一種情況？願聞其詳。

22.就你所知，近代自然科學思想的興起，對後來西洋的人文社會思想界到底造成了哪些衝擊與影響？

23.狄爾泰曾提出他的生命哲學暨生命詮釋學思想；就你看來，他的眞正動機是什麼？請提出你個人的意見。

24.狄爾泰如何談論人與生命？

25.據你個人的判斷，狄爾泰的生命思想，對當今世人的人生追尋到底會有怎樣的啓發？願聞其詳。

26.在西洋近、現代之交所出現的生命詮釋學思想，到底提出了哪種重要的主張，而值得今日學界人士所矚目？

27.你對「人類生命，就是指共同生命的領域」這種看法瞭解有多少？如果可能，請試做一評論。

28.把文學、哲學、科學、法律、經濟、藝術與宗教……等這些人類生命活動的產物，都當成人類精神力量的客觀化或外在化的表現；你同意否？爲什麼？

29.在你看來，人能否從一個人的道德行爲的好、壞，去認識一個人或瞭解一個人？爲什麼？

30.你對語言瞭解有多少？又，你對語言與人類的生存

活動的內在關係，瞭解又有多少？願聞其詳。

31.狄爾泰所稱的「從生命內部去理解生命」這種認識觀點，你同意嗎？何故？

32.什麼是生命的整體性？請就你所知，儘量做一個簡單的敘述。

33.什麼是生命的意義性？請就你的理解，儘量做一簡要的說明。

34.在你看來，「社會」這個語辭或範疇，對狄爾泰個人而言是有何指謂？

35.「生命是無價的」這句話，你是否同意？如果可能，也請申述它的主要思想暨要義。

36.在你看來，古代的恐龍世界，是否是一弱肉強食的世界？為什麼？願聞其詳。

37.在你的想像世界裡，你是否會注意到一個偌小的事物，或極小東西的存在的意義？為什麼？

38.可否談談人、我、世界與歷史這幾個語詞或範疇之間的內在關聯？願聞其詳。

39.可否談談什麼是荒謬？什麼是思想上的矛盾？

40.你對一個人說他瞭解或不瞭解某一東西的分際（差別），到底理解有多少？可否以事例來做一說明？

41.你認為：人生是有意義的嗎？再問：如果有意義的話，這意義是由人類自己所提供的嗎？為什麼？

42.你對「意義」這個語詞的內涵及它的指涉（對象、範圍）瞭解有多少？可舉事例來補充說明。願聞其

詳。

43.有了生命，就有了一切；有了一切，就可能包括了
希望……。對這樣的一種假設或推演，你能否同
意？爲什麼？

44.在你看來，生命詮釋學的思想要義是否關聯到生命
教育的實質內涵？爲什麼？願聞其詳。

45.你肯定自己存在生命的意義與價值嗎？請申論之，
並做自我評價。

46.你對狄爾泰所稱的「精神科學」這一語詞的指謂瞭
解有多少？

47.你認爲：人類的生命或其存在事實，是詮解一切事
物的原始根據嗎？爲什麼？

48.在你看來，近、現代之交，西洋學界所出現的生命
詮釋學思想，是否重視你、我每個人主體生命的存
在價值？爲什麼？

49.人的生是值得尊重的；又，人的死也是值得看重
的。你認爲：這樣的說法，是否有其不妥或矛盾的
所在？爲什麼？

50.請從自由、時間與可能性的角度，談談你對「人」
的瞭解。

51.在你看來，一個人在他有限生命的時程裡，是否可
能找到他一生所積極嚮往暨切求的生命智慧？爲什
麼？

52.什麼是人生的抉擇？又，什麼是生涯規劃？你是否

注意到它（們）對你個人生命的重要影響？

53. 在你看來，我們可否把「萬事莫如救命急！」，當成今日推展生命教育的階段性的重要目標？爲什麼？

54. 重視生命主體的存在價值，是否可視爲生命教育的焦點要項？爲什麼？

55. 你對「生命的蘊義」這簡短的語句體會有多少？又，在你對人生的理解與經營上，你是否曾經困惑於「生命就是一個謎」這樣的問題？願聞其詳。

56. 你認爲：以指稱「人是一個持續不斷發展中的靈（精神）」這樣的說法來描述我們人類，是否得宜？爲什麼？

57. 世上眞的有「靈」（spirit）嗎？又，你對「靈」這個字語，以及它的指涉瞭解有多少？願聞其詳。

58. 如果不用生命、不用意識（理性），而用靈（精神）來指謂它是推動你、我去進行理解人生，並詮釋人生的原始動力；這樣，你會接受嗎？何故？

59. 在你看來，人在世上的作爲與活動，有否需要預設「終極實在」（如：老天爺、上帝、神、道、梵、天、眞主、阿拉、耶威、耶穌……等）的存在？爲什麼？

60. 在人世中，人是一個持續向前或朝上（按：理想、高處）生活暨運動的人嗎？爲什麼？

61. 在你的認知裡，有關生命教育理念的建立，能否從宗教神學思想界獲取必要的奧援？爲什麼？

62.如果不稱人是身（body）、心（mind）這二元要素所構成，而說他是靈（spirit）、魂（soul）、體（body）這三元要素的綜合，你同意嗎？爲什麼？願聞其詳。

63.你會否相信：愈加開發自己的潛能，人就愈對自己的現實生活與未來的走向愈發有信心？何故？

64.你會否想到人的起源問題？如果有的話，請問：你相信人是真神憑祂偉大的智慧創造的？還是相信人是由因緣和合所成形的？抑是相信人是在遠古時期經由宇宙最早的大爆炸，而後有物種的進化而來的……？你的答案是其中之一呢？還是以上皆非，另有它者？願聞其詳。

65.你知道人心的定見、偏見或主張是如何形成的嗎？你曾否在某個時機或某一場合，會反思及省察你個人所抱持的意見的真確度？請冷靜仔細作答。

66.有人說：「人定勝天」是一個真理；最近，又聽到「人應敬天」，這才是真理。在你看來，是：人定勝天？還是人應敬天？甚或人應畏天？請提出你個人的意見。

67.請解釋一下：什麼是「知之爲知之，不知爲不知，是知也。」的道理？可舉事例來輔助說明。

68.在你個人的體驗裡，你認爲：人的能力是如何？是有限的呢？還是無限的神勇？抑或是：如假以時日的垂煉，他的（潛在）能力就會爆發出來，有如超

人一般？

69.你知道什麼是逆向式的思維（思考）嗎？在你個人的
　　生活世界裡，你是否會以逆向式的思維來擴展你的人
　　生視野，以及藉此而較能設身處地去為他人著想？

70.你能否接受這樣的一句警世諺語：「有一條路，人以
　　為正，至終成為死亡之路。」？為什麼？願聞其詳。

71.你可否想過這樣的一個問題：什麼是真理？又，如果
　　真理是存在的，你認為真理是唯一的？還是多元的？

72.你對人的自信、堅持、驕矜、自滿⋯⋯等瞭解有多
　　少？請在仔細反省之後才作答。

73.你對「世界」這個概念、語詞或範疇瞭解有多少？可
　　否用想像自我描繪一下它的整體圖像？

74.你對哲學家、科學家他們專業的知識或精神瞭解有多
　　少？可分別說明之。

75.你是否經常以「自我為中心」的角度，去思考你與他
　　人、它事或它物的交接關係？又，在你看來，以「自
　　我為中心」的思考方式或認知方式，是好的？對的？
　　抑或不是很好，而有待去修正？還是不完全對，而卻
　　有待去調整？請清楚說明之。

76.在你看來，人的理解活動是一永不止息的人生工作
　　嗎？為什麼？

77.史萊馬赫曾說：「基督教已經是一個秉具語言能力的
　　靈（精神）。」對他這樣的一種論調，你能否欣然接
　　受？如若不是，你又有什麼樣的看法或意見？

78.如果說「靈」是我們人類生命的本質或實質，你能接
　　受嗎？爲什麼？

79.請談談你個人的人生觀、價值觀與世界觀。

80.你認爲世界是有意義的？還是無意義的？或者改換一
　　個角度來說：「意義」這個語詞，根本不能套用在
　　「世界」這個空洞的概念範疇上？願聞其詳。

81.你是否能接受像這樣的一個斷語：人是一個不斷在探
　　索，並想理解萬有存在眞象的人？爲什麼？

第三章
存在哲學的產生

談到「存在哲學」，顧名思義，它就是以「存在」（existence; to exist）作爲哲學思想家思考、探討、理解和詮釋……的一個對象的學說或理論。不過，在這裡可有一個但書，就是：這裡的「存在」，係特指你、我這作爲有生命、有思想、有意識、有言語能力、有抉擇能力、有行動能力，以及有爲自我負責的能力……的人的在世存在。

以下，我們想從歷史的回顧、它主要代表人物的思想要義暨各人對生命的見解、存在哲學的思想內涵，以及存在哲學與生命教育的關聯等這幾個角度，分別來作說明。

壹、歷史回顧

一、名稱的釐清

回顧存在哲學的歷史，首先，必須要讓大家知道的是：「存在主義」、「存在哲學」和「存在思想」這三個語辭，它們各自的內容與指涉，其實是有差別的。

爲什麼這樣說呢？這則必須從當代西洋的存在哲學思想圈中的重量級人物的見解來談起。

（一）存在主義

首先，來談「存在主義」（existentialism）。這個語詞，是法國的文學家、劇作家、小說家、人本主義者兼無神主義者沙特（Jean-Paul Sartre, 1905～1980）所創用的。沙特喜歡使用「存在主義」這個語詞，並且自稱是：「存在主義的代言人」。

　　在沙特的心目中，他把存在主義解讀成一種人本主義；也就是在無神存在的背景下，以人類自己爲本位思考的中心，去探討所謂人在世界中生存的意義。當然，在沙特的理解下，他認爲存在主義應可分類成：有神論的存在主義與無神論的存在主義這兩種。而他的存在思想，就隸屬於後者。

　　據載，沙特在1946年發表一篇名爲：〈存在主義是一種人本主義〉的演講稿中，曾把他的啓蒙老師德國的存在暨存有學思想家海德格（Martin Heidegger, 1889～1976），劃歸爲與他一樣的無神論存在主義的陣營，並爲此而招致海德格本人的不滿。之後，海德格曾撰文〈致人本主義一封信〉，在信中極力澄清他個人並不是一個無神論的存在哲學思想家。

　　說來，作爲一個天主教徒，海德格卻有意以中立的立場做他的哲學工作。不過，儘管這樣，海德格哲學究竟是帶有什麼性質或有什麼特色？這可是一個似乎頗具爭議而每每能引人入勝的問題。至少，若從存在哲學的角度來說，他關心的是人在世上的存在，而且更加關切人在世上的存有意義的問題。爲此，這裡的存在（按：因爲是具有向前進行、運動和變化……的性質）有人就把它理解成：「超在」；也就是要超越當下生活的現狀而投向未來，以過一種眞實存在的生活的意思。

　　因此，海德格的存在哲學思想，就被學界人士視爲是在強調存在暨存有意義的哲學，可簡稱爲：「存在－存有論哲學」。

（二）存在哲學

　　談到「存在哲學」（philosophy of existence）；據悉，這個名詞是德國的哲學家雅斯培（Karl Jaspers, 1883～1969）所

創用的。

　　當然，雅斯培使用這個語詞，首先是用來指涉他本人的哲學研究的性質；再來，他之所以喜歡用這個語彙，主要是想和前述沙特所提的「存在主義」有所區隔。因為，在他看來，「存在主義」一詞的使用，便是在意謂著「存在哲學已死」這樣的一個內容。

　　雅斯培是學醫出身的一位存在哲學思想家；他在學界之所以享有存在哲學大師的盛名，最主要的原因之一，當是：他和前述的海德格——海德格同時也被視為是二十世紀最傑出的存在—存有論大師兼哲學詮釋學思想理論的創建者——共同發現「祁克果」這位北歐丹麥的宗教存在思想家，以及他那極具原創性的存在思維暨存在洞察。

　　根據雅斯培本人的自述，他早在第一次世界大戰的時候，便開始涉獵祁克果的存在思想的作品；而自1916年之後，所謂的「存在」觀念，便成為他一生哲學論思的重要骨幹。

　　就在此間，和海德格同年誕生的法國天主教哲學家馬塞爾（Gabriel Marcel, 1889～1973），他在當代西洋的（宗教）哲學圈中，也享有不少的名氣。因為，他也談論存在，並且關注存在的種種課題。祇是，他思想的平和性，而且又帶有濃烈的宗教氣息，致使其每每被學界人士貼上「基督宗教有神論存在主義者」的標籤。據悉，馬塞爾偶爾也會接受別人給他的這個封號。

　　至於重視人類自由的事實，而對精神素有研究的法國哲學家勒塞納（René Le Senne, 1883～1954），跟他的哲學同事拉維葉（L. Lavelle, 1883～1951），則並不峻拒「存在主義」這

個語辭。（參《存在哲學》，J‧瓦爾著，部Ⅰ，第一章）

（三）　存在思想

　　論到「存在思想」，一般學界人士多會聯想到當代丹麥的存在思想的首創人物祁克果（Sören Kierkegaard, 1813～1855）。其實，這樣的一種聯想，並不有錯。因為，祁克果在作品中迭次的論述（人的）存在，尤其，他經常使用動詞型態的「去存在」（生存）、名詞型式的「存在」、形容詞型式的「存在的」與動名詞型式的「在存在中的」……等，以及每有關於人存在的深度思維暨卓具高見，而足堪後世學界極力的推許。

　　先前所提，包括：德國的雅斯培、海德格，以及法國的沙特；甚至曾被視為是存在哲學思想圈的人物──德國的梯立希（田立克Paul Tillich, 1886～1965）……等哲人，他們的存在思想的建立，每多受惠於祁克果本人的貢獻。

　　換句話說，祁克果之被視為當代西洋存在（主義）哲學運動的始祖，可謂當之無愧。雖然有學者（瓦爾Jean Wahl，法國的存在哲學研究權威）指稱，祁克果本人雅不願被封予「存在哲學家」這個名號；因為，他就連「哲學家」這個頭銜也十分的厭惡（按：極有可能怕被聯想成那些只一味重視純理性的抽象思辯，而卻殆忽對自己存在的深切關懷的思辯哲學家或系統哲學家）。

　　不過，瓦爾又稱：祁克果個人自然是喜歡「存在」這個語彙的，而他個人又不反對有人逕把他當成「一個宗教人」來看待。

　　顯然，在這種情況下，我們便可以得到這樣的一個印象：

祁克果應頗能接受人們能把他當成是一個重視「存在」的宗教人，而不願他人稱他的存在思考就是一種存在哲學。因為，在他看來，世上並沒有所謂的「存在哲學」這樣的一種哲學的存在。

又，在此我們則想作一個補充：儘管祁克果本人可能有他對存在、哲學家或存在哲學這類語彙的不同意見，我們仍然要表示——作為哲學思想的研究者，今日學界的人士，卻可根據祁克果對存在問題的思維，以及他對此一問題所提出的種種看法暨主張，而逕稱：他就是一個哲學家、一個存在思想家，更是一個存在哲學思想家。

當然，如果有人根據祁克果他那有神論的宗教存在思想，推稱他為：「當代西洋存在（主義）哲學暨辯證神學運動圈中，最具有原創性心靈的人物。」也不為過。

二、思想的探源

論到當代存在（主義）哲學思想的緣起，雖說祁克果的宗教存在思想，是它真正的源頭；不過，如果我們繼續探索祁克果個人存在思想的首出，則當可得知：西洋自古希臘以來，歷經中世紀至近代時期的不少哲學家的主張，以及古希伯萊人的宗教思維，可以說對祁克果本人，乃至對當代若干哲人的存在思想的形成，卻有一定的啟發和影響力。

以下，謹就西洋哲學思想與傳統宗教思想這兩個層面來作簡要的說明。

（一）在西洋哲學思想方面

當代存在（主義）哲學思想的緣起，在西洋哲學思想方

面，我們可以找到古希臘哲人：蘇格拉底（Socrates, 470～400
B.C.）、柏拉圖（Plato, 427～347 B.C.）和亞里斯多德
（Aristotle, 384～322 B.C.）；中世紀的哲人：奧古斯丁
（Augustine, 354～430）、伯納（St. Bernard, or Bernard of
Clairvaux, 1090～1153）；近代期的哲人：笛卡兒（R.
Descartes, 1596～1650）、巴斯噶（B. Pascal, 1623～1662）、萊
辛（G.E. Lessing, 1729～1781）、哈曼（J.G. Hamann, 1730～
1788）、雅各比（F. H. Jacobi, 1743～1819）、康德（I. Kant,
1724～1804）、斐希特（J.G. Fichte, 1762～1814）、謝林（F.
W. Schelling, 1775～1854）、史萊馬赫，以及黑格爾（G. F. W.
Hegel, 1770～1831）……等人。上述這些哲人，無論是直接或
間接，是正面或負面，都曾或多或少地影響存在（主義）哲學
思想的崛起和發展。

　　在這些哲人當中，我們在此謹列舉重要事例加以介紹。

1.蘇格拉底的存在洞察

　　在祁克果的存在思想裡，我們約可看出他對蘇格拉底本人
的欣賞，以及以下這些對蘇格拉底存在思想的詮解暨闡述：重
視個人（主體、自我）的存在價值、追求自我的眞實認知、探
討永福存在的可能、關切實質眞理的永存、闡揚爲己負責的倫
理思維、重視社會人心的變革、正視自己知識的淺薄、呼籲重
振對神信仰的堅貞，以及強調知行合一的實踐生活……等。

2.柏拉圖對永恆的追尋

　　當代西洋存在思想的始祖祁克果，對柏拉圖的觀念論暨思
辯哲學的系統雖然不懷好感；但是，他對永恆眞理的認定與執
著，卻深受祁克果的認同。

此外，存在—存有論哲學大師海德格在闡述他對存在的見解上，則每多由柏拉圖《對話錄》（*Dialogue*）中的言論涉說起。由此可見，從負面的教材角度來看，柏拉圖對後世存在（主義）哲學思想的興起，也應有他著力的所在。

3.亞里斯多德對變化的主張

祁克果之提出存在個人的思想（按：個人，就是一個在生成變化歷程中的存在的個人），可以說，就是受到亞里斯多德的事物運動觀的影響。

在這之外，亞里斯多德的重視個體的真實存在、論及種與類屬並無法包涵具體的個人、主張一切都存在於生成變化的歷程中、存在事物是由自身的潛能逕往實現的方向在作一種運動、至高善（倫理的善、至高目的）是理性的人理應追尋的目標，以及（真）神是推動萬有暨維續萬有的最後原因……等，則對後世有神論存在哲學（尤其祁克果的）思想的形成，有頗為重要的影響。

4.奧古斯丁對真神的肯認

在西洋中世紀初期的奧古斯丁，他對信仰真神的肯定、主張真理內在於一個人心中、闡釋個人是無限與有限的綜合，以及強調萬有全是來自於真神從無中創造成有……的觀點等，這對有神論存在（主義）哲學思想的形成，有它一定的啟迪力量。

5.伯納對直觀的重視

在第十一、二世紀中古時期的宗教哲學家伯納曾主張：信仰可以證得真理、人宜追尋神的思想、直觀（直覺）是最高知識的來源，以及墮落的人仍有某種形式的自由……等，這一切

的（宗教）哲學論點，對後世有神論存在（主義）哲學的興起，有它一定的影響力。

6.巴斯噶對生命的看重

在西洋近代時期，以反笛卡兒思想聞名的哲學家巴斯噶，他對個人心靈自由的憧憬、個人生命尊嚴的重視、信仰的誠摯告白，以及強調道德的抉擇……等，對後來祁克果的反理性主義者笛卡兒與反觀念論者黑格爾等人的思想的建立，曾有不少的啟發。

7.萊辛對真理的強調

近代德國的文學家兼哲學家萊辛，曾區分經驗知識與理性知識的不同，並且直指：事實上乃有必然真理暨理性真理的存在……等；這則對祁克果力言人應在他有限生命的時程中，竭力去追求永恆暨實質的真理，乃有頗大的推助作用。

8.哈曼對價值的認同

近代德國的哲學家兼神學家哈曼，他一者重視經驗的分析，二者強調具體性的價值……等；這對後來存在（主義）哲學思想界之普遍地反對黑格爾的思辯哲學，有它一定的影響。

9.雅各比對信仰的訴求

近代末期德國的哲學家雅各比，他對信仰（誠信）的重視，並且力陳信仰即是提供人有關自由、神和一切理性的認知的主要基礎；這對祁克果提出的信仰跳越論，並且更將它應用在追尋猶太暨基督（宗）教的永恆真理上，有它一定的牽引力量。

10.康德對道德的提醒

近代德國的觀念論者兼不可知論者康德，他主張道德生活

的重要、力陳知識論暨形上學本體的不可知，以及力言主體個
人純粹理性的限制性……等，對後來的祁克果、海德格與雅斯
培等人各有不同程度的影響；像：

（1）在祁克果方面：據聞，它啓發了祁克果對倫理、意志
　　　與批判理性……的重視。

（2）在海德格方面：它促使海德格對康德的範疇令式的注
　　　意。

（3）在雅斯培方面：康德對理性概念的主張，則深深吸引
　　　了雅斯培的矚目。

11.斐希特對自我的認知

　　近代德國的觀念論者兼哲學家斐希特，他對自我創造性的
重視、對想像能力的發現，以及對自我道德實踐的籲求……
等，則啓發祁克果把道德的探索轉趨於宗教，並對信仰的最高
對象有所訴求。

12.謝林對存在的關切

　　近代末期德國的哲學家兼美學思想家謝林，他對自然界的
事物的欣賞、強調生成暨變化法則的存在，以及對意志，尤其
對具體存在的重視……等，則啓發後世存在（主義）哲學界之
力倡反抽象、反本質主義的主張。

　　這也就是說，它鼓舞了後世學界人士之對存在的優位性的
肯定。無怪乎，有學者如梯立希（P. Tillich）這位當代德—美
哲學思想家會指稱：謝林晚期的哲學的發展，可謂蘊育了二十
世紀存在（主義）思想的崛起。

13.史萊馬赫對感受的運用

　　在近代末期，前述德國的系統神學家兼普遍詮釋學理論的

創建者史萊馬赫，他強調個人主體經驗與神蹟的存在，以及認定感受在宗教追尋上所扮演的角色〔按：透過絕對依賴的感受（力量），可使有限存在的個人和具無限存在性的永恆者（神）建立密契的關係……〕，則引發祁克果對「永福」，即（原始屬靈的）基督教允諾給凡是相信神的人的「永福」逐作更嚴謹的限定。

14.黑格爾對系統的提出

近代末期的德國觀念論大師黑格爾，他的重視抽象思維、肯定有客觀的暨必然的真理，以及強調思辯系統的重要……等，這則啓發沙特這位反神論的人本主義者思想家，之力言他的存在主義就是一種觀念系統以及寄生系統。

不過，對有神論者存在思想家祁克果而言，黑格爾則是他的反面教材：祁克果為此而提出個人存在的不可概念化、不可系統化，並且力陳永恆暨實質真理的永在性以及困思性（paradoxicality，弔詭性）。

（二）在傳統宗教思想方面

當代存在（主義）哲學思想在傳統宗教思想的傳承方面，我們應該可以看到：古希臘的哲人，前述的蘇格拉底；古希伯萊人的信心武士亞伯拉罕（Abraham, ca. 2000 B.C.）、人類苦難的表徵者約伯（Job, ca. 2000 B.C.）、中世紀初期基督教的創始者耶穌（Jesus）、初期基督教的外邦大使徒保羅（Paul, ca. 100年），以及宗教改革家馬丁·路德……等人，對有神論存在思想的崛起，有其絕對不可忽視的主導力量（按：至少曾影響前述的祁克果與馬塞爾……等哲人的哲學主張）。

以下，謹簡要分述之：

1.蘇格拉底對神的認識

說到蘇格拉底，我們已涉談過許多有關於他的思想面向；不過，在這裡，我們則想從另一個角度，也就是在他的宗教（自然神學）觀上來談談他對後世存在（主義）哲學思想的興起，到底有何正面的影響？

簡要的說，蘇格拉底肯定有神的存在，並且認定：只要有人肯謙抑地追求自我的認識，他便能同時順利地認識到這位既全知、又全能的（真）神的存在——雖然，祂並未向世人彰顯祂的名字，而可用「未識者」（未識之神）來稱謂祂。

身為當代的宗教存在思想家兼存在（主義）哲學之父的祁克果，在他的言論裡，便極其推崇蘇格拉底這位哲人的「智慧」：認為蘇格拉底在全知的（真）神面前，肯自我謙抑，並肯立志追尋神的旨意。這就是「博學的無知者」（按：參 Augustine語：意即「聰明的愚笨者」：有如中國古諺所云的「大智若愚」），是蘇格拉底的大智慧的所在。

當然，若說到蘇格拉底的這種神觀，到底對後世的存在（主義）哲學產生了何種的影響？我們祇能說，經由祁克果的詮釋和改造，它已被吸納並轉化成有神論〔按：基督宗教義的〕存在（主義）哲學思想中的一個要素。

而後者，即這種有神論的存在思維，自是成為無神論存在主義者，有如：前述的沙特，以及被視為也對當代西洋存在（主義）哲學運動的推展有其一定助力的尼采（F. Nietzsche, 1844～1900）他們的反動對象，乃至反面的思想教材。

2.亞伯拉罕對神的信靠

在有神論存在思想家祁克果的言思裡，他對亞伯拉罕這位

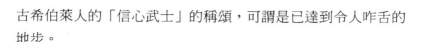

古希伯萊人的「信心武士」的稱頌，可謂是已達到令人咋舌的地步。

像祁克果即曾提到亞伯拉罕個人信心的純正；以一種難以與人溝通、對話的困思心境，跟他信仰上的真神——絕對者——保持一種絕對的、個人的關係；他單憑具困思性、弔詭性和「荒謬性」的信仰力量，踏過倫理而去追尋那懸擱在倫理之上的宗教目的：亦即戮力求取攸關於他個人的永恆福祉（按：也就是倫理學中所提到的「至高善」）；以及稱述亞伯拉罕能夠面對種種致命性的試煉，並且在無言的承受中戰勝了苦境，而獲得信仰上永遠的勝利……等，這則在在賦予祁克果敢於談述苦難的人生，以及去探尋暨追索那能超越暫世苦楚的人世的美好未來（按：神國）的動力。

3.約伯對苦難的反思

逕視人生在世，即無法規避苦難的宗教存在思想家祁克果，對猶太暨基督（宗）教經典中的苦難人物——約伯，則有他個人的解讀：

> 「約伯信心的例證，應該加以展示，以便向著我成為一項挑戰、一個問題。就像：我是否也想要得到一顆篤信的心。」
>
> ——《附筆·第二書》

這裡提到的信心，是指：約伯在經受人世間幾乎是任何人所難以承擔的身、心煎熬與垂煉過程後而獲致的一種誠信——即一種對神的公義與慈愛永不改變的信心。

至於論到對約伯的信心——即透過苦難所獲致者——的肯

定，以及它對後世的影響，我們一者，可以從祁克果的存在觀點看出；二者，則能夠由雅斯培（按：參前述，祁克果存在思想忠實的推闡者）的哲學論點中揣摩出。像他就提到「苦難」、「愆罪」、「爭鬥」和「死亡」這四者，即是每一個人的人生所無法越過的邊界情境：人只有在「超越者」（按：包圍者，神）面前自承挫敗、失意……等，他才有可能起死回生，並且接納（按：單憑信仰暨信心）神最後的救拔或救援。

4.耶穌對神愛的表明

平心而論，世上有（原始屬靈的）基督教的出現，它不僅對人類的社會文化激起了重大的變革，就是對於人類的精神暨思想世界，也造成相當深遠、又雋永的影響。

在這裡，我們談述西洋當代存在（主義）哲學思想的崛起，就少不了基督（宗）教之以神的愛為主體的結構要素。

說到基督（宗）教，它的創始人，當然是要推溯到耶穌基督的福音暨其個人的教化。耶穌教導世人要能敬神愛人：至於論到他的到來，當然是要見證神的真理與神的恩典的存在。在祁克果的作品中，論到基督耶穌就有這麼一段的描述：

> 「人不能從世俗歷史中去知道關於基督的事。為什麼？因為，人完全不能靠『知識』去知道有關『基督』的事。基督是包涵神而人的相反相成之道；只為信仰而有的一個『信仰對象』。……基督的事，無法靠歷史去知道，只能靠信心去相信。」
>
> ——《基督教中的勵練》

此外，我們也能從耶穌的言論，有如：他要每個人都應自

我省察：有罪的人更應正視自己，並且在祈求眞神赦免的信仰中以求取永恆（眞神）的生命……等教化，而瞭解到原始（屬靈）基督教的信息。而這，可說對於哲學家祁克果與馬塞爾……等人的存在思想的形成，有它至深、又至鉅的影響。

5.保羅對救恩的重視

　　初期基督教義理的形成，除了有耶穌本人的教化和他的弟子，如：馬太、馬可、約翰和彼得……等人的證道言論爲它的基準之外；再來，就要算保羅這位耶穌基督的「外邦大使徒」了。

　　關於（眞）神的神學研究，後世基督宗教界絕大多數的學者都認同：保羅——這位奇貌不揚，但是，卻有其滿腹經綸的神學家兼宣道師，他是早期基督教神學信仰暨教會思想理論的奠定者。

　　保羅這個人與有關神的知識，這兩者究竟有何關聯呢？大有關聯。誠如他的自述：他在認識神的人生歷程上，他所獲得的「啓示」與「權柄」，可不下於之前耶穌的十二使徒。又，儘管他也能通達所謂有權有勢之人的智慧與學問，但是，他唯一敢於誇口，也只能誇口的，卻只有他的主耶穌基督。

　　祁克果深諳保羅的神學思想，並且抽繹出有關「信」（信心、信仰）與「個人」範疇這類攸關於神恩的宗教思維，而強調「永福」僅僅是關聯於個人的美物：它一次只給一個人，而不是大規模的來分配。

　　說來，這種重視個人福祉存在的思維，並強調個人靈命的重要思想，在祁克果的解讀下，前述古希臘的蘇格拉底就早已發明了「個人」這個範疇。而，保羅在論到個人對神恩的追尋

上，也曾靈活運用這類的思維。是以，應可說是這兩方聯袂結構了存在（主義）哲學中有關「個人」（存在）的內在意涵，並且更賦予它能超越社會學義和政治學義的個人範疇的獨特內容：人應往以信心（信仰）為主的「宗教的個人」此一至高的精神意境努力邁進。

貳、主要代表人物的思想要義暨對生命的見解

以下，我們想分別來探討當代西洋存在（主義）哲學運動圈中，若干位較具知名度暨影響力的哲人的思想要義，以及他們各人對生命（存在）所抱持的見解。

一、丹麥的祁克果

誠如前述，祁克果是當代丹麥的一位宗教思想家。而自1940年代至今，由於他多產性的作品已陸續被迻譯和大量介紹給西方，致使不少學界人士這才驚訝於他那思想的廣博、識見的深遠，而賦予他更多的學術頭銜，如：稱他是一文學家、心理學家、倫理學家、宗教傳記作家、寓言學家、存在哲學家，以及存在詮釋學家等。甚至，還有人推稱他為：當代存在（主義）哲學暨辯證神學這整個運動的原創者，兼最具原創性心靈的哲人（F. H. Heinemann語）；是十九世紀社會批判理論的先驅（J. L. Marsh語）；是一種哲學思考新模式的開啓者（P.

Ricoeur語）；是後形而上哲學紀元的創始者（M. Weston
語）；是知識社會學的建構者（M. Westphal語）；以及是凸
顯差異性哲學暨解構哲學思想的先驅人物（S. Walsh語）。

接著，我們分別要來談談：祁克果本人對存在（人生）和
生命，各提出了哪些值得令人矚目的觀點或見解。

（一）存在思想要義

雖然祁克果曾批判地兼綜與改造西洋自古希臘以來到他那
時代若干哲學家的哲理學說，以及宗教的思想理論（尤其猶太
暨基督教神學），我們在他的存在洞察上，至少可以發現，他
對存在（人生）可具有下述這幾點的主張：

1. 存在，雖可廣義地指涉萬有的存在、直接物的存在；不
   過，針對每個有生命、有意識、有精神、有靈魂、有活
   動力，以及有道德自覺的人來說，存在當是意指你
   （妳）、我每個人的存在，或作：具體的存在和主體（主
   觀）的存在。
2. 有生命的個人的存在，也可說是一個綜合的存在
   （體）；因為，存在即是有限與無限、自由與命定、偶
   然與必然、暫世與永恆，以及肉體與靈（魂）……綜
   合。而如果從這個角度來說，一個存在中的人，也能稱
   他是：一個有限者〔按：因為他有限、（受到）命定、
   偶然、暫世與帶有肉體〕，或一個無限（按：因為他有
   無限、自由、必然、永恆和靈的特質）者；或者指他
   為：一個暫世的永恆者。
3. 存在，並不等同於在永恆形相之下（不變）的「存

有」；不過，存在卻提供給一個思考者他的思想、時間和場所（按：空間）。

4.存在，如從動態的角度來理解，可像「物自體」〔按：近代德國康德（I. Kant）語，意指人的純粹理性所無法接近，並提出有關於它的任何內容〕一般，是人不可用思想與語言去論證的特殊「對象」。何況，（本身即作為自明的）存在，也優位於任何對它所作的實證。

5.存在，有如運動本身一樣，是一個很難去處理的範疇。主因是，一旦人去思考它（按：即將它當作是一具體的實在者或思考的對象），便取消了它（按：這是由於人之藉用思想力而把它化約成一種抽象的東西之故）；從而，便未能思考到它。為此，就可以這樣表示：只要有一個思想家活著、存在著，那麼，他的存在本身，便伴合著他是刻正在存在中與在思考中這麼一個存在的個人。

6.存在本身，也稱作：是一種正存在的行動者、實現者。存在，就是在追尋。也因為是這樣，人的存在無不是具有悲情、又奇妙的特質。說它悲情，是由於他在人生中的追尋，是永無止盡的，他是作為一個在無限追尋中的這麼一個人。說它奇妙，是因為它蘊涵一個自我矛盾，以及也蘊涵一種奇特的時間意識：千年僅像一個小點，也像已消逝的昨日；而每個存在的個人所擁有的時間，便是由這些佁小的時間單位所組成。

7.存在的個人，或個人的存在，可以視他為：在實在界中的一個存在的靈，而不是一個想像中的沉思的靈。而，

如從存在與理解，或者生命與理解的關係角度來說，這存在的靈，當是構成人一切的理解（包括：觀念的產出、思想的形成、意識的指向……，乃至諸般學說理論的提出等）的原始基礎暨永遠的預設。

8.存在的個人，是隸屬於靈（精神）的範疇，也是隸屬於靈的覺醒的範疇。因為，它是一個涵藏整個生命與世界的哲學思想；更是我們這個時代、這個種族，以及它的歷史所必須通過的範疇。

9.每個人的存在，是一個涵容有三種畛域的存在：感性的生活、倫理的生活與宗教的生活領域。任何一個人都無法脫離其中任何的一種，或其中任何兩種的交疊的生活方式。

10.在存在中，一切的因素，包括：眞、善、美、感性、理性、思想、激情、想像、抉擇、決斷、行動，甚至喜、怒、哀、樂……等，多是相互或共同交纏呈現的。在這種情況下，眞不比善與美更高級；反而，眞、善與美在實質上，都隸屬於每個人的存在。不過，對一個主體的思考者來說，激情卻相當的重要；因為，人若欠缺激情，就算單想倚藉理性，也不可能思考到存在。

11.存在的個人，在他一生之中，實應努力讓自己的生活步調，能從感性（恣意、縱情）的層面，提升到倫理（意識自我、節制）的層面。最後，再跨越倫理的層面，而進升到宗教（性靈自由、追尋永福）的層面，俾使自己能成為一個「宗教的個人」。因為，宗教

（按：特指原始屬靈的基督宗教）擁有救贖的因素和可能。對一個人來講，擁有永福，即他的（被）救贖的完美實現，當是一個人其有限生命與主體存在的發展的極致。

（二）對生命的見解

談到祁克果對（個人）生命的觀點或見解，先前雖已作了部分的提述；但是，在此我們則想做些許的補充。這也就是說，攸關於一個人之作爲有限的存在者這個事實，祁克果對於生命也曾提出他不少的看法：

1. 一個人在知道任何事物以前，都必須先瞭解自己、知道自己。只有當一個人內在地如此瞭解他自己，如此看清他的路向時，他的生命才會獲得平和與有意義。（《日記》，1835年8月1日）

2. 生命，是必須向後瞭解的；但是，生命也必須向前生活（必須向前看）。如果有人能徹底思考這個問題，他就愈會明白：在時間之中，生命誠然是無法爲人所真正的瞭解。因爲，人並不能找到一段特殊的時刻，好作他必要的駐足點，以便向後去瞭解生命。（《日記》，1843年5月17日）

3. 人們通常以爲：他在某個年齡會滿懷希望；或者說，在某個特殊時期，生命便充滿了希望與可能性。然而，這些都是浮泛之言，永遠不是真理。因爲，他們所說的這一切的希望與失望，還遠非真正的希望與失望。（《死病・部Ⅰ》）

4. 會使生命不同的，並不是人所說的「什麼」，而是「怎樣」說它。至於「什麼」，這同一種事物，早在以前就被述說許多次了。因此，這句老話是對的：「日光之下，並無新事。」〔按：參《聖經》，〈傳道書〉一：9〕這句老話，永遠是新的……。（《日記》，1850年）

5. 人生命中的第一階段，最大的危險是：不肯冒險。當冒險一旦真正開始，最大的危險就在於：冒太多的險。一個人常由於不肯冒險而轉向，並向瑣碎事物就範。而在第二個情況中，他由於冒險過多，便轉趨幻象，甚至專橫。（《日記》，1850年）

6. 論到基督教與生命的關係，他曾表示：從基督教的觀點而言，一切事物都須為訓義而作。任何的學術思想，如果不是為訓義而作，便和基督教背離。所有基督教的事物，都應當和醫生在病床邊的語言一樣；雖然只有熟諳醫藥的人能夠充分瞭解，卻絕對不可忘記，這些言語是在病床邊說出的。

　　又說：基督教對於生命的教訓（跟科學對於生命的冷漠相反），或者說基督教這個倫理層面，本質上是訓義性的。……冷漠的學術思想，自承是「壯舉」，其實，從基督教觀點來說，卻是缺乏人性的，是一種怪誕之物。而基督教的壯舉（可能極其罕見），是集中全力去成為自己，作一個單獨的個人；作一個確定的個人；獨自承當這偌大的努力（力求成為自己）；自己承受這艱巨的責任……。

　　基督教方面的所有知識，不管怎樣艱澀嚴謹，我們

都得迫切關切；而關心，正是訓義的開始。關心蘊涵一
項意義，也就是：關心者關聯著生命，以及人存在的眞
實。於是，從基督教的觀點來說，關心便是認眞。
(《死病‧序文》)

7.談到人有幾次生命時，他這樣表示──在世上，常會聽
到這句諺語：「人只能活一次！因此，但願在我死以
前，能看到巴黎；或儘可能發財；或好好的成爲世界上
的一個偉人──；因爲，一個人只能活一次。」並要我
們思想這件事：（他說）想想有這麼一個在垂死病榻上
的人，其願望尚未實現，不過，他的靈魂卻一成不變地
依附著這個願望。──如今，它已不再可能實現了。…
…

　　這似乎是可怕的；事實上，它就是！不過，卻不像
他所意謂的。因爲，可怕的事，並不是那個願望一直無
法被實現，而是他攀附於它的那股激情。他的生命，並
未浪費；因爲，他的願望尚未被實現；不管是用什麼樣
的方式。

　　如果他的生命浪擲了，這是因爲他不曾放棄自己的
願望，他不曾從生命之中學習到有一種東西，可比對他
唯一的願望所作的思慮更高超。這有如它（願望）的實
現或不實現，能決定一切。所以，眞正可怕的事，是一
種全然不同的東西。（《對基督教界的攻擊》）

8.一個人愈富機智地改變修養的模式，他就愈美好；不
過，每項個別的變化，卻都將一直落在「記取」與「遺
忘」這普遍的範疇下。整個生命，便在這兩個潮流中游

動；因此，能控制住它們，才是重要的。……凡是在記取與遺忘這孿生藝術上美化自己的人，就能夠用整個存在玩踢毽子遊戲。一個人所具有的遺忘能力的程度，則是他靈的彈性的最後尺度。如果一個人不能遺忘，他絕不會等於記取了許多。……

遺忘與記取，是等同的藝術；這項等同的藝術，就是一個人高昇到全世界頂上的阿基米得點。記取與遺忘的藝術，也將確保對某種生命關係的執著，而且使得一項完全自由的實現成為可能。（《或作此／或作彼》）

9.論到生命有否不朽時，他曾這樣表示：生命不朽的問題，實質上不是一個學術的問題；它毋寧是個內向性的問題。它是主體〔按：存在的每一個人〕藉著成為主觀者（主體者），必須把它放進自己身內的問題。又說：在客觀上，這個問題無法被解答，因為，在客觀上無法提出它。生命的不朽，正是所發展的主體性的潛勢與最高的發展。只有藉著眞的想成為主體者，這個問題才會適當的產生；所以，怎能在客觀上來回答它呢？

這個問題，也無法用一些社會語彙來回答；因為，社會語彙無法表述它。唯有志於成為主觀者的主體，才能想到這個問題，而恰恰的問說：「我變成不朽嗎？或不是不朽嗎？」（《附筆·第二書》）

二、德國的雅斯培

雅斯培是當代德國學醫出身的存在哲學家，也是一位力倡眞理多元主義的泛神論哲學思想家。

在雅斯培學思的一生，除卻前述的祁克果曾深深影響過他之外，他在早期從事臨床病理學的研究階段，就曾接觸過生命詮釋學家狄爾泰，以及當時的現象學大師胡塞爾（E. Husserl, 1859～1938）等人的哲學思想。

當然，在他年輕時代，據悉，近代德國的理性主義者斯比諾莎（B. Spinoza, 1632～1677）、道德思想家兼批判哲學家康德，跟社會（哲學）思想家韋伯（M. Weber, 1864～1920），以及同事海德格……等人，都曾是引起他對哲學生發興趣暨專心研究的濫觴。

不過，在此值得一提的是：雅斯培和海德格在當代存在（主義）哲學運動圈中雖頗負盛名，並且同被視為積極引介祁克果宗教存在思想給西歐學界的有力推闡者；但是，由於他對「存在」有個人獨特的詮解，因而極力否認他的存在哲學，會與海德格的存在暨存有哲學有任何的關聯。

以下，我們則想分別來談談他對存在（人生）與生命這兩者各抱持怎樣的見解。

（一）存在思想要義

談到雅斯培的存在思想要義，首先，有一件不得不提的事是：他曾明確指出，丹麥的祁克果與德國的尼采這兩位哲人，因為都重視個人的存在經驗、追尋個人純真的未來，以及摒棄哲學的思辯……等方式，而為後人之企圖尋找個人的真正自我而開啟了一條嶄新的路徑。

想來，雅斯培會有這樣的認知暨體會，這大概是和他個人的存在經驗有一相當大的關聯。以下，且簡述一下他對存在的獨特看法：

1. 作爲一個存在的個人，他是生活在一方面既擁有理性，另一方面又擁有存在的極端情境裡。不過，一旦理性欠缺了存在，理性便成空無一物；如果存在沒有了理性，這種存在，也將成爲一種私有的夢幻。

2. 探討存在的哲學研究（按：即存在哲學），它的本義，是一種人類藉此而去尋找，並且以之成爲他自己的思考方式。這種思考方式，不但可利用科學和其它任何的專業知識，而且也超越科學和其它的專業知識。因爲，科學雖以探討新知、關切人類存在以外的事物爲它崇高的目的；但是，科學本身卻無法提供人們任何的生活目標、有意義的思維方式，以及人類存在的意義。

3. 人的理性，難以掌握具有無限性的個人或主體的存在。因爲，個人或主體的存在，指涉著三種獨特的內涵或性徵：

   (1) 此有：「此有」雖可稱它爲一種具有物質性、生物性或心理活動的現象的個體，而在時、空間中可被人來經驗；不過，從形上學的觀點來看，（個）人這樣的一個「個體」，也是一個超出人類理解範圍的「包圍者」。

   (2) 意識：這裡是指意識本身；人可藉此以理解外界的事物、他自己，乃至於眞理。

   (3) 精神：精神是可以把人類自己（主體）、他身外的事物（客體），乃至萬有（整個客體世界）完全納涵在可理解的理念的整體性中；從而，以爲人類自己選擇一種純眞的可能性或眞實存在的生活方式。

4.作為人類認知的總對象——「包圍者」，它不僅綜攝了
一切的主體（含主觀的思考）、一切的客體（外在的事
物），而且也含括了上帝。因此，又可稱它為：「存有
自身」。

　　身為可經驗的東西、意識和精神的「個人」，他祇
能藉著認識大自然界中的各種事物，去接觸「包圍者」
或「存有自身」的局部。為此，探討「包圍者」或「存
有自身」的真象，可以稱得上是哲學或人類知識的最高
目標。

5.從人類訝異於大自然界眾事物的存在的角度（因而產生
哲學）而論，這萬有本身，乃充斥著各種的暗號、謎語
或象徵。就此，人世間所出現的哲學、藝術與宗教……
等活動，便是企圖去揭現那隱涵在萬有之中的玄蘊和秘
意。

6.超越一切的「存有自身」，並無法倚藉人的（理性）認
知去經驗，祇能依靠個人的存在方式去體證（參下
述）。又，在人的生活世界裡，一旦欠缺對此超越界的
認知，有關宇宙的一切認識，便將失去它應有的深度；
而人類對自己的認識，也是一樣的。

7.一個人一旦能認可存有世界、超越世界或實有世界的存
在，他便擁有自己的哲學信仰。反之，便是無哲學的信
仰。

8.「存有自身」或「包圍者」，是人類自己和萬有存在的
根基；不過，祂卻不是和萬有同質、同體、又同性的神
明，而是擁有祂那超越萬物的實有性和位格性的（真）

神本身。

（二）對生命的見解

　　跟以上所提的「存有自身」或「包圍者」相關聯的生命課題，雅斯培也有他自己的看法：

1. 作爲一個擁有此有、意識與精神這類特性的有生命的個人，並無法倚藉自身的理性能力暨理性活動，去接近「存有自身」或「包圍者」；除非是依靠個人自己的存在認知。也就是：要對人類自身的框限、無奈、挫敗、無力……等有所認識；同時，也要對存有世界、超越世界或實有世界有所認可和企盼，始有可能。

2. 人類的自我認知，將會發現：苦難、爭鬥、懲罪和死亡這四大「邊界情境」，是任何擁有有限生命的個人所難以突破暨克服的存在情境。一個身處在這種能警覺到自己的無力感、無助感和空無感境況中而有所求助於超越界的人，當是一個能找到眞實的自我暨發現存有奧秘的存在的個人。

3. 一個人對自己的自由的體認，不但將使他能以凌越空無，而眞正成爲自己；並且也因而能使他擁有神存在的確信。這裡的神，是指那位能超越人世間一切的哲學、神學、宗教、教派和任何思想中的設定（如：終極實在）的神。再說，因爲人依附於超越界，他才眞有自由意識、自由抉擇，以及自由行動的能力。

4. 一個沒有哲學信仰，也就是欠缺認可有超越界存在的人，他的一生將因自己所抱持的虛無主義的人生觀點

（按：如逕視一切都無意義、全無價值等；爲此，而易
於懷疑一切、拒斥一切），降服於所謂的魔力〔按：包
括以權謀、殘忍、生命力、激情或其它人世間中的一切
事物去取代神，並且把人世間的事物和力量，視爲人的
存有（意義、基礎……）的憑靠所在〕，以及把人類
（包括自己與他人）予以神格化，而呈示爲一個反神暨
無神的無信仰者。（項退結：《現代存在思想研究》；
台北，現代學苑：民54年，頁61～76。）

三、德國的海德格

　　海德格是德國有名的存在暨存有論哲學大師，也是西洋學
界人士公認爲：是二十世紀哲學詮釋學運動的首倡人物。

　　談到哲學思想的淵源，古希臘哲人主靜的存有思想家帕美
尼德斯（Parmenides, ca. 540～470），以及主動的變化思想家
赫拉克利圖斯（Heraclitus, ca. 544～484），可以說影響了海德
格存有（論）哲學的建構。此外，古希伯萊人的宗教思想，以
及當代德國暨奧地利的哲學家兼心理學家布倫達諾、前述丹麥
的存在思想家祁克果、德國的生命哲學家尼采和現象學大師胡
塞爾……等人，對他則有深刻的啓發。

　　以下，我們謹分別來談述他對存在（人生）與生命課題各
自的看法。

（一）存在思想要義

　　在對人這個存在的理解上，海德格至少曾做出下述這幾點
主張：

1.人生在世，是一種有限的存在，就叫做「此有」；也可
　稱他爲：有限的存有（者）。因爲，作爲此有的人，有
　死亡的限制。就因爲有死亡，所以，每個在世上存在的
　人，都是走向死亡的存有者。

2.探討有限的人（此有）的生存意義，可以視爲哲學的工
　作任務。這種探討，主要是倚藉對人的存在逕作一種學
　理性的分析或詮析，可以稱它作：此有的存有論的分
　析；目的便是要來掌握人生在世的存在意義，或存有的
　意義。

3.作爲一個存在的人，是和時間（性）有極密切的關係
　在；因爲，他是隸屬於未來的。這就是說，人之存在於
　世的時間基礎，並不在現在，而是在未來。

4.未來，對一個存在的人來說，是充斥各種可能性的未
　來。人生在世，既是隸屬於未來，他就必須在當下的時
　刻，不斷爲自己充斥諸多可能性的未來作出美好的抉
　擇。這樣，人就因爲已設計自己未來美好的可能性，而
　在努力履現它之後，就將成爲一個擁有自己生命意義的
　人。

5.人的存在模式有兩類：一是純眞存在方式，另一是不純
　眞存在方式。這兩者雖然經常是以彼此互屬的形式出
　現；不過，後者，即不純眞存在方式，卻始終具有先起
　性的特質。因此，人的存在意義的獲得，就必須倚藉著
　存在的變更；也就是，努力改變自己不純眞的存在方
　式，好使它變成純眞的存在方式。

6.人的存在，決定了他的本質。存在，就是要朝向自己的

未來，走向自己的未來而作美好的設計、存在的變更。
在此，便可發現人是自由的，他能為自己作選擇。也因
為這樣，他的自由與他的選擇，即決定了他自己生命的
本質。

7.一個人對存在意義的把握，必須考慮到自己有死亡這個
可能性的因素。這也就是說，一個人在為自己的未來逕
作選擇時，就必須以預期的方式，對自己將來可能的死
亡預先有所洞察、先行理解和預前把握。這樣，他才能
真正理解，並把握自己存在的整體意義。（參陳俊輝：
《海德格論存有與死亡》；台北，學生，民83年。）

（二）對生命的見解

談到海德格對生命的見解，誠然可以說，它應與前述海德
格之對人的存在的看法有所重疊或交集。在此，我們將儘可能
地由他對存在的洞見中，抽繹出他對人的生命的獨特見解：

1.人的生命，當是一種有限的生命；為此，論到人的存在
的意義或生命的意義為何時？它的答案，自然就是有限
的存在意義、有限的生命意義；可用「有限的存有意義」
來稱謂。

2.作為一個有生命的人，乃擁有心境、理解與語言這三種
能力，而助使他去探討自己生存於世的存有意義。

3.作為一個有限存在的人，他有限的存有意義的開示，必
同時會開顯出天、地、人、神這四種世界要素。這裡的
天，是指：包括晝夜、四時、天候與雲彩……等這自然
的天。地，是指：包括有動物、植物和礦物……等這自

然的地。人，是指：有生命之限制的會死的人。而神，
　　則是指：自隱著的神（按：有朝一日，祂將出現、自顯
　　於世人面前）。又，這位神，則是人類未來希望之所繫
　　的唯一者。

四、法國的馬塞爾

　　馬塞爾是當代法國有名的劇作家、哲學思想家、批評家兼
有神論存在主義者。

　　論到哲學思想的淵源，前述當代法國的生命哲學家柏格
森、近代德國的觀念論者兼美學思想家謝林、英國的詩人科雷
里奇（S. T. Coleridge, 1772～1833）、法國的哲學家巴斯噶和
德國的宗教作曲家巴赫（巴哈J. S. Bach, 1685～1750）……等
人，可說影響他最深。

　　此外，有人甚至認為：美國的實用主義哲學家詹姆士
（W. James, 1842～1910）、哲學家賀金（W. E. Hocking, 1873～
1966）、絕對唯心主義哲學家羅依斯（J. Royce, 1855～1916）、
英國的哲學家柏德萊（F. H. Bradley, 1846～1924）、法國的精
神主義哲學家布隆德（M. Blondel, 1861～1949），以及猶太裔
的聖經史家、玄秘家兼社會道德思想家布柏（M. Buber, 1878
～1965）……等人的思想，也多啟蒙過他。

　　不過，他對形上存有思想的注意暨肯認，則是在他年屆四
十（1929年）時，才有這一重大的轉變。據傳在這期間，馬塞
爾即因緣際會而投身到天主教的信仰裡。

　　以下，我們將分別來談談他對存在（人生）與生命的看
法。

（一）存在思想要義

作為一個有神論的存在主義思想家，或者說，作為一個基督宗教的存在主義者，馬塞爾對存在（人生）的看法，當是夾雜有他的哲學思考和宗教的洞察（謹參以下的提述）：

1. 每個人的存在，從時間的角度來說，即有屬於他過去的自己、未來的自己和現在的自己。這三者之能連結在一個存在的個人當中，主要是靠「存有」來作聯繫。這裡的存有，就是自身擁有自己的歷史性和發展性的存有；可以稱它作：具體的存有。

2. 任何人、事與物的存在，都是參與著、並且分享著「存有」。特別是對人這個存在來說，他就具有肉身（身體）、交往與超越這三種方式，而和他人與「存有」建立一種密切的關係：

   （1）肉身：這裡的肉身，是指每個人的身體或我。因此，可以說：肉身是我，肉身是主體。每個人可以倚藉他的身體（肉身）和他的「我」，以參與並分享他周遭的事物世界，乃至整個宇宙。

   （2）交往：交往則是指每個人都可經由誠信、摯愛（情愛）和希望（期望）這三種人生經驗，去與別人建立起交融的關係——可稱它為：主體與主體的交互關係——；從而以接近「存有」的豐盈、「存有」的世界。

   （3）超越：超越是指當一個人和別人一旦建立起交往、交融的關係時，在他心裡就會萌生一種希望（期

望）；也就是想要超越他當前的認識與極限的意志。又，由這種希望所產生的行動，可稱它作：完全是一種神的恩典。當然，這裡的希望一旦與誠信（信心）連結，它便會肯認有一位至高神的存在；可稱祂為「絕對的祢」。

3.人生在世，雖作為暫世、又有限的存在，但人卻不應以孤獨的方式來封閉自己；反而，應該開放自己的胸懷走向人群。當一個人能突破自我孤離的存在情境而和別人建立起溝通與交往……的關係時，他個人的人生，便有可能和「絕對的祢」建立一種交融的關係。（項退結：前揭書，頁194～198。）

（二）對生命的見解

論到馬塞爾對生命的見解，我們認為，他至少有以下數項的主張：

1.個人與別人，以及個人與萬事、萬物之間，可存在著一種存有的奧秘。人如果能透過他自身（或：我）與別人交往……等各種生活（生命）的體驗，他便能體會到「存有」的臨在。當然，一個人愈是感受到自己能夠享有別人的生活（生命）經驗，又或者能夠分享別人的喜、怒、哀、樂……等內心的世界和反映，他便愈能體悟到「存有」本身的豐盈與蘊義。

2.論到什麼是生命的奧秘（mystery）？與什麼是生命的問題（problem）？這兩者，實質上是有極大差別的。前者，表示它和我自己有極密切的關係；而後者，則表示

它只是出現在你（妳）、我眼前的事物或東西。在這兩者之中，尤其是「奧秘」，它當是「存有」的蘊義之所繫。

這裡的「存有」是指：具體的存有、不可化約的存有；而不是像古希臘柏拉圖所稱述的那種具有抽象性、思辯性的永恆的存有或普遍的存有。又，這裡的具體存有，它則攸關於個人的忠信，是個人思考的基礎，更是作為個人的一種存在結構的要素。

3. 什麼是主體？主體就是我，我能就是主體。這裡的主體或我，乃是一種可以和別人進行溝通、交往和交融的行為。當然，如從宗教的觀點來看，我——這個主體，也能夠和神建立一種關係。因此，我或主體則能成為個人的信仰，以及獲得神恩的基礎。

4. 一個人如果能追求自己內心的真實，特別是，如果能尋求他的心靈去與神有所交往；這樣，這自是他在與別人交接時之能夠成功聯繫的重要關鍵。

5. 人世間所出現的人與人在關係上的淡薄，乃至隔離的主因，當是：人多半關切抽象的東西，卻會遺忘真實的個體的存在。此外，個人因自私所萌生的自欺，以及因貪欲而興起的佔有行為，也是促使人與人交往關係淡薄的主因。

6. 一個人如果能忠信存心，也就是在與別人交往時，能夠忠於自己曾給過的承諾或約定；這樣，他便是使自己安立在存在的真實情境中。

有忠信的人，他就能夠倚藉忠信而走向存有的世

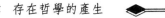

界，並且體驗到存有世界的奧蘊。這樣的說法，並不排除他可能尋找到作為永恆存有的神。因為，神是信實的神，祂曾對世人提供絕對的承諾、永遠的約定（按：永生、永福）。神，是一位過去曾在、現在即在，以及未來將在的神；祂也是一位永不改變祂的恩、祂的愛的「絕對的祢」。

7.人有生，必有死。雖然死是人在世短暫生命的結束，人卻不應因為有死而心生畏懼與絕望。死亡，對於一個（有信心的）人來說，它當是他未來之能擁有絕對希望的一個跳板。因為，真正的生命，是在未來；是在無形的永恆的世界，而不在眼前。

8.作為受造者的人，他雖然有死亡，這委實即在表明：他應相信永生，追尋永恆，因為他生來即是一個要走向永恆的客旅。（項退結：前揭書，頁189～199。）再者，人若懷抱希望而生活，這就是對「無限存有」（按：神）所作的最佳回應；因為人生所擁有的一切，全是出自於這位真神慈愛的賜予。

五、法國的沙特

誠如先前所述，沙特是當代法國的文學家、劇作家、小說家、哲學家、人本主義者兼無神論的存在主義者。沙特為1964年諾貝爾文學獎的得主，由於他思想上的左傾，學界人士每每指稱他為：終結當代西洋存在主義而力倡馬克思無神主義思想的同情者兼推闡者。

談到傳統思想的淵源，據載，前述德國的胡塞爾的哲學，

如：論及現象、內在、超越、現象學和存而不論……等思想概念暨其範疇思維，可說曾啓迪沙特甚深。他的師尊海德格曾用過的獨特的哲學語彙，如：空無、現實性、現在、過去、未來、設計和存有……等語意範疇，則影響沙特之重視一個人的設計未來，以及強調人應在空無中逕爲自我創現價值和生命的意義……等哲學主張。

在黑格爾方面，他則借助於黑格爾經常用到的系統、觀念、理性和辯證理性……等這類的思想語詞及不少的哲理分析；誠如先前所述，他就把沙特式的存在主義逕稱爲一種觀念系統和寄生系統，而將之歸併在黑格爾主義和馬克思主義意涵下的知識體系。

在馬克思方面，不管是馬克思主義哲學所經常使用的鬥爭、需要、階級、歷史和歷史唯物論……等哲學語彙，就連它那辯證性的哲理思維和詮析手法，幾乎全被沙特全盤的接收。爲此，在學界人士的評述上，我們可以看出：沙特是如何處心積慮地想解構西洋當代的存在（主義）哲學——即連結存在主義與馬克思主義思想，並且逕視存在就是辯證法之能以歷史與歷史理性而作自我呈現的唯一基礎。

在佛洛伊德（S. Freud, 1856～1940）方面，這位當代奧地利的醫學心理學家兼精神分析學的創始者的心理學用詞，如性欲、慾力、意識和潛意識，以及其對人的精神、意識分析的手法……等，可以說影響沙特的哲理分析甚鉅。

在祁克果方面，除了祁克果常用的個人（個體）、自由、存在、可能性、空無、選擇、愁慮（不安）和時間……等概念語詞及語意指涉爲沙特本人所青睞之外；沙特甚至如此主張：

馬克思主義的實質，就是前述德國黑格爾的思辯哲學系統，以及丹麥祁克果的個人暨存在哲學的一種辯證的統合。因為，馬克思主義擁有黑格爾式的歷史哲學的洞察，以及也帶有祁克果式的實踐哲學的現實要求。

　　而在尼采方面，據悉，尼采其個人之以意識作主導的生命哲學、無神主義式的析理論調，以及他那重視本能、衝創意志（權力意志）……等俗化語彙暨概念的運用，也啟發沙特不少的哲思靈感。（同上，頁151～154）

（一）存在思想要義

　　從上述有關沙特思想的淵源的論究上，多少應可看出他對存在所抱持的一定成見和主張。以下，我們則想來談談他對存在（人生）究竟提出了哪些見解：

1. 個人的存在，在現象學的詮析下，可以發現：他就是一個自由的行動者、一個自由的存在者。因為，人是被判定為自由的人；又，這種自由的特質是：它並不受包括神在內的任何權威之影響暨左右。

2. 不同於客觀世界中無生命的事物（按：可以稱它為「在己存有」），個人是一種有意識自由、有行動能力的存在者（按：可以稱他為「為己存有」）。作為「在己存有」的東西或事物，是可以被人來思想、認知、評斷與意識……；甚至，可以被人所處理與掌握的。而身為「為己存有」的個人，則否；他可以透過自己與生俱來的意識和對意識的自由行使，使自己去設計和追尋自己所喜愛的任何的事物。

3.任何一個人與生俱來雖擁有自己能夠意識與行動的自由，但是，這種「判定」，卻為自己造成了一種負擔。只不過，人都不可推卻這項天職，都應該勇於接受這種迥異於無生命、無意識的東西的「絕對自由」，好為自己創造理想的未來和實現個人存在於世的生命意義。

4.一個人的存在，可以說即決定了他的本質。因為，他擁有自由的意識、自由的行動能力。他能夠運用肯定或否定的意識行為，進而和自己的過去，甚至和周遭任何存在的事物，保持一種獨特的關係。從而形塑自己對他人、它事與它物……等的看法。當然，他也能夠為自我建立自己的認知，由而以塑造存在中的自己，並賦予自己獨特的本質。

5.人在某一特殊（優異或艱困）的情境中，可以利用自己意識的作用以改變他客觀的世界。這裡的改變，是指：他可自由行使意識的肯定或否定作用，以調整或改變他本人與周遭事物世界的關係。

6.論到人與神的關係乙事，神是不存在，而人是存在的。如果有神存在，則人是不自由的。但是，因為人是被判定為絕對自由者，所以，可以說，神是絕對不存在的。再者，如果從靜態的「在己」與動態的「為己」觀點來談神此一概念暨範疇的內涵，則可以得知：作為在己、又為己的存有的「神」，本身便會陷入一種矛盾。因為，從動態的為己角度來說，神自身會因為有動態的變化而有所分裂，而不為神自己。而如果從靜態的在己角度來談，神自身會因為自己有了分裂，而不成為一在己

的神自己。

7.人由於擁有與生俱來的絕對的自由，所以，他能夠隨意自由地處理自己的抉擇。也因為他有自由，他就有須為自己與為他人負責的義務。這裡的負責，是指：一者，他不僅要重視自己的自由，而且也應該尊重別人的自由，並看重別人對自由的行使；二者，他應意識到自己就是某一事物、某個事件，或某樣東西……等不可替代的造生者。

8.主體個人因為有感覺、理性的能力，因此，能藉此去經驗和認識自己身外諸事物的存在。為此，對每個人而言，個人身外的他人與它物，既是存在又可知的。特別是他人，因為他（們）也作為一個擁有自主的意識，能去認知別人與別物的主體；自此而言，作為一個主體的我，必將因為有另一非我的主體的存在，而降格成一個可被他人盯視的客體或對象。

　　由此看來，人與人之間的關係，並不是和諧的，而是具有競相把他人視為自己眼中的客體的那種緊張關係；如用主、客易位，或他人就是地獄那種使人厭憎的關係來形容，則相當的合宜。（陳俊輝：《通往存在之路》：台北，華泰，民90年，頁168～173。）

（二）對生命的見解

　　論到沙特對個人生命的見解，我們認為，它也是一種極其攸關他對存在，尤其對個人存在的獨特的認知。以下，謹列述幾項他曾提出的重要主張：

1. 人生下來即被判定為自由的人，所以，他的生命，也當是一種自由的生命、一種擁有絕對自由能力的人。在這個角度下，可以說，人的存在或人的生命，便是在專為自己逐作設計、逐作選擇行動的自由的存在，或自由的生命。

2. 人是一個會有愁慮（不安）的人，這是因為他對自己的自由有所體認的緣故。在自由的行使中，尤其在自己自由的意識裡，他會發現：現在的自己，跟他的過去，甚至與他的未來，會因為意識的作用而有所區隔、有所分別。面對過去，個人的自我意識能產生空無感或空無的意識而與它隔離；同理，面向未來，人的自我意識也會如此，而與仍未可受人掌握的未來有所區隔。這時，自然便會有愁慮、不安的心緒油然產生。

3. 死亡，對一個人來講，它可是人身外的一個事件，而非一種可能性的存在。只要我存在於世，我是由於我是、我在，而存活著；這時，死亡是人所不可經驗的。因而，為此可以說，對一個活著的人而言，他在為自己的未來作設計，為自己的理想而活，他就不可能見到自己的死，亦即去經驗一個在個人身外可隨時發生或不發生的事件。

4. 作為一個「為己存有」、擁有自由意識的人，在無神存在的背景下，他存在的目的，便是要靠自己的自由設計，去達成「在己存有」的目標。這樣的說法，就是指：人要以純粹意識的力量去成為「上帝」的意思。因此，人又可以視為「他計畫要使自己成為上帝的一個

人」。（項退結：前揭書，頁156～169。）

六、德國的梯立希

梯立希是當代德國的哲學思想家，也是曾在美國發展他的神學、宗教哲學與社會文化批判思想的有神論者。論到他與存在（主義）哲學的關聯，有人則逕稱：他是一位力持中界立場的宗教存在主義者。至於酷評梯立希思想的人士，則每每稱他是：一位富涵濃厚泛神論色彩的宗教哲學思想家。

談到梯立希的哲學思想的淵源，據悉，早期德國的古典哲學（美學）、近代德國的觀念論者兼美學家謝林、前述奧地利的醫學心理學家佛洛伊德、丹麥的祁克果、德國的海德格、猶裔德國的社會思想家馬克思，以及傳統猶太暨基督教的神學和哲學理論……等，可說對他或直接或間接的影響甚深。

或者，也可以這樣說：由於重視跨界域的思維，並對於宗教、哲學、藝術、倫理、社會、政治與文化……等諸學門的內在關聯極富興趣，爲此，而造就了梯立希之能成爲當代美國宗教神學界一位頗具盛譽的哲學神學思想家。

據載，梯立希學思的一生，十分著力於推闡他那重建傳統基督教的俗世理念，如：有關文化神學、深層心理學、宗教存在主義、新約福音的天主教，以及獨特的神觀（按：指出宇宙眞神即是一位能超越一切有限存有者的「在上帝之上的神」）……等的提出，便可窺見他的用心和努力。

以下，謹就存在（人生）與生命這兩方面來談談梯立希個人所抱持的看法。

（一）存在思想要義

　　具有宗教性思維的梯立希，對存在（人生）至少擁有這幾項的主張：

1. 有關人存在的問題，誠然可以透過哲學（尤其存在哲學）與神學（特別是基督神學教義）的關聯，來作適當的處理。因為，存在哲學格外重視人類普遍的存在情境，如：它關切那攸關於每個人的命數與死亡、他對人生所懷具的空無與無意義感，以及在道德意識上所帶有的怨罪與譴控（自我）的憂慮等，並且也逕自對它作學理上的分析。當然，論到這種（存在）哲學分析的功能，它雖可發掘人類存在的種種問題；不過，若論到對有關問題的解決，則必須倚藉神學。即有啓示教化的神學介入，始能一同完滿解決人類生存的危機。

2. 論到每一存在事物之與「存有自身」的關係，可以說，在萬有中，包括人在內的一切存在的事物，都是參與進「存有自身」。這裡所談的「存有自身」，可以當祂為「上帝之上的神」、「新實在」、「新存有」，或「眾存有者的基源」。又，這「存有自身」，可以說是一位超越眾有神論、泛神論、無神論，以及一切宗教所涉指的「終極實在」，而值得世人用其一切的心思、意念和努力去摯愛的宇宙眞神。

3. 作爲一個處身在「邊界情境」（雅斯培K. Jaspers語）中的人，他的一生總是受到「非存有」（按：無）無限制的威脅；因此，如何使一個人能正視這「非存有」的進逼，而能穩定他現實的存在生命，這當是現今的宗教哲

學暨神學界亟應注目的重要課題。

4.不管人類如何倚藉自己的修行、知識、知見，或進行怎樣的密契的宗教儀式，他都無法克勝那「非存有」（又作：「無制約的否」）之對每個人的存在的否定。除非人能倚藉「無制約的是」，也就是依靠那體現在耶穌身上的「新存有」的權能，他才能戰勝「非存有」的威脅。

（二）對生命的見解

談到梯立希對人類生命的洞見，我們認為，他至少有以下這數點的主張：

1.人的一生總不可欠缺宗教；這裡的宗教，是指：一個人被他的終極關切（the Ultimate Concern）所執捕住的情態。而論到什麼是終極關切？它是在指說：一個人一生的終極之所對；也就是指作為主體個人的人，對於一種他可為之生、為之死的對象，總要以無限的注意、無條件的皈依與終究的熱情去對待。

由於這有如在界定「信仰」的實質內容；所以，對於任何一個人而言，凡是被終極關切所執捕的對象，都可視為該當事人的一個宗教對象。又，在這種情形之下，我們可以說，它即擁有了有關於他自己，甚至有關於全人類的生命意義的解答。

2.為了追尋人在世上生存的意義與價值，重新詮解基督（宗）教中的「因信稱義」的道理，確實有它的必要。因此，「路德復興」可以當成它最好的形容。因為，

「路德復興」頗重視宗教的眞實責任：要把眞實的信
仰，引入每個人的生活暨生命情境中。（陳俊輝：《通
往存在之路》，頁152～156。）

七、俄國的杜思妥也夫斯基

杜思妥也夫斯基是當代初期俄國的隨筆作家、小說家兼西
洋存在主義的先驅型人物。

論到他的思想的淵源，我們認爲，俄羅斯本土的正教信
仰，以及其曾經歷過的政治變革事件之使他對自由格外的注
意；這兩者，誠然可說已成爲他論思寫作的精神動力暨主要來
源。

以下，則簡要談談他對存在（人生）與生命的看法。

（一）存在思想要義

在存在觀上，他至少曾作過這樣的主張：

1. 存在的個人，雖然是一種社會性的動物；但是，他更是
一個有自主意志和自由行動的人。這裡所說的自由，當
是意指：一個人與生俱來即擁有的充分的意志自由與行
動的自由。特別是，針對傳統社會既有的道德、倫理、
價值、經濟、法律、歷史、政治，乃至宗教（教會）…
…等體制，人可有他不願接受禁制的衝動與自由。

   這也就是說，他可行使自己獨立的意志與思想，而
和它們保持一定的距離。或許，也能因爲自己的緣故，
而拒納一切外在既存的條件，而專作他所認同的自己。

2. 相較於人之擁有主體的自由與完全的自由，傳統所遵循

的自然法則、自然規律，甚或是人的理性……等，可以說並沒有它們存在的空間。為此，從自由的個人的角度來說，人應只能有這樣認知，亦即：世上有理性的人存在著、有某人的觀念存在著；或者說，單單只有人是他自己的法則存在著。

3. 從一個人的存在意義是什麼？或它應如何獲得？這類問題的角度來說，自由，當具有無比的重要性。因為，擁有真正的自由與否，是一個人生活中的大事件。如果跟真理來作比較，也就是跟平常人或學界人士所喜歡談論的絕對的真理、無限的真理……等來作比較，自由即是一切。此時，任何的真可以說根本是微不足道的，甚至是並不存在的。因為，自由——即人的意志的自由，乃先在於一切，優位於一切。

（二）對生命的見解

承以上所提，即指存在的自由是優位於一切的觀點，我們可以看出，杜思妥也夫斯基對於人的生命，至少是抱持這樣的看法：

1. 對於任何一個人而言，除非他擁有的自由是自由的，否則，他就不是「人」。不過，在此尤須一提的是：自由雖是至高的，但是，自由卻不是至善的。因為，人雖有自由而能夠想做這個，或想做那個；不過，結果也有可能會讓自己因為濫用了自由而毀滅自己。這是由於人有自由的衝動所引生的兩極化中一種不好的結果之所致；至於另外的一極，即一種好的結果，則可以從基督與審

判官身上所體現的自由看出。特別是前者，即基督能有
接納無條件的信仰，也就是能相信有神這樣的自由，這
則是一個人之能夠擁有「眞自由」的首要條件。

2. 一個人會否追尋自己的眞自由，當是決定他是否擁有眞
實的存在意義與生命價值的主要關鍵。再者，既然自由
是如此的崇高，又如此的可貴，舉凡世上一切的眞、
善、美，甚至所謂大公無私的美德或善行，若和自由相
比，也就是和人的意志的自由相較，它們便只可算是意
志的一種附庸，或僅能作爲一種表象的存在物。（P·
愛德華茲編：《哲學百科全書》，卷Ⅱ：紐約，麥克米
良，1967，頁411～412。）

八、西班牙的烏納木諾

烏納木諾是當代西班牙的生命哲學家、散文作家、小說
家、詩人兼有神論的存在主義思想家。

論到烏納木諾思想的淵源，前述丹麥重視個人主體性價值
的祁克果、近代法國強調心靈生活的巴斯噶、德國述及生命與
衝創力量的生命哲學家尼采和倡言意志表象能力的悲觀主義者
叔本華，以及推闡實用主義理念的美國心理學家詹姆士⋯⋯等
人，可以說影響他至深。

談到當代存在（主義）哲學運動的推展，一般學界人士多
認爲：烏納木諾有他個人獨特思想的表現，也就是能把他重視
個人、存在、生命的意義與信仰的眞實⋯⋯等的論點，著力反
映在他的文學和小說形式上，因而視他爲存在（主義）哲學運
動圈裡的一員。

以下，則簡要來談談烏納木諾對存在（人生）與生命課題
的看法。

（一）存在思想要義

　　論到烏納木諾有關存在（人生）的看法，我們認為，他至
少有以下幾點主張：

1. 一個有生命存在的個人，即是一個擁有眞實的自我、擁
   有他位格整體性的個人；當然，他也是一個具體存在的
   個人。又，這樣的一種人，並不等同於抽象的或思辯的
   哲學所強調要做成的一種人，亦即是一種祇會重視思想
   而不看重實際生活的人。

2. 在存在（人生）的界域裡，將會發現：理性與信仰之間
   彼此存在著一種緊張、難解的關係。其主要原因是：理
   性是一種有限的理性，而經常與懷疑糾纏不清。至於信
   仰，也就是關聯於宗教救贖的信仰，則不同於理性，它
   能夠提供人類生命存在的意義與希望；它可稱得上是：
   人類所有存在的問題一個最終的、眞正的解答。

3. 在宗教的感召下，個人在自我的反省暨反思中，將會感
   受到：個人的生命，其實是一種充滿著悲劇與有限的生
   命。為此，人們就應該運用自身的激情力量，建立暨擁
   有攸關於個人永恆福祉的眞實信仰；進而，以追尋那能
   帶給人類存在的無限性、整體性和永恆性的福祉——永
   生。

4. 在這世界中，人們所重視的眞理，往往都是以具有抽象
   性、思辯性為它的內涵或特質的眞理。其實，眞理本身

並不是這種性質的眞理，也不是一種客觀概念的堆積；
而是那種眞正客觀的或超驗的第一人稱的經驗本身。

（二）對生命的見解

攸關於對存在（人生）的洞察，烏納木諾對生命本身的見
解至少有下述幾點：

1. 個人存在的生命，它不僅是一種眞實的、又可被人感受
   的生命，而且也是一種激情的生命。又，這種具有激情
   性的生命，在與宗教的關聯上，自有助於一個個體突破
   他個人生命的有限與悲情，而進入到無限與希望的信仰
   世界中。
2. 論到人與神的關係，一個人如果不能覺察到自己生命的
   有限、危殆與困厄，而誠心求助於眞神恩典的庇護，他
   的一生，就將一直受到命運無情的擺佈與控制。
3. 一個人爲了要擁有永福的眞希望，就必須棄絕對那無益
   於個人的抽象性、思辯性和學理性之眞理的追求，而以
   信仰——一種心的邏輯——去追尋那能克服世界帶給人
   類的苦難、爭鬥與無助……等困境的勇氣。這樣，他便
   能證得他個人永遠的幸福與生命的永恆意義。（陳俊輝
   編著：《西洋哲學思想的古今》；台北，水牛，民81
   年，頁635。）

九、西班牙的奧特加

奧特加是當代西班牙有名的隨筆作家、理性的生機論者兼
存在主義的哲學思想家。

論到學術的淵源,雖說奧特加早年曾與德國的馬堡新康德哲學學派有所接觸;但是,他的興趣,卻在於人類生命、有活力的理性(生機理性)這類論題。之後,他也曾接觸當時學界所盛行的存在(主義)哲學運動。

以下,則簡要談談奧特加對存在(人生)與生命這類課題的看法。

(一) 存在思想要義

在有關人的存在方面,奧特加曾有下述的主張:

1. 人生在世,必然要與周遭的人、事、物或各種情境有所接觸。祇是,如果能從統整的觀點來看,則可以得知:我與他人、它物……等,委實是同一的。因為,在我周遭的他人與它物……等,當可視為我的位格(個性)的另一個自我。為此,可以說,人類的生命,便是在物、人、我之間所進行的活動和互動。

2. 具體的信念,也就是一種有別於觀念的信念,在某個意義下仍能夠提供人類生存的基礎。至於論到信念與知識——即思想的一種形式——的關係,前理性的信念,應是知識之得以立足的基礎。

3. 存在的人,其實,是未擁有任何一種性質(本性)的人。他祇擁有自己的歷史。又,人也不是任何一種東西,他祇是一齣戲景;你(妳)愛怎樣表演或怎樣表現,一切端視於你自己的抉擇與決定。

4. 從哲學形上思維的角度來說,人類的生命本身,便是一種具有根本性的真實(或:基始性的真實)。又,這種

　　根本性的眞實，往往是反映在他應不斷地塑造自我；最
　　後，且倚藉適切的超越手法，而達到自己純眞的自我
　　（又作：純眞的存在）那崇高的生命境界。

5.人世間所出現的文化、科學、哲學與宗教……等，當可
　　視爲人類詩情般創作的產物；祇是，如從根始的角度來
　　看，它們也當是人類在面對那充滿問題的「眞實」時所
　　造作出來的人爲產物。

（二）對生命的見解

　　攸關於上述所提存在（人生）的洞察，奧特加對生命本身
也有他獨特的見解：

1.論到生命，也就是你（妳）的、我的生命，當是具有生
　　物學的內涵暨意義的生命；它是人世間一切知識之得以
　　成立的基礎。

2.人生在世，就必須運用那充滿生命活力的理性，去追尋
　　自己眞實的自我。在這同時，他也當棄絕虛假的社會存
　　在的模式，而戮力去證得個人生命最高的意境。

3.對下述這種的自我認知是有必要的：「我就是我，我就
　　是我的情境。因爲，我與我身外那包含有他人與它物的
　　情境原是同一的。」（P・愛德華茲編：前揭書，卷VI，
　　頁3～4。）

十、義大利的亞巴納諾

　　亞巴納諾是當代義大利力倡積極的存在主義的哲學家，也
是一位力主開放的可能主義的哲學思想家。

論到亞巴納諾學思的淵源，據載，他曾是鼓吹知識論懷疑主義思想的哲學家亞利歐塔（A. Aliotta, 1881～1964）的學生。此外，他個人也曾受到近代德國批判哲學家康德、當代德國現象學大師胡塞爾、存在暨存有論哲學鉅匠海德格、存在哲學力闡者雅斯培、法國基督（宗）教存在主義者馬塞爾，以及丹麥存在（主義）哲學之父祁克果……等人的影響，而有意整合無神論存在主義者沙特與有神論存在思想家祁克果這兩位哲人的存在思想。

此外，傳聞他更有意把他自創的哲學理論（按：積極的存在主義），跟英、美的自然主義與經驗主義加以連結，而試圖把存在主義轉化成一種兼具有可能性（按：存在的一般性判準）與檢證性（按：科學研究的特殊性判準）這兩種特質的科學的方法學。

以下，我們且來談談亞巴納諾對存在（人生）與生命這類課題所抱持的獨特看法。

（一）存在思想要義

由亞巴納諾自創的積極的存在主義和開放的可能主義的思路中可以得知，他對存在（人生）至少提出這幾項主張：

1. 人的存在，即擁有諸般可能性的存在，是一種和「非存在」相對立的存在。這裡的「非存在」，則意指著非可能性的存在，而不是不可能性的存在。
2. 如同人的求知之帶給人知識上有正確與錯誤的兩種可能性，所謂可能性本身，也是具有幸（運）與不幸這兩種可能的面向。

3.人在思想上或由觀照萬有所發現的必然性與偶然性這兩
種情況，其實，並不相互對立。同樣道理，人所發現的
可能性與不可能性這兩者，彼此也應不相互對立。

(二) 對生命的見解

談到對生命的見解，亞巴納諾係從道德與價值的角度切
入，而主張：

1.人的存在或人的生命本身，總是充滿種種的可能性。
又，這種的可能性，反映在個人人生的行動上，則會帶
給他幸與不幸這兩種可能。

2.關聯於倫理與道德的價值是存在的。這裡的價值，不僅
關聯到一個人在日常生活中「可能」（may-be）作這或
作那的行為問題，而且更牽涉到在道德本身，他「應該
做成」（ought-to-be）什麼樣的人這種的規範問題。又，
從後者這個角度來看，它則呈示了人的存在，其實是具
有規範性的存在。再者，在它可能行動的面向上，則能
顯示出：人即是擁有自由與能意識去做出種種可能行動
的人。（P‧愛德華茲編：前揭書，卷Ⅰ，頁1。）

參、存在（主義）哲學的思想內涵

從以上對當代西洋若干存在（主義）哲學思想家的主張的
重要闡述上，我們當可梳理出存在（主義）哲學的幾項重要思
想內涵。那就是：

第一、重視存在個人的主體性。

第二、強調主體眞理的優位性。

第三、凸顯個人自由的抉擇力。

謹分述於后。

一、 重視存在個人的主體性

(一) 人有生命的活力

誠如先前所提，生命詮釋學係主張「從生命內部來理解生命」；此間，我們所談的存在（主義）哲學，幾乎可以說是力言——：從存在的角度來理解存在和詮釋存在。

這怎麼說呢？首先，我們要指出的是：在當代西洋的存在（主義）哲學運動中，不乏有哲學家注意到廣義的存在範疇暨其指涉；那就是：一般所說的存在，當不僅是指個人的存在，而且也泛指個人身外其它事物（東西）的存在。在這方面，哲學家如：祁克果、雅斯培、海德格、馬塞爾和沙特……等人，可說都有論及。

祇是，相較於那些外在的、客觀世界中的事物的存在，上述這些哲學家，多是關切你（妳）、我這個人的存在；即十分關懷那具有生命、精神、意識、思想、自由、抉擇和行動……等內在能力的每個人的存在的本義和其存在的究竟。

爲什麼會這樣？想必，是因爲人都會思考，都會比較，都會作推理……；人在他的思考、比較和推理中，他自然會發現：存在的人，即一個有生命活力的個人，自是不同於非人的、無生命的事物，自是迥異於無精神、無意識的身外的其它

東西。在這方面，歷來的思想家們，尤其是哲學思想家、現象
學家和心理學家們；或者說，特別是存在（主義）哲學思想家
們，可擅長此道，也就是專精於這種對人內在心靈暨意識世界
的深入探索與縝密的詮析。

（二）人有玄秘的內在

像祁克果便說道：個人是在實在（界）中的一個存在的
靈；個人是隸屬於靈的範疇、靈的覺醒的範疇。而靈，就是內
向性，內向性就是主體性，主體性實質上就是激情……。——
這透顯出了祁克果對人的存在，有他獨到的解析法和詮釋法。

海德格提到：存在有它的存有結構（按：就哲學形上學中
的存有論的角度來談），也就是由個人內在的心境、理解與言
語這三要素，以及它們各自的活動暨表現，來組織一個人在世
上的存在暨存有學上的意義與結構。——看來，海德格的這種
談述人的存在，以及極力挖掘人生在世的存在蘊義的方式，是
頗教人費心去捉摸和猜測的。

雅斯培論到：存在與包圍者、存有自身的關係；存在的個
人在挫敗的反思中，以建立他的哲學信仰；以及存在的個人難
以規避他自身的苦難、爭鬥、怨罪與死亡這類所謂的邊界情境
……等。這一切的說辭，可說無不關注到個人身內與個人身外
（含：超越的存有自身的世界、包圍者的世界）這兩大思想界
域的種種。因而顯示出：雅斯培本人對存在本身的洞察，是有
他的深度與高度的。

沙特指出：存在的個人，即一個有自由、意識和行動能力
的人，他是「為己存有」；也就是能憑藉他與生俱來的自由、
意識、抉擇與行動能力，去改變他個人的存在現況，並且去追

尋，去創現那專屬他個人的理想的未來。——我們認爲：沙特可是高度地、甚至非份地評估了我們人類的自由與潛能……的力量。因爲，在他看來，一旦否棄了神，否定了神的存在，人類才有眞正作成自己、完成自己美好理想的可能。

而馬塞爾則表示：個人的存在雖是由變化與存有所組成，但是，唯有存有，它才是能使一個人在時、空川流的遞變中，依然保有他自己（按：同一主體、同一位格）的唯一關鍵。

此外，他還強調：任何一個人，包括你（妳）、我在內，都有可能和宇宙中最高的主神（按：作爲「絕對的祢」）建立一種密契的關係。只是，它的前提是：你、我都必須透過自己全部的「我」、整全的「生命」，跟周遭的人搭建一種分享、融通的關係的橋樑。這樣，人才能順利達到那饒富奧秘的「存有」的世界，甚至是至高神的生命世界。——你（妳）可想想：馬塞爾的這種存在洞察，豈不帶有幾分的玄秘與神奇？……

從以上分述幾位存在（主義）哲學思想家的觀點，而來論思當代西洋存在哲學的思想內涵；想必，要得到這樣的一種認知，即認定：「重視存在個人的主體性」，就是它的思想內涵或思想特徵，當不是一件難事。因爲，人確是奇妙：每個人都擁有他自己的情感、理智與意識；不衹這樣，他還有個人豐碩的內在經驗與秘內的感受……。

二、強調主體真理的優位性

（一） 眞知繫於主體個人的觀省

論到眞理，一般人都會想到：凡是能被大家所認知、所相信、所認同，或所接受的觀念、思想、理論……等，都可當成

真理來看待。

　　特別是有些思想家或科學家，便多認定：所謂客觀的經驗判斷、邏輯的因果推演和合理的說明解釋……等，才是人們探尋、追索他們一心企想接近和認知的事物的唯一手段。

　　譬如說：為什麼現今的知識分子、理論物理學家和太空科學家們，多能接納所謂的宇宙萬有的產生，是來自遠古一次大霹靂（大爆炸）的結果？而據這方面的專家的觀點，他們要說：這個「遠古」，是指大約在距今120～150億年（一說是指：100～200億年）以前那一個時期。

　　為什麼會這樣？它則又要作這一個補充和說明：在1929年，有一位名叫埃德溫·P·哈勃（Edwin Powell Hubble, 1889～1953）的美國天文學家，因為曾作一次被後來的學者視為是「具有里程碑意義的觀測」，而發現到這個客觀事實：不論你（妳）朝天空往任何一個方向看去，都會看到遙遠的星系正急速遠離我們而去。而這個結果，便被推演出：這個「哈勃的發現，暗示存在一個叫做大爆炸的時刻。」（史蒂芬·霍金著，許明賢、吳忠超譯：《時間簡史：從大爆炸到黑洞》；台北，藝文印書館，民80年，第一章。）

　　像對於這樣的認知事物世界的方式，可以說，是經常發生在我們所生活的這個庸俗世界、這個現代社會、這一般人的內心之中。

　　祗是，據我們所知，實際上東、西方歷來是有不少非科學界的傑出思想家的輩出；他們對於這個世界，可以說多有他們自己認知的方法：一者，要不是會從他們個人（有限）經驗的角度，或是從（有限）理智的推測觀點，去探討這客觀事物世

界的實質；二者，便是專注他們個人內在的感受，或者去探究他們自己的心靈世界，以期能揣知他本人之與這整個宇宙的獨特關係。甚而，也去追索這整個宇宙生成、變化的本源。

其中，我們可以提到古代中國的老子（約在西元前580～480年；或571～476年）；他便是用自己獨特的直觀、感知與推估……，而認定萬有是產生自他所意指的這個「道」──作為「萬物之奧」，是一切存在事物的本源。

而萬有存在的實情，是確如老子所說的這種「道」生萬物的情況？抑是有如前述當今的科學家們，多認知在遠古有一次大爆炸的發生所導致的結果？

如果有人覺得：針對萬有起源這類的說法，還是不夠熱鬧，他也能舉出傳統的宗教神學界，尤其猶太暨基督（宗）教的教義理論，就曾訴明「神」（真神、萬有的主宰）才是宇宙生成的真正源始。因為，祂是以世人難以測度的智慧與手法，從無中創造出了這個大千世界、這個「有」的漫妙神奇的世界。

就此，你（妳）會比較欣賞或認同哪一種萬有出現的理論呢？或者說，你認為哪一種說詞比較能說服你這個人的內心世界？……

先前所提當代西洋存在（主義）哲學圈中的那些哲人們，你想：對於這類問題，他們可會抱持怎樣的認知和態度？他們豈會一成不變地接納理論物理學家或太空科學家們的論調？或者以批判或同情的心理，去感知老子使用那種能兼顧個人主、客觀的，甚至是直覺（直觀）的……方法而提出的存在的洞察？

　　如果我們瞭解無誤，強調個人主體性（主觀性）的認知、主體性的感受、主體性的知見、主體性的體證或主體性的直覺……等，當可視為：存在（主義）哲學家多半能接納成他們藉以涉理個人身外世界種種問題（包括前述有關外在世界的起源和本質真象……這類的課題）的可靠入徑。

　　換句話說，如果他們不倚重這種最攸關他們自己的生命感受，最能反映他們的存在認知，也最能呈現他們當下的心境……的探知真理法，可想而知：他們豈會接受那種幾乎超出他們自己思想的權限或語言表述的範域的真象（真知、真理）表現法？

　　（試問：什麼是真理？）有人就這樣說道：「真理並非從外部引進個人裡，而是在他裡面的。」、「真理是內向性，並沒有客觀的真理；真理係繫於個人的取用。」、「真理僅存於生成的歷程中、取用的歷程裡；因此，沒有結果。」或說：「真理，是主體用它對無限（者）發出的激情，所遴選的一項客觀不確定性的冒險。」、「對存在的個人而言，並無客觀的真理；有的也僅是近似而已。」（祁克果語）

　　也有人如此提到：「真（理），就是主體的無蔽。」、「真（理），就是自由。」、「真，就是存有的真，存有的自我開顯。」（海德格主張）。甚至有人這樣表示：「真（理），是人類倚藉相互的溝通、交流，而逐漸被人所分享、所把握的。」（雅斯培主張）

　　從以上對幾則事例的提述中，我們當可得知：當代存在（主義）哲學家們對真理的看法，確實是有別於那些祇重視經由感官經驗、理性推理或抽象思辯……等方式，以求得所謂客

觀眞理的理論思想家或科學家們……的主張。

（二）眞知利於主體個人的力行

話說當代存在（主義）哲學思想家們，爲什麼會抱持這種獨特的，即極其攸關他個人主體心靈秘內的感受的眞理？這顯然和他們執持下述這種定見有十分密切的關係：眞理，當不是一些徒具有什麼普遍性、必然性、有效性、實證性或客觀性……諸特質或判準物的堆積，而是每個人在他平日生活中，誠然多可切實體驗到的那種眞理。例如：在中國哲學傳統裡，有強調眞知必利於力行的那種知行合一的德行之知，便屬於這種獨特的眞理類型。

再說，當代的存在（主義）哲學思想家之重視主體個人心靈秘內感受的這種類型的眞理，甚至把它當成優位性的眞理來看待，最主要的原因應是：相較於這種的主體眞理，即十分攸關你（妳）、我每一個人的生命、生活、行動與秘內感受……的眞理，那些被多數人喜於接納的客體眞理（客觀眞理），其實，在它的實質上，多可視爲全然無關於你、我每個人在平日生活中的感知、決斷與行動……。爲此，難怪就有話這樣的提示：

> 「當眞理問題被以一種客觀方式提出時，反省便客觀地導向眞理。……當眞理問題被主觀的提出時，反省就主觀地導向個人的關係這項性質。如果這個關係的模式是在眞理中；那麼，這個個人就是在眞理中了。
>
> 對於一種客觀的反省而言，眞理便成爲一種客觀對象、客觀事物；而思想，就必須從主體被引開指向它物。

　　對於一種主觀的反省而言，真理就成為一件取用、內向
性、主體性的東西；而思想，就愈來愈深入探討主體與他
的主體性。」

——《附筆·第二書》，祁克果著

又說道：

　　「唯有具教化性的真理，對你才是真理。這是一項有
關真理就是主體性實質上的屬性。」

——《附筆·第二書》，祁克果著

　　以上，我們試著援引當代存在（主義）哲學之父祁克果本
人的言論；想必，從他刻意區辨兩種不同的反省，以及它們分
別導生出不同的真理觀上，當可得知：那種攸關主體個人內在
的感受，以及主體個人可加以取用（按：包含力行）的主觀真
理或主體真理，它才是祁克果認為人們理應優位地握取的真
理。

　　至於其它的或什麼客觀真理，在他看來，可以說，其實根
本就不是客觀的真理。頂多，只能視它為一種「近似」、一種
的假冒。為什麼呢？關鍵就在於下述這句話：「對存在的個人
而言」。

　　我們揣摩祁克果的用意（想必，其他的存在哲學思想家，
如前述的海德格、雅斯培、沙特、馬塞爾……等人，也有此同
感），問題當是出在於這裡：如果沒有一個人活在人世間，沒
有他實際的關切、注意或探討，那宇宙中就算有絕對真理、必
然真理、普遍真理、永恆真理或客觀真理……的存在，那些真
理也不會被認知、被認定、被追尋與被宣揚。

　　何況，每個人存在的一生，總是不停地在生成中、在變化中。這一代的人是如此，下一代的人也不例外。為此，你（妳）想：在某一年代、某一時期、某一階段的人，執持一般人所認定或認同的客觀真理；後者，在另一個年代、另一個時期或另一個階段，豈能擔保不會被另一些人或更多數的人所棄置？

　　更何況，作為有限存在的你、我每個人，多有理性上或理智上認知的盲點存在。為此，更不用說，人能提出或恆久不變地執著那永不可更動的客觀的真理？普遍的真理？總之，我們認為：當代存在（主義）哲學家之重視，乃至強調「主體真理」的優位存在，並不是沒有他們的理據。說不定，還值得時人平心靜氣來思忖與玩味呢！

三、凸顯個人自由的抉擇力

（一）自由是相對的絕對自由

　　記得先前在《生命思想vs.生命意義》一書中，我們已闡述每一個存在的人，都擁有他與生俱來的天賦、才能與自由。特別是在自由這方面，我們也從若干角度明指：人的自由，其實並不是什麼絕對的自由、無限的自由，而是經常受到主、客觀條件的限制的一種自由。因此，我們說：人的自由，根本上就是一種相對的絕對自由或有限的無限自由。

　　為什麼要說相對的、有限的？是因為：在人世間的每一個人，他所擁有的一切，可不是他自身所給予和提供的，而是外加給他的。這外加者，有人稱祂：是道、是天、是上帝、是老天爺、是天主、是梵、是真主、是耶威（耶和華），或是耶穌……。這一切的一切，儘管名稱各自不同，但是，它卻能反映

出不同的民族、不同的文化、不同的宗教，或不同的人士之對他們所認知暨信奉的「神」（或「終極實在」）的獨特想像。

再者，論說你、我每個人的自由是相對又有限，它最主要的原因，則應當是：「我們都會死，都有生命的極限。」人會死，人有生命的極限，顯然即在告訴你、通知我：有朝一日，我們全都要告別這個曾經引起你和帶給我喜、怒、哀、樂、恩、怨、情、仇……的人間世。

在必要離開人世這件事上，我們每個人都不應不知：你、我倚藉與生俱來的天賦、才華和自由，尤其這個自由，即能提供我們每個人各種想像、思考、設計、行動和表現的空間的自由，當它碰到使人在現世受到限制的死亡，卻要給剝奪走它本身，並完全否定它所帶給每個世人的一切。

就因為死亡對每個人來講，是具有如此巨大的破壞力和殺傷力，作為一個在此世暫時生活、暫時存在的人，則有必要瞭解：當你有自由、有能力規劃自己的未來，考慮自己能夠獲得怎樣的好處上……，你就不應、也不該太過於心中大意和自我放縱。

西洋當代的存在（主義）哲學家之力闡他們的存在思想的價值與重要，看來就已在明示：他們早已注意到這種人的生存的現實，以及人所擁有的自由的現況。

（二）人有意識、抉擇的自由

既然人的會死、人有生命的極限，會加給每個「自由」的人如此巨大的壓力和威脅，因此，人在會死這個陰影下難道就沒有另外的作為？不！存在（主義）哲學發現到：儘管任何人的生命都受到死亡的限制，但是，人的內在意識，以及由人的

意識的意向而引生出的種種思想，卻有它活潑、有力的揮灑空間。

　　換句話說，它強調：人的意識，是有它自身相當自由的伸展空間。簡單的說，它即認定：人是擁有意識的絕對自由。就此，我們試想從兩個類型的人的生命態度來作理解：第一、有神論者的自由觀；第二、無神論者的自由觀。

1.有神論者的自由觀

　　我們認為，有神論者的自由觀，應是認定：「凡事都可行，但不都有益處；凡事都可行，但不都造就人。」（按：參《聖經》‧〈哥林多前書〉十：23）為什麼是這樣認定？那是因為：有神信仰的人的行事準則，總會處處考慮到別人的感受與利益（權益）；同時，也顧及到在他身外那位高居在上之神的銳眼的鑑察。因此，他雖然覺察到自己有充分的意識與行事的自由；但是，卻能隨時節制、自約，而不敢恣意的放縱，免得損傷了別人，又戕害了自己。

　　為此，如從自由的觀點來說，是：他本來能夠自由的作這或自由的作那、自由的意識這或自由的意識那、自由的思想這或自由的思想那……；不過，就為了追求自己在神面前靈性的完美、德行的無瑕，他便會憑信（信心faith）節制自己自由的心思、自由的欲望和自由的行動。簡要的說，他總要求自己內在的心思、意念，或知、情、意……等外在的行動，能夠合乎一個虔信者或聖徒應有的體統。

　　這是我們從現實社會人生百態中，已能察覺到的生活實況。而若論到當代西洋的存在（主義）哲學家，我們又能看出什麼呢？從他們的文獻中，我們能看到有人應是奉持這種有神

論者的自由觀的。

譬如：前述法國的馬塞爾，這位不拒別人稱他為基督（宗）教存在主義者的哲學思想家：他一者，曾撰文論述「人的尊嚴」；二者，提到人應有破除佔有（他人之物）的自覺（不然，人就會陷入被自己的佔有慾所佔有的愚昧情境中）；三者，則強調人應忠於自己（對別人……）的約定，並且應該力求與「無限的存有」，即作為每個人（按：受造者）的神建立一種妥善的關係……等。

想想：馬塞爾的這種人與我、我與我，以及我與神的連串觀點，不就已預設著——人在自由中、正在自由的意識裡，可要懂得自知和懷有自制的智慧。也就是：「凡事都可行，但不都有益；凡事都可行，但不都造就人。」不然，一個隨處恣意行事的人，他的所作所為並不顧慮他人（如：恣意去毀信、毀約），反而一意孤行（如：好逞自己貪婪、佔有的慾望）；你（妳）想：他會帶給別人好處、利益與自由嗎？很顯然，它的答案：是否定的，是無助益於別人與自己的。

再者，且來看看我們經常提到的丹麥這位存在（主義）哲學之父——祁克果，他又有怎樣的態度？

他曾明示：人要成為自己，即自由的、自發的成為自己；這時，不可缺乏的就是：人先要對（人的）可能性與必然性有所認知。因為（他又如此說道）：

> 「一個自我，如果不具有可能性，便陷入絕望；同樣的，如果不具有必然性，也一樣會陷入絕望。」
>
> ——《死病・部I》，祁克果著

這到底是什麼意思呢？對此，他曾由先前我們所提過的「有限」與「無限」的張力關係，展述可能性與必然性對一個要自由地成為自己的每個人的重要性：

> 「在有限與無限的關係裡，有限是具有約束性的因素（按：如死亡……）；而在可能性和必然性的關係裡，作為約束性因素的則是必然性。」
>
> ——《死病・部Ⅰ》，祁克果著

此外，祁克果還論述：除非有人拒信，而只想一味做成以自我為中心的自己，他的結果就是——：或成為自己，或不成為自己，終究即會帶給他徹底的「絕望」。不過，一旦有人肯運用自由，「願意去相信」，他就可能擁有人生至高、至美的永恆真理，以及還贏得神的青睞。

你（妳）想，祁克果本人的析論，以及他自己親自的「實踐」，豈未告示我們：是「凡事都可行，但不都有益」，而不是「凡事都可行，全都是有益」；以及是「凡事都可行，但不都造就人」，而不是「凡事都可行，但都是造就人」，才是人對自由（的行使）亟應建立的一種真確的認識？

接著，我個要來談談另一種類型的人的自由觀：

2.無神論者的自由觀

說到無神論者的自由觀，顯然是視「凡事都可行，全都是有益」，以及「凡事都可行，但都是造就人」為他們奉行自由人生的最高圭臬。為什麼要這樣說？它主要的原因應當是：就一般而言，無神論者的行事風格，每多以個人自我的心思、行止為裁奪一切事理的依據。

頂多，我們可以這樣說：或者他會以世上某些崇高的人性
價值、道德標準；甚至，某位他心儀已久的權威人物……等，
作爲他衡酌行事做人的參考指標。

祇是，他卻無法認同有位至高的人類主宰，刻正高居在
上，並在那兒鑑視、觀看人間世的一切，並主導著人類一切的
作息。

你可想想：這種祇關切人類自身、注重人類俗世福祉的
人，當他充分享受自己意識的自由、思想的自由、言論的自
由，乃至一切的行動都是自由，並且自認爲因此可以帶來他的
與別人的益處時，他豈會料想到，眞有那麼一天、那個時刻，
他的人生理想或宏願會有不可能實現的情況？

想必，抱持自以爲是的樂觀、滿有自我認知的自信，甚至
自視自己純然有能力處置在任何時刻所發生任何情事的決心，
當可視爲這種無神論者在信念上的一種執著。不過，實情豈是
這麼樣的順遂？答案：恐怕也未必！

在這裡，我們可以來參酌當代法國的無神論者兼反神論者
沙特之對自由所抱持的另一種看法。

先前我們已指出：沙特視人的自由，是一種已「判定」給
他的那種自由。你（妳）想：對沙特來講，人若不要這種自
由、不接受這種自由，那也不行。因爲，人並無法迴避「外加
給」他的那種自由。就因爲沙特看重這種判定給人的自由，他
自會把人生最高的價值，奉獻在這個自由面前，並且視它爲塑
造自我本質、改變世界現狀的另一位「神祇」。

爲此，無怪乎，有話這樣提到：在沙特看來，什麼是人的
存在目的？那便是：

「要在（自我）無限的辯證中，以完成『在己存有』
的終極目標。至於人能否達到此一目標，它主要的動力，
則端賴於自己的自由設計。原因是，自由設計，是基始
的；因為，它是我的存有。」

——《存有與空無》，沙特著

其實，對沙特來講，一個自由人〔按：指作為無神論者的
自由人〕的人生目的，它僅僅祇是在作自由的設計，而沒有其
它更高的目標嗎？其實不是的。他的人生最高、又最大的目標
就是：（人）要以他純意識的力量，去成為「上帝」。（項退
結著：《現代存在思想研究》；台北，現代學苑，民59年，頁
168。）

從以上的析述看來，如沙特這種無神論者的自由觀，可以
說，不祇已極力高估人的自由的無上權力，而且更把一個人存
在的企圖與野心完全暴露無遺：他在自己自由的意識中，並不
想使自己好好成為一個真正（知命、認命、順命）的人，反而
異想天開地想使自己成為好似那位能臨駕一切、威赫四方的
「上帝」。

總括以上所論，不論有神論者是如何謹慎自己對自由的認
知與行使，或無神論者怎樣高估自己對自由的認定與操作，他
們都同時闡示著：人確實是一擁有意識自由，或自由意識與抉
擇力的人；這在在已反映出當代西洋的存在（主義）哲學家之
對個人自由的重視。為此，我們便有充分的理由可以來說明：
凸顯個人意識的自由，以及其自由的抉擇力，當是當代存在
（主義）哲學所擁有的重要的思想內涵。

肆、存在（主義）哲學與生命教育的關聯

論到當代西洋存在（主義）哲學思想之與生命教育的關聯，我們認爲，以下這兩項至少可以稱得上是兩方均有的交集或關聯：

第一、肯認生命的兩極化。
第二、掘現存在的原動力。

一、肯認生命的兩極化

（一）對現實生命情態的認知

1.生命的兩極化

何謂「生命的兩極化」？那是指：從壞的與好的來看，或者說是從消極面與積極面來審視你（妳）、我每個人的現實生命或存在生命的情態。

再問：「什麼是壞的或消極面的生命」？或者說應該這樣問會比較恰當：「什麼是生命的『壞的』一面或消極面向」？就此，我們就要說：舉凡會損傷人的生命或生存意志的憂傷、冷漠、痛苦、煩惱、謊言、自誇、悒悶、疾病、挫折、凶暴、自卑、失敗、悲觀、失望、忌恨、頹廢、刻薄、惡行、鬱卒、謗瀆、絕望、貪婪、哀愁、恐懼、狂傲、焦慮、垂死與災禍……等，應可視爲生命的消極面向，或壞的一面。

至於好的或積極面的生命，又是什麼呢？或問：生命的「好的」一面或積極面向是什麼？對於這個提問，我們很想要說：凡是能激發一個人的生命活力或生存意志的激情、愛情、戀情、熱情、信心、希望、樂觀、快樂、痊癒、喜悅、歡愉、成功、榮譽、進取、積極、上進、開朗、期待、和平、忠信、仁愛、良善、謙沖、明智、情誼、婚姻、憐憫、友誼、寬容、自尊、成就與幸運……等，皆可視爲生命的積極面向，或好的一面。

　　從以上有關生命這兩面向的涉說和討論，我們發現，它們誠然多曾出現在不少當代存在（主義）哲學家的文思與著作中。同時，在現今生命教育的理論暨實務面上，也多能看到它們高頻率、高機率的出現。

　　何以如此？因爲，它們兩者都擁有共同關切的主題：嘗試理解主體（每一個人）的生命意義；高度重視主體個人的存在價值；以及可望提供主體一種有意義的生活方向（或：生活方式）。

2.生命兩面向的理論與實踐

　　現在，我們姑且不談生命教育學家是如何絞盡腦汁，或盡其可能試圖從可蒐取的教育資源——如：醫學、生理學、心理學（心理諮商）、社會學、教育學、倫理學、人文學、哲學神學或宗教機構……等領域——來豐碩他們的教學內涵；並進而以熟練他們推廣生命教育的技巧來造福一般社會大眾。從當代西洋的存在（主義）哲學思想家個人的努力與奮鬥中，我們確能看出：他們應不會僅使自己滿足於能作爲一個關切人類生命，或解說人類生命意義的理論思想家，而多是想在實際生活

層面上能有所作爲；也就是可望能實質地提供時人一個饒富生命意義與價值的生活觀點、生活方向或生活方式。

不然，你可看看存在（主義）哲學之父祁克果，他是如何從涉談一個人的存在到「要求」一個人去實際的生活？他先是說道：「倫理，是構成一切個人的存在的實質停泊地。」（按：理論面的陳述）接而，便以帶有祈使性、要求性的口吻，要時人能作自我選擇，並去抗衡世界諸歷史事物──包括各種令人心動的美好事物，或情色的東西……等──之對你、我的引誘（按：實踐面的導引）。

再來，你可察看雅斯培又有什麼樣的動作？他先是分析出人有四種邊界情境──苦難、爭鬥、懲罪、死亡──必須去面對（按：有如我們在先前所提述的生命的消極面向），而後提到人類自我的挫敗；最後，則是怎麼了？他要你、我能絕處逢生。亦即：人要能從個人生命的低潮中，自己逆向迎往生命的高潮。

在這個過程中，一者，期待你、我能時時去感知「存有自身」（按：包圍者、神……）的臨在；二者，則籲求你、我要能走出故步自封的小我的天地，去迎向他人，去和另一個自我有所溝通、有所交往。因爲，在他看來，唯有這樣人始能活出生存的意志，也才能因此而成爲一個眞正的自己。

總括的說，對人類現實生命兩極化的認知，也就是對你、我那兼含積極與消極面向的生命情態有所覺察，當可視爲當代的存在（主義）哲學與現今的生命教育這兩方一個交集的所在。

（二）對理想生活方式的尋求

　　什麼是理想生活方式的尋求？那就是：基於對人類現實生命情態的覺察，而試著提出一種能適合人們築建自己未來的生活世界的生命觀、價值觀、宇宙觀或人生觀……等。

　　這也就是我們在先前已約略提示的：當代的存在（主義）哲學家和生命教育學家，幾乎都有他們基於各自的淑世心願，試圖在導引世人如何面對自己的生活困境上，能有一突破性的作為。這個突破性的作為，便是：可望能實質提供人們一個饒富生命意義與價值的生活觀點、生活方向或生活方式。

　　你想：實情難道不是這樣子？試舉一個事例來做一說明與佐證：

　　德國存在暨存有論哲學大師海德格，是當代西洋存在（主義）哲學圈中一位舉足輕重的人物。

　　海德格的存在哲學思想為什麼會如此引起時人的注意？或者可以改問成：為什麼海德格的哲學主張，會被學界人士格外的重視？這問題的關鍵是在哪裡呢？或許，對於這樣的提問，不同人士會有不同的解答。不過，就我們所知，它最主要的一個關鍵是：它把時間（暫時性temporality）這個因素，加入到一個人對他人生意義的追尋及對他個人存在價值的肯定上。

　　當然，如果你（妳）還想質問：這又怎麼了？對此，我們即想回答：這可非常的重要，因為，它可關乎到一個人對他自己生命的實質暨存在的真象的瞭解。更不用說，一個人要如何去規劃他自己的人生，或如何去確立他自己的人生觀、價值觀、宇宙觀，乃至如何持定他自己的生活方向、選擇他自己的生活方式……等。

　　爲什麼時間對海德格的存在思考來講，是這麼樣的重要、又不可或缺？顯然，如果要想探討這個問題的究竟，我們對於海德格哲學的主要思想、歷史淵源，以及他的研討動機……等，可不能不加仔細詳查。

　　不過，在此我們祇想指出一點，就是：前述丹麥的宗教存在思想家祁克果的時間暨死亡觀，對他可有著深刻的影響。尤其是，祁克果曾論到人的「致死的疾病」（sickness unto death），並且論及罪之帶給世人的絕望；而這個絕望，就是促使人類的生命何以會成爲有限生命的唯一關鍵。然而，在海德格對存在的認知與理解上，也曾有這樣的一種類似的論調：人類的「在世存有」，便是一種「向死的存有」（being-unto-death，朝向死亡的存在；海德格語）。

　　想想：海德格雖然無意同祁克果一樣，逕以宗教心理學或神學的詮析立場，去解讀爲何人先有生命的存在，而後卻有死亡臨到的究竟；但是，他本人畢竟有自己獨特的觀點。這個觀點，就是：要是人能夠面對自己生命的終點，並且把自己（隨時）可能會死的意念或想法，納入到他個人對下一時、下一刻或長遠未來的縝密計畫中；那麼，他便能找到理解自己生命的實質暨存在的眞象的重要入徑。

　　當然，能循著這一條密切攸關自己未來生命走向的思路，在海德格看來，它便是一個人自己之能順利地建立他穩健的人生觀、價值觀、宇宙觀，乃至一個有意義的生活方式……等的不二法門。

　　不過，在此有一個插曲，就是：據傳海德格因爲經常一開口就談空無，閉口便論思死亡；此外，還把人類的整個生命，

詮解成被死亡所稍來的「空無」完全滲透的生命,爲此而讓酷評人士譏諷爲西洋當代的虛無主義的力倡者。

其實,就我們所知,海德格的用意,當不是消極地倡導死亡意識、死亡情結來打擊人們的生存意志;反而是,有意藉重一般人所不願、不屑,甚至不敢正面去碰觸的死亡課題或死亡現象,以凸顯人類生存本身應懷有的信念與責任:其所企望的,只是每個人都能深入瞭解(自己)生命的消極面向,以及清楚這些消極面向之對自身所可能造負面的影響。而在這同時,人也有必要在深入理解生命的實質過程中,用自我負責的心態,尋求自己能有一康健的身、心狀況,並給自己未來一個迎向新生、擁有眞實生命的可能方向。

這裡所談的眞實生命,並不是宗教中所談的永遠的生命〔即:永生〕,而是人把自己可能會有的死亡,納入他當下的存在思考、存在的設計和在存在的生活中所漸次證得的一種眞切的生命。

總之,我們認爲,在肯認生命本有兩極化的情況中,積極以面對問題、解決問題的心態而尋求最有利一個人的理想的生活方式,或建立什麼人生觀、價值觀、宇宙觀……等,當可視爲是當代存在(主義)哲學與現今生命教育之有它們內在共同關聯的所在。

二、掘現存在的原動力

論到存在(主義)哲學家與生命教育家都有意傾其所能,以爲時人提供能克服個人生命(生存)困境的方式,甚而指出一條能通往未來有意義的生活方向的道路,我們接著要說:試

圖掘現那種在實質上能助益於個人克服自己的生命（生存）的困境，甚至助益、鼓舞他能通往自己未來有意義的生活方向的原動力，也當是存在（主義）哲學家與生命教育家們共同關切的一個核心課題。

畢竟，對這個問題的探討和發現，我們認爲，下述這兩個面向，最像是他們這些思想家或專家所可能考慮到的來源：

第一、對自己秘內心靈的探索。

第二、跟自己身外世界的交往。

（一）從個人對秘內心靈的探索談起

什麼是秘內心靈？如以較具學術意味的用語來說，秘內心靈可意指：一個人內在眞正的自我、靈、靈魂、精神、本我、主體性、本心，或知、情、意活動背後的主體（含：認知主體、倫理主體、情感主體、意志主體、宗教主體……等）。

以通俗而較能令人明白的意思來談，秘內的心靈可意指：自己，即你（妳）的、我的自己的那個自己。它也如同一般常人所說的：「凡事要靠你自己」中的這個「自己」。

如何發現自己生存的動力或存在的原動力？這個問題，可以說它能當成心理學、倫理學，乃至人生哲學……等所熱切關注的一個炙手問題。因爲，在今天這個社會，跟在各個階層的人們的生活世界裡，我們多能看到：生活，不僅成了多數人不可承受的生命的負擔；就算是生存，也成了那些失意、喪志者，必須維續他個人的生命、經營他自己的人生的一個原罪。

生命教育學家針對人類社會千奇百怪的現象之可能影響一個人的生存動機與生存意願，早就密切留意上述這類問題的存

在。當然,在西洋第一、二次世界大戰期間所崛起的存在(主義)哲學運動,更是集中火力地聚焦在這一重大問題上。

什麼是發現自己生存的動力?又,什麼是從自己秘內的心靈找出能支持自我生存或存在的原動力?關於這類問題的探討,如果大家還不健忘,仍然記得先前我們在論及生命哲學的課題時所提到的「生命衝力」(法國的柏格森語)這個概念或語彙時;那麼,我們就可以這樣說:一個人的存在於世,那能支撐他往前生活,甚至在他碰到困難或遇到人生的逆境時,依然能夠推動他繼續生存下去的力量來源,則應可說是他那股與生俱來的「生命衝力」。

此外,如果有人不喜歡使用這個語彙或概念,沒關係,我們仍可使用像:求生意志、生存意志(尼采語)或求生欲望,甚至是對「永生」(《聖經·舊約》,所羅門王語)的渴盼……等。

祇是,看來不論我們換成哪一個或哪一種用語,以稱述這種能夠推動一個人去生存的力量,它總不缺「生」這個主要因素、主要動機。因為,不管是求生、生存或永生……,它都必須以一個人當下所擁有自己的生命,他是一個活生生的人;也就是他已經是一個在世上存在的生命個體,作為它涉思、探討、論述,乃至追尋……的根始基礎。

就因為一個活生生的人生來即帶有人的思想、理性所難以完全測透的傳奇,我們逐把人類生存的(原)動力,瞄向那能產出它的秘內的心靈世界或他真實的自我世界,顯然並不違背一般人所謂的經驗法則。

在這方面,我們可以看到西洋的存在(主義)哲學之父祁

克果，是如何據此來評述希臘人與基督教徒的（生活）原則？那就是（務要）瞭解自己，即瞭解已存在中的自己。有如他的稱述：

> 「瞭解存在中的自己，是希臘人的原則。……瞭解存在中的自己，也是基督教徒的原則。
>
> 　除卻這個「自己」已接受更豐碩與更深邃的特定限制，一旦它和存在相結合，就愈是難以瞭解。」
>
> ——《附筆·第二書》

的確，對祁克果來講，探索個人心中的秘密，或理解個人秘內心靈的究竟，應可視為：是一種能找出有什麼力量之能使一個人究竟是因何、又為何而生存下去的重要媒介或入徑。

祁克果對時人這樣的點醒，又逡視個人的存在本身，原就是一種正存在的實現（行動）、是一種的追尋（按：攸關自己的永福）；就此，從他本人的觀點來看，想必我們就能如此表示：接納每個人的存在本身，原是在求取個人永福（永遠幸福）的履現。這種（內心）不斷追尋的一股動能，當然就能稱作是：推動一個人在世上繼續生活和生存下去的重要理由之一。

接著，我們就想來談談另一種可能的理由；也許可算是一種相當不可缺少的理由，那便是：要跟自己身外的世界打交道或交往。請參以下的析述。

（二）從個人跟身外世界的交往談起

1.身外世界的界定

什麼是身外世界？從廣義上來講，那是指：在主體個人身外一切的人、事、物與神……等的總合世界。如自學理的觀點

來談，這個身外世界，當然包括有：形下的自然世界與人為世界，以及形上的超自然世界（道、存有的世界），或超越世界（神的世界）。

不過，從狹義上來講，身外世界也就單單是指：由無數的他（她）人，或無數其它的自我所組成的人類世界。

而此間，我們所要涉談的身外世界的範圍，則是想將它設定在：由無數的他人（自我），以及超自然的（真）神所組成的身外世界。

又，什麼是個人跟身外世界的交往？這個問題，由而便可改寫成：什麼是作為一個有生命的存在者或個人，跟他身外的別人、其它的自我，或所謂超越世界的神（按：如從基督宗教的觀點來看，這位神當是一位既在存在中、又在存在之外的宇宙真神）有所溝通和有所交往？

2.生命在追尋某物

在這裡，我們為什麼要來談這個問題呢？其實，主要的理由是：它是繼前述我們注意到一個人秘內心靈的存在，並且認定——如果能探索個人內心世界的底蘊，那麼，我們應該就能找出一個人究竟是為何，且因何而有繼續他的生存的意志與動力。

早先，我們試著提出的一個發現是：個人內在的生命衝力；接著，又提出它的類似稱謂，即：求生意志、生存意志、求生欲望或對永生的渴盼……等。

這一切的一切說法，顯然已凸顯一個不爭的事實：生，即人的生（按：你能說它是生命、生存或生活……皆可），應該就在作正存在的實現（行動）：就是在作一種追尋……。

　　特別是後者，也就是用「生是追尋」、「存在是追尋」或「生命是追尋」來界定，或者詮釋人的出生、誕生、有生命、在生存、在生活……。它的蘊義，無非就是要表明：人的存在於世，是沒有退讓的餘地的。人的生命的存在或他存在的生命，就是要往前不斷去探索、不停去追尋那最攸關他自己個人的永恆福祉。

　　如果有人捨此不圖，自此轉離，那便是從生（生存、存在）的一種終極的退卻、一項徹底的挫敗。在這方面，我們可以看到人世間各種宗教門派的林立；它們的號召與根始立場，幾乎無它，便多是在支持我們對人的生命或人的存在的目的所抱持的一種假定暨見解。

3.人是在世存有者

　　說來，幾乎和「生是追尋」、「存在是追尋」，或「生命是追尋」這種內在義的掘現人類生存的原動力相類似，把一個人之跟他身外世界中的別人或超越界的真神的溝通和交往，當成也是一種能支撐他繼續在世上生存的原動力，這兩面的論點，卻是不相衝突；甚至，是有它們相關聯的所在。

　　為什麼能這樣說？想必，這應該由一個最基本的問題，也就是「人是什麼？」或「一個人的存在是什麼意思？」這方面來談起。

　　其實，對「人是什麼？」此一問題的探討，在先前（《生命思想vs.生命意義》）我們就已對它的內涵與真諦，做了相當詳細的論述；不過，在此卻想提醒的說：人，一個人或者說任何一個人，他不僅是一個社會群居的人，更是一個在世存在的人、一個在世存有者（海德格語）。

就此，大家應可想一想：你（妳）、我既然都是一個在世存在的人，一個在世存有者；那麼，你、我和其他人，自都是無法自外於周遭的人群世界，更無法脫離你、我所寓居的這個存在世界。這是一個活生生的事實，也是一個亙世不變的鐵則。

4.人與外界的交注

再想：關於「人」的存在情形既是這樣，那麼，人平日的生活、動作和存留……等，自應都在這人群世界、這存在世界中發生著。這時，難道你會這麼的奇想：至於有關一個人的生命意義或存在價值，並不從這個世界追尋起，而是從一個不同於此世、這存在世界的另一個可能的彼岸世界？情況會是這樣嗎？當然不是，也當然不會。

為此，有存在（主義）哲學家就像雅斯培這等哲人，便如此指出：一個人是不可能單靠自己來完成自己的人性的；唯有他和另一自我有所溝通和交往時，他才可能「成為」真實的自我。這也就是指，當他與別人一起時，由於可藉此出示自己內心的觀感；即提出他對某一事物的覺察與感想，或會表明他對某位人士（包括：對方）的印象與感受……等，因而可「顯露」出他獨特的自我。（Ｗ·考夫曼著：《從杜思妥也夫斯基到沙特的存在主義》；文句改寫自項退結著：前揭書，頁66。）

──這時，你想：這個與別人有所溝通、有所交往的人，他的自我不是就呈現了嗎？不是也能被對方或另一個人藉此，即瞭解他個人自我的想法，而理解了他這個人嗎？

再者，我們且來看看另一位存在（主義）哲學界的重要人物──馬塞爾，是如何涉談個人與他身外世界的交往？

　　就我們的瞭解，馬塞爾之所以會談論存在，尤其個人的存在，並由此涉論個人與他人，以及個人與「存有」世界的交往，這則牽涉到他對「人」的內心情況——不安（按：為前述丹麥的祁克果喜談的一個心理學概念；據載，祁克果就曾經是馬塞爾所喜愛的哲學家之一）——，有他獨特的詮解：一種，是指人的心靈，因為犯罪或病態而肇生的混亂、不安感；另一種，則是基於人的天性所導生的不安。特別是後者，則是馬塞爾所格外重視的。他有如此的指述：人的天性之所以導使一個人心生不安感，這是由於他原本就是一個千里過客、一個暫居在這作為旅途的人間世者；有朝一日，他還是要返回到自己的家鄉去的。

　　這條由旅途到歸回家鄉的路程，馬塞爾則把它描寫成：「一個負的存有朝向一種正的存有的渴望。」（一作：較低存有向更高存有發展的願望；參項退結著，前揭書：頁195。）

　　祇是，不論逕作怎樣的描述，馬塞爾的「人」觀，由此便可教人揣知：一個人人生在世，因他天性的緣故，自當難以自甘孤寂地過他一生，而是會向他周遭的世界、向實在的存有世界開放自己。這個開放過程，便是：我得透過自己（也作：我的肉身、肉體、軀體）而和其他人、其它事物來作溝通。從而，以享有其他人、其它事物，甚至「存有」的豐實。

　　這裡的「存有」，是指謂什麼呢？馬塞爾曾稱它為：在萬有中，那與「變化」有所對立的「存有」；是人祇能以「難以測度的奧秘」來形容的東西。

　　譬如，以一個人來講，人的存在便是一直在生成變化中（按：有如前述的祁克果，便如此主張）；不過，如從時間的

角度來看，人又有他的過去，這又怎麼說呢？對此，馬塞爾便表示：我的過去是隸屬於我自己，即屬於正活在現在中的我自己。我與我的過去，兩者並不相離；我的過去與我，這二者是密不可分的。又說：那能連結過去的我與現在的我的，就是「存有」。

而論到個人與他身外的事物，以及跟別人的關係時，馬塞爾又有表示：祇要一個人愈能走出以自我為中心的牢獄，而去享有其它事物和其他人的人生經驗，他就愈能享有「存有」的豐實。此外，他還明指：人的幸福、愛與啓發，更切需「存有」的充實；否則，就將會空虛一輩子。（項退結：前揭書，頁196。）

在此，我們可要記得：馬塞爾涉談「存有」，雖然把它說得十分玄奇，又很神秘；但是，他並不否認有（真）神——作為「最高存有」或「無限存有」——的存在。

這位神，是人僅能由跨越知識的希望和絕對的信仰來證得。——對於這樣的論調，在基督宗教的《聖經·新約》·〈希伯來書〉中，顯然是可以得到有力佐證的。而前述的祁克果，則更有他詳盡的闡明。祇是，在此我們企想指述的是：從馬塞爾的觀點看來，那表徵人類真生命、真希望之所繫的「最高存有」——神——祂則無不是人類生存發展的渴望（願望）。

為什麼這樣說呢？主因是：一個有限生命與存在的人，當他在生存發展中時，卻勢必面臨自己的死亡這將臨到的「事實」。這時，對一個不信神的人來講，他也許不把死亡當成一回事；或認為死亡只不過是生、死循環中的某一端；或者雖心

生畏懼，但卻自承莫可奈何而乖乖認命就範……。可是，如對一個虔誠信神的人來說，有如馬塞爾的自白：「死亡，（卻）是絕對希望的跳板。」（參《是與有》）

這個意思，當是意指：死亡，並不是人類在今世生存發展的結束，也不是人在世間一切人性努力的絕望的表徵，而是讓人能夠睹見眞實生命（永生）和眞實幸福（永福）的眺望臺；死亡更是絕對希望、絕對信仰之能引領人類邁進永恆殿堂的主要門檻。

綜括以上所述，亦即由雅斯培與馬塞爾這兩位哲人的言論中，我們應可得到這樣的一種明確的信念：個人和他身外世界的人、事、物……等的溝通，當可視爲他豐實自己的自我、開展他生命的網絡視野，以及和存有世界，乃至超越界的眞神（最高的存有、無限的存有……）建立妥切關係的必須步調。你（妳）想：爲此，我們難道不能說它是掘現了一個人生活在世，並繼續他的生存的原動力？

這裡的「生存」，如能作更嚴謹、又精確的界定，難道不能將它詮解成──：就是從現在一直走向遙遠的未來；是從暫世間到永恆世界；是從肉身世界到屬靈的世界；是從有限的今世到無限的來世；更且是從有死（朽滅）的生命到不死（永存）的生命之一種永恆的朝向暨挺進……？

問題vs.回應

1.西洋當代存在（主義）哲學所關注的存在是什麼樣的
　存在？

2.請談談法國的沙特對德國的海德格哲學的歸類；兼論
　這兩位哲人對「存在主義」與「存在哲學」在名辭上
　究竟有何不同的見解？

3.德國的哲學家雅斯培如何看待「存在主義」這一語辭
　的使用？

4.為何丹麥的祁克果會被西洋學界人士視為存在（主義）
　哲學思想的創導型人物？願聞其詳。

5.可否談談西洋當代的存在（主義）哲學運動，在歷史
　上所可能找到的哲學思想的淵源〔按：提出有關的哲
　人即可〕？

6.請談希臘古哲蘇格拉底對後世存在（主義）哲學之所
　以產生的可能的啓蒙。

7.請談談柏拉圖對後世存在哲學之所以產生的可能的啓
　蒙。

8.請談談亞里斯多德對後世存在哲學之所以產生的可能
　的啓蒙。

9.請談談中世紀的哲人奧古斯丁對後世存在哲學之所以
　產生的可能的啓蒙。

10.請談談伯納對後世存在哲學之所以產生的可能的啓蒙。

11.請談談近代的哲人巴斯噶對後世存在哲學之所以產生的可能的啓蒙。

12.請談談萊辛對後世存在哲學之所以產生的可能的啓蒙。

13.請談談哈曼對後世存在哲學之所以產生的可能的啓蒙。

14.請談談雅各比對後世存在哲學之所以產生的可能的啓蒙。

15.請談談康德對後世存在哲學之所以產生的可能的啓蒙。

16.請談談斐希特對後世存在哲學之所以產生的可能的啓蒙。

17.請談談謝林對後世存在哲學之所以產生的可能的啓蒙。

18.請談談史萊馬赫對後世存在哲學之所以產生的可能的啓蒙。

19.請談談黑格爾對後世存在哲學之所以產生的可能的啓蒙。

20.可否談談西洋當代的存在（主義）哲學運動，在歷史上所可能找到的宗教思想的淵源（按：提出有關的人物即可）？

21.請談談希臘古哲蘇格拉底的自然神觀，以及他對後

世存在哲學之所以產生的可能的影響？

22.請談談古希伯萊人的祖先亞伯拉罕個人的信仰暨其
　對神的體認；兼論他對後世存在哲學之所以產生的
　重要的影響。

23.請談談約伯的苦難與信心，以及他對後世存在哲學
　之所以產生的影響。

24.請談談基督（宗）教的創始者耶穌的主要教化，以
　及祂對後世存在哲學之所以產生的重要的影響。

25.請談談第一世紀保羅的個人（信仰）觀，以及他對
　後世存在哲學之所以產生的啓蒙。

26.就你（妳）所知，請談談當代丹麥的宗教思想家祁
　克果他在人文與社會科學思想界，以及宗教神學界
　所擁有的歷史地位暨榮美的學術名銜。

27.祁克果如何詮解暨闡釋存在？請分別從他曾提出的
　主體性、綜合體、動態、追尋、靈、畛域的區分、
　激情，以及追尋永福……等觀點，簡要論述之。

28.祁克果對人的生命提出了哪些的見解？請分別從他
　曾提出的瞭解（理解）、希望、人的述說、冒險、基
　督（宗）教的訓義、攀附某物的激情，以及對記取
　與遺忘能力的描述……等觀點，做一簡要的說明。

29.請談談當代德國的哲學家雅斯培他個人的學術出身
　和思想的淵源。

30.雅斯培如何詮解暨闡釋存在？請分別從他曾提出的
　理性、成爲自己、主體存在、包圍者（存有自身）、

謎語（暗號）和哲學信仰……等觀點，做一簡要的說明。

31.雅斯培對人的生命提出了哪些的見解？請分別從他曾提出的自我認識、邊界情境、空無、神，以及欠缺哲學的信仰……等觀點，做一簡要的說明。

32.請談談當代德國的哲學家海德格他個人的學術地位和主要思想的淵源。

33.海德格如何詮解暨闡釋人的存在？請分別從他曾提出的此有、向死存有、存有論的分析、未來時間、存在模式、存在的變更，以及預期死亡……等觀點，做一簡要的說明。

34.海德格對人的生命提出了哪些見解？請分別從他曾提出的存有意義、能力表現，以及世界要素……等觀點，做一簡要的說明。

35.請談談當代法國的哲學家馬塞爾他個人的學術地位與主要思想的淵源。

36.馬塞爾如何詮解暨闡釋人的存在？請分別從他曾提出的時間、存有、肉身（我、主體）、交往、超越、希望，以及絕對的祢……等觀點，做一簡要的說明。

37.馬塞爾對人的生命提出了哪些見解？請分別從他曾提出的存有的臨在、生命奧秘與生命問題的區分、主體、交往、忠信、神（絕對的祢）、死亡、客旅與永生……等觀點，做一簡要的說明。

38.請談談當代法國的哲學家沙特他個人的學術名銜和主要存在思想的淵源。特別是後者，請分別就德國的胡塞爾、海德格、黑格爾、尼采、猶裔德哲馬克思、奧地利的佛洛伊德，以及丹麥的祁克果……等哲人對他的重要啓迪，做一簡要的說明。

39.沙特如何詮解暨闡釋人的存在？請分別從他曾提出的自由、爲己存有、意識作用、抉擇、負責任，以及主、客體的辯證……等觀點，做一簡要的說明。

40.沙特對人的生命提出了哪些見解？請分別從他曾提出的絕對自由、不安、空無感、死亡，以及自我設計……等觀點，做一簡要的說明。

41.請談談當代德國暨美國的哲學家梯立希他個人的學術地位與主要思想的淵源。

42.梯立希如何詮解暨闡釋人的存在？請分別從他曾提出的哲學－神學關聯法、存有自身，以及非存有……等觀點，做一簡要的說明。

43.梯立希對人的生命提出了哪些見解？請分別從他曾提出的宗教、終極關切，以及路德復興……等觀點，做一簡要的說明。

44.請談談當代俄國的哲學家杜思妥也夫斯基他個人的學術地位與主要思想的淵源。

45.杜思妥也夫斯基如何詮解暨闡釋人的存在？請分別從他曾提出的自由與法則……等觀點，做一簡要的說明。

46.杜思妥也夫斯基對人的生命提出了哪些見解？請分別從他曾提出的自由的衝動、追尋與美德……等觀點，做一簡要的說明。

47.請談談當代西班牙的哲學家烏納木諾他個人的學術地位與主要思想的淵源。

48.烏納木諾如何詮解暨闡釋人的存在？請分別從他曾提出的真實的自我、信仰、激情，以及真理……等觀點，做一簡要的說明。

49.烏納木諾對人的生命提出了哪些見解？請分別從他曾提出的激情的生命、人—神關係，以及心的邏輯……等觀點，做一簡要的說明。

50.請談談當代西班牙的哲學家奧特加他個人的學術地位與主要思想的淵源。

51.奧特加如何詮解暨闡釋人的存在？請分別從他曾提出的位格同一、具體信念、歷史、根本性的真實，以及創作……等觀點，做一簡要的說明。

52.奧特加對人的生命提出了哪些見解？請分別從他曾提出的知識基礎、理性與情境……等觀點，做一簡要的說明。

53.請談談當代義大利哲學家亞巴納諾他個人的學術地位與主要思想的淵源。

54.亞巴納諾如何詮解暨闡釋人的存在？請分別從他曾提出的可能性、非存在、必然性，以及偶然性……等觀點，做一簡要的說明。

55.亞巴納諾對人的生命提出了哪些見解？請分別從他
　曾提出的幸與不幸、價值，以及自由……等觀點，
　做一簡要的說明。

56.請簡要析述當代西洋存在（主義）哲學的主要思想
　內涵。

57.請從人有生命的活力與人有內在的玄秘這兩個角
　度，論述人為何有主體性？可倚藉事例做一輔助的
　說明。

58.請從真知繫於主體個人的觀省與真知利於主體個人
　的力行這兩個角度，論述什麼是主體真理？以及主
　體真理在一般真理理論中所佔有的地位？

59.你對科學理論界所提出的太初大霹靂（the Big Bang）
　論，到底瞭解有多少？願聞其詳。

60.你對中國古代老子所提出的道生萬有說，到底瞭解
　有多少？願聞其詳。

61.你對猶太暨基督（宗）教所提出的神造萬物說，到
　底瞭解有多少？願聞其詳。

62.你對丹麥的祁克果、德國的海德格與雅斯培這幾位
　哲人的真理觀，大概瞭解有多少？請簡要說明一
　下。

63.請談談祁克果的兩類反省觀，以及它所可能造成的
　結果？

64.請從自由即是相對的絕對自由與人有意識、抉擇的
　自由這兩個角度，論述人如何有自由的抉擇和行動

的能力？可倚藉一些事例以作輔助的說明。

65.請談談人有死亡這一可能性，在我們世人於析論人
　　的天賦、才華與自由……等對人的人性的塑造上所
　　可能造成的影響與教示。

66.請由有神論者與無神論者這兩類型的人的角度，論
　　述他們對人的自由與行動所可能抱持的基本的見
　　解；可舉事例予以輔助說明。

67.請談談法國的馬塞爾與丹麥的祁克果這兩位哲人的
　　自由觀點。

68.請簡述法國的沙特對人的自由所抱持的見解；如果
　　可能，也請做一評論。

69.請簡要析述當代西洋存在（主義）哲學與現今的生
　　命教育可能的內在關聯。

70.請從對現實生命情態的認知與對理想生活方式的尋
　　求這兩個角度，簡述認知生命之具有其兩極化的必
　　要性。

71.什麼是消極的生命與積極的生命？請舉事例做一說
　　明。

72.祁克果如何談論倫理與感性世界（事物）這兩者之
　　間的張力關係？

73.雅斯培如何從人的邊界情境感談到人的絕處逢生的
　　經驗？

74.請談談時間（意識）在海德格存在暨存有哲學思想
　　中所扮演的角色。

75.請談談祁克果的時間暨人的死亡觀。

76.有人視德國的海德格是一位當代的虛無主義者；在你看來，這種批評是對的嗎？何故？

77.請從個人對秘內心靈的探索與個人跟身外世界的交往這兩個角度，論述掘現人類生存或存在的原動力的必要性；可舉一些事例以作輔助說明。

78.什麼是一個人的秘內心靈？願聞其詳。

79.什麼是一個人的身外世界？可從他人、它事、它物，甚或超越世界中的存有、終極實在和神……等的觀點，做一簡要的析述。

80.在你看來，生是追尋、存在是追尋，或生命是追尋……這般的論調，是否反映了你、我每一個人一生的眞實情況？爲什麼？

81.一個人作內在的探尋與作外在的交往（按：包含與他人、超越世界的永存者……等的交往）是否必然產生衝突？爲什麼？願聞其詳。

82.就你所知，把人類詮解成在世存有（者），跟視人類生命意義的實現（如：永生、永福的獲得與履現），是在彼岸或彼世，這兩方是否有所衝突與矛盾？爲什麼？

83.在你看來，人是否不必藉助與他人、它物，甚至與他所信奉的「終極實在」（如：眞神、天主、眞主、梵、天……）建立任何的交往關係，而可獨力完成自己的人性與證成自己眞實的自我？爲什麼？願聞

其詳。

84.法國的哲學家馬塞爾如何談論人心的不安？又，他係如何藉此而涉論人的絕對希望與絕對信仰？

85.馬塞爾的存有觀為何？願聞其詳。

86.馬塞爾如何從人生存的發展談到死後的生命（永生）？

87.在你看來，西洋當代的存在（主義）哲學思想家的存在洞察或洞察存在，有哪一位哲人的學理主張較能博得你個人的青睞，並據以作為你探尋個人生命的意義與掌握存在價值的主要動力？願聞其詳。

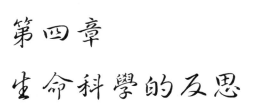

第四章
生命科學的反思

壹、科學時代的統觀暨省察

貳、生命科學與生命教育的關聯

壹、科學時代的統觀暨省察

一、歷史回顧

　　如果能說二十世紀是人類在科學探討上，以研究物質結構為主而締造了一個原子世紀；那麼，從二十一世紀開始，應該可以說，它是若干科學界的菁英，再接再勵反以探究生命的本質為其重心而發展出生物科技暨生命科學，為它統領風騷的主要標幟。

　　為什麼這樣說呢？君不見自西洋近代自然科學思想暨活動的興起；加上工業革命的成功，人類對探知外在物理世界的眞象的信心，遂因而與日俱增。

（一）化學與物理學界方面

　　先是在1803年，歐洲的化學界有英國的化學家道爾頓，首先把物質的結構——原子——，稱述爲：化學元素的獨特成份。而在十九世紀末葉，另有其它的科學家，則注意到原子內部貯存有巨大能量的事實。之後，在物理學界，有法國的物理學家貝克勒發現輻射的存在。

　　接著，在二十世紀的初葉，即1903年，有居禮夫婦由鈾礦分離出高放射性的物質——鐳與釙。繼而，在1905年，有猶裔德國的理論物理學家愛因斯坦提出相對論，有名的$E=MC^2$（E是能量，m是質量，c是光速）質（物質）、能（能量）互變的現象，便是由他首先發現。當然，在他的物理理論中，還指

出：時、空間原本就是一種以連續體的方式而存在的（簡稱：
時－空連續體）。

　　1911年，英國物理學家盧瑟福證明出：物質的原子，確實
有內部結構。1932年，查德威克（盧瑟福的同事）發現：原子
核還包含被稱為中子的粒子。1938～1939年間，德國、奧地利
的科學家進行以中子撞擊鈾元素的實驗（簡稱：「核子分裂反
應試驗」）；結果發現：有重量頗輕的新物質釋出現象。據
悉，這次試驗的成功，曾被西方物理科學界視為一里程碑式的
奇大成就。因為，它證實了當初愛因斯坦所作的一項推測：當
原子本身在進行分裂時，會釋放出巨大的能量。

　　二次世界大戰期間，美國在她本土洛薩拉摩斯推行一個反
制敵國的「曼哈坦計劃」：進行原子彈的試爆與研究。後來，
當時身為敵國的日本，有兩座大城廣島與長崎，便成為這項計
劃實驗下的主要犧牲者。經此一擊，不久日本即宣告投降，也
快速地結束了第二次世界大戰。

　　自此之後，在冷戰期間，當時的世界超強美、蘇兩大帝
國，據聞就建造共超過十萬枚以上的核子彈。迄今，我們仍然
可以看到：所謂在後冷戰時代，舊蘇聯雖已瓦解了，但是，貯
存在前蘇聯本土的核子武器的數量，仍未有稍減的跡象。

　　加上，新崛起的亞洲新興大國中共（中國），跟她周邊的
國家，如：印度、巴基斯坦，以及更遙遠的以色列與法國……
等，也都擁有她們各自的核子武力。這在在使得今日的國際政
局，顯得格外的凝重與詭譎。（以上，謹參《聯合報》，美聯
社，譯稿：〈原子世紀，人類未來何處去〉，民88年2月26
日。）

（二） 天文學與太空物理科學界方面

　　在物理學、天文學和太空科學的研究方面，據載1926年，先有德國科學家海森堡提出有名的「測不準原理」；這個理論告訴我們：人們永遠無法同時準確知道物質粒子的位置與速度。因為，如果能對其中一個知道得愈精確；那麼，對另一個就知道得愈不準確。（參史蒂芬・霍金著，許明賢等譯：《時間簡史》；台北，藝文印書館，1991，頁167。）

　　1929年，美國天文學家哈勃提出另一個被視為具有重大意義的天文觀測：從星系光譜的紅移現象可以看出，遠方的星系正遠離我們而去；而這，則無不顯示宇宙正在膨脹中。這種觀測的結果，據說是在暗示在很古早的太初，便曾發生先前我們已提述的一次大霹靂（大爆炸）。

　　這次大霹靂的發生，便表示著：一切的時間、空間、宇宙、天地和萬物，均有它（他）們的開始。

　　1948年，科學家伽莫夫在發表一篇有關熱大爆炸模型的文章時，預言地指出：早期大爆炸的輻射，仍殘存在人類世界的周圍。1965年，科學家彭齊亞斯與威爾遜兩人，觀測到宇宙有微波背景的輻射存在。

　　1967年，英國的約瑟琳・貝爾發現：天空有發射無線電波的規則脈衝的物體。

　　1969年，美國科學家約翰・惠勒提出「黑洞」此一術語；於此同時，即自70年代末期以來，便有多位理論物理學家暨太空物理科學家相繼投入這所謂「宇宙黑洞理論」的研究。其中，便包括了前述英國的物理科學大師史蒂芬・霍金。

　　據霍金自述，他在1971年即證明出任何穩態旋轉的黑洞，

本身就有一個對稱軸的存在。此外，在往後的研究中，他也提出一個無法從其它原理推導出來的假設，即：時間—空間（連續體）是一有限而無界的時、空狀態……。（以上，分別參：同上書；頁8、譯者序、86、85、124。）

　　迄今，我們在各種媒體有關科學新知的報導中，也多能看到西方天文學界不斷提出發現黑洞存在於太空星系中的證據。

二、生命科學暨生物科技的崛起

（一）什麼是生物和生物多樣性

　　在談到生命科學暨生物科技的崛起前，首先就必須知道：「什麼是生物？」特別是「什麼是多樣的生物」？或「生物的多樣性意指什麼」？

　　談到生物，從字面上的意義來看，應泛指著：「有生命的存在物」。這種有生命的存在物，當然，並不侷限於陸地上的，也包含在水中的以及在空中飛翔的存在物。

　　多樣的生物，則是意指：有各種類、各樣式、各綱目類屬，或多元體系型態的生物。至於生物的多樣性，若根據1986年聯合國發表的新的界說，則是涵指：可涵蓋基因、個體、族群、物種、群集、生態系和地景在內，一切陸生的、海洋的與其它水生生態系中活生物體的變異性。

　　據悉，這個新界說，已應時代的變遷而有了一項嶄新的認知暨特色：即在重視物種的多樣性、物種與生態系的保育之外，還強調生態系的多樣性與遺傳的多樣性……等。（參《聯合報》，〈新聞辭典：生物多樣性〉，民88年3月1日。）

　　今日，隨著人類科學思想暨科技文明的進步，我們可以看

到：多面向地往各種未知領域的積極探戡和推進，一者，以滿足人類理性自身的內在要求和求知欲望；二者，以解決人類生命、存在的問題——包括：醫學所關注的人類各種疾病的診治；農業產品追求在質量上的改良與精進；以及對人類遺傳和身、心……等各方面的研究分析——，而有實質貢獻；進而，以求確保人類在世上生活的品質與福祉，當可視為生物科技暨生命科學在此一人類思想階段的應運興起與最被看好的時代性的理由。

（二）近代生物科技的成就

什麼是生物科技？尤其，在近代所出現的生物科技到底在研究什麼？有謂：分子生物學與基因工程，即屬之。前者，它的大功臣是科學家瓦特森與克利科這兩人。據悉，由於他們在1953年聯袂發現DNA的存在形式——雙螺旋形體——，而使得生物、遺傳工程研究得以破解遺傳信號的結構，而開啓了分子生物學的研討新頁。

又據載，美國著名雜誌——《時代》——曾披露，此生物科技的研究，將帶動人類進行第三次的工業革命。由此可見，它的影響力之深、之遠與之廣。

再者，因為分子生物學與基因工程研究的互為表裡，科學界研究人員已將它們應用在諸如：基因治療（按：包括體細胞治療、生殖細胞基因治療和遺傳促進……等）、診斷試劑、治療藥物、農林作物改良、分子晶片、分子電腦和生物晶片……等新興領域。（參《聯合報》，〈生技與倫理：後基因體時代對生活之衝擊〉，民89年11月13日。）

又，什麼是生命科學？即在當今的生物醫學界，視之為人

類繼農業、工業和資訊的發展之後，又一波在科學上有它重大突破與進展的新學門、新顯學？據悉，它的研討範圍，至少包括有：細胞學、胚胎學、遺傳學、免疫學、生理學、發育生物學、生物化學、微生物學、神經學、解剖學、藥理學、生物藥學、寄生蟲學，以及遺傳工程……等。

先前所提的生物科技，則應是它在實務方面的直接應用，也是極攸關現今人類所面臨的環境生態的污染，以及針對人類因人口暴增所引起的糧食危機……等問題，最可能及時提出改善對策的一種科技良方。

（三）科學中的「顯學」與隱憂

論到當今的生命科學是否能有它更有力的發揮暨開展，有人則認爲：結合物理科學與生命科學的研究，也就是結合前述二十世紀人類在原子、物理科學界既有的研究成果，以及二十一世紀初葉人類在生物技術方面的創新發展，當不失爲今後人類科技文明再創另一高峰的重要分水嶺。

不過，就在此間，由於生命科學暨生物科技思想的出線，以及其運作的快速，至今卻尚未有極爲妥適、縝密的監理機制；因而恐有導致失控，乃至泛濫之虞。特別是，攸關於對生命尊嚴和生態系統可能的蔑視與戕害，便受到包括：法律、生態倫理、哲學與宗教……等各階層人士暨學者的關切。

（四）解讀人類基因圖譜

此外，最值得重視的是：自1990年起，全球有十八個國家的人力與經費共同參與一項名爲「人類基因組計劃」的國際大合作。這也就是說，目前的國際間，有多國正通力研究「人類

基因圖譜」的序列，企圖為人類DNA的三十億個分子成份進行解碼的工作。這項艱巨的探討生命細部的工程，就被形容為當今生命科學界的「登月計畫」。

這項研究，到目前為止〔按：公西2001年2月上旬〕，據悉已完整排列出人類的基因組序列；而它的總數，卻是與原先估計的6～10萬個相差甚遠，而僅為果蠅與蚯蚓的兩、三倍之多，即介在於3～4萬個基因之間而已。

特別是，由於有基因圖譜的漸次解碼，生命科學家已對生命有了一種嶄新的看法。當然，有的科學家便將此項新的研究發現，致力於在人體基因的改造法上，試圖倚藉對缺陷基因的糾正，而來消除人類某些疾病的病根。

(五) 複製人可能否

不過，傳聞有科學家蠢蠢欲動於以動物為實驗對象的「遺傳性基因改造法」，而將之運用在人類身上；也就是企圖透過改造人類基因的根本技術，來訂製優生品種的人類。（參《聯合報》，〈基因改造新世代，還是製造科學怪人？〉，民89年9月20日。）

再說，屆時人類的生物科技，如果可以達到完全運用控制細胞內基因組合的排列構造，進而以改變現今醫學界對疾病、疫情……等的控管與治療方式；那麼，科學家想要順利製造出一個壽命幾乎可達一千二百歲數的長壽人物，也不是不可能之舉。（參：同上，〈哈里斯：基因解碼最需重視道德和倫理〉，民89年6月28日。）

不過，迄至目前，已引起有關單位，尤其宗教界（包括天主教在內）極大關注的是：現今生物醫學界，有人以複製人類

胚胎來製造能供作人體器官移植所需的行為。就此,羅馬教廷便曾公開聲明,並譴責這項戕害生命的舉動;說它「已到了操縱和摧毀人類胚胎的程度,在道德上令人無法接受。」(參:同上,〈生物科技蔓延恐慌／教宗譴責複製人類胚胎〉,民89年8月31日。)

而,另有消息報導指稱:自公元2000年第一隻複製羊「桃莉」在英國出現之後,各地的生物化學家,正傾力趕搭以細胞核複製動物的快車;也就是繼複製羊、牛〔按:我國首隻複製牛「畜寶」,在農委會畜產試驗所與台大牲畜研究所通力合作下,在民國90年9月1日誕生。牠的特徵是:體重達53公斤、尾巴長度僅5公分、眼球發育不全,其餘外觀正常。(參:同上,第三版,民國90年9月4日。)〕、鼠之外,便以「複製人」為針對目標。為此,有科學家即預先警告:目前複製動物技術快得無法阻擋;而就在商業利益下,只怕人類歷史因而會(被)改寫……。(參:同上,〈複製人秘密進行,可能五年後出現〉,民87年8月2日。)

三、試評生命科學暨生物科技的思想與活動

(一) 對科學界限應有的理解

論到生命科學暨生物科技的思想與活動,首先,想向大家提醒的是:請問你(妳)對「科學」的本質到底瞭解有多少?以及你對於人類的科學活動,跟他在世上的生活目標及其對生命意義的追尋,到底有怎樣的關聯這類問題,是否曾作過深入的探討……?

　　對這些問題在未獲得你的肯定答覆以前，我們就想試著從前述的一位當代西洋學習醫學兼攻法律出身的存在哲學家雅斯培的科學批判觀，來省思這類問題的核心旨趣。在論到不同於哲學的科學，雅斯培曾意有所指的表示：科學誠然有它本身明確的界限，科學並不是萬能的科學。茲引下列觀點供讀者詳參：

1.科學的事實知識，並不是存在知識。科學知識是特殊的，是關涉一定的對象而不關涉存在（或：存有）本身。

2.科學知識不能為（人類）生活提供任何目標。科學知識提不出有效而準確的價值。它作為科學，並不能負起任何指導責任。它只能以它的明確與堅定，指出我們的生活另有一個起源。

3.科學不能回答關於它自己的意義問題。有科學，這是由於有一些衝動在推動科學活動；而這些衝動本身，並不能科學地證明自己是真正的和應該的。（K‧雅斯培著，王瓊興譯：《生存哲學》；上海藝文出版社，1994年，頁7。）

　　以上，我們引述了雅斯培本人對科學活動本身的看法暨批判。在此，我們則想提醒大家注意兩件事情。第一，他清楚指出：「科學知識，不能為生活提供任何目標」；第二，他明白表示：「科學不能回答關於它自己的意義問題」。

　　這裡所提到的科學的兩個「不能」，委實值得你、我用心去理解與思索：為什麼科學會有這兩個「不能」？難道科學本

身非陷入它無法克服的這兩個「不能」的困境不可⋯⋯？

　　再者，如果大家都不否定：前述的生命科學與生物科技，如從總體的角度來看，就是科學，而不是非科學思想暨理論的產物；那麼，它們是否也會如雅斯培本人之對「科學」本身的批判，而陷入到它們「不能回答關於它（們）自己的意義問題」，以及「（它們的知識）不能為生活提供任何的目標」那樣的一種活動困境？

　　的確，從先前所提到的有人、有單位、有機構，甚至有宗教團體提供鍼砭式的呼籲，以及有科學界本身發出「遺傳性基因改革」，以及因擬「複製人」⋯⋯等而衍生出有關倫理、道德、法律與宗教⋯⋯論爭等錯綜複雜的因素；這實在教人不得不留意，甚至懷疑：當今人類積極賣力從事生物科技暨基因工程的探討與研究，到底是為現今和爾後世代的人類，帶來了是幸或不幸、是福或是禍的可能結果？

（二）可能的評價

　　假如對於是好、是壞的評價是有其必要，而且也不易予以回避；那麼，我們就想從以下這兩個面向來作一個思考暨評述。

1.在積極可接受方面

　　誠如有學者指出，今日醫學界的器官移植工程，是有它的必要性，而且能夠造福群生；是以，如何順利取得有用的移植器官，便成了學界人士所樂於嘗試的一種兼具學術價值與臨床應用的重大工作。

　　關於這樣的論點，我們認為，它最大的前提應是：不以犧牲現存人類個體的生命，乃至那正孕育中而具有生命基本雛型

的胚胎為最大著眼點。這也就是說，在能充分尊重每個單一個
體生命（不論已出生或尚未出生者）的存在價值暨尊嚴的前提
下，想必有限度的嘗試培育或培植可供移植的器官工程，應是
可以鼎力支持它去發展的。

再者，談到有關試管嬰兒的培育，誠如大家所知，在現今
科學技術精湛的操作下，它對不孕夫婦的能以傳宗接代，可是
扮演了一定程度的貢獻。只是，此間如果涉及到非相關當事人
的第三者的介入，它在嬰兒出生後所引發的三角家庭倫常性的
問題，便值得社會學界、心理學界、倫理學界、法學界，乃至
宗教神學界……等專家學者的關注，以求能夠為之作一合乎
情、理、法的解套和詮釋。

至於有關人類基因的解碼及基因工程的大肆推動，在可取
的方面則是：科學家應倚藉瞭解人類基因的構造序列，以及理
解由之所富涵的訊息傳遞的機制，或因此去複製良好的基因，
或去修補已損壞的或會引發疾病的不良細胞；從而，以造福社
會群生。如此，一旦基因工程學家與生物醫學家……等多能夠
彼此攜手合作；那麼，就算對於難治的沉疴與嚴重得有如遺傳
疾病，乃至癌症……等這些幾近無藥可治的疾病，自可作一有
效的診療，並據以助益人類生命歲數的延長。

就在這方面，由於深怕有錢、有勢者，會因為他們恣意操
作自己的財力、勢力而為此成為社會上一群優等的人種，從而
導生新一波社會階層在身、心上重大的貧富差距；相關國家跟
相關當局與機構……等，為此，就有必要及早未雨綢繆，或是
在公共政策上能作某種具有社會公正性的宣導，或積極修法並
推行普及性的社會福利政策……等，以維最起碼的社會公平暨

法律上的正義。不然，人類在未有相關妥適的、又穩當的制約方式或配套措施問世之前，任何國家、任何單位或任何機構的冒然嘗試或作私下的試驗，都會引發社會潛在不安、人心震盪的現象，乃至對人類不確定的未來更加添一份隱憂。

當然，它因此也必然會爲生物醫學界、基因工程學界，以及法律學界、道德學界、社會學界，乃至宗教神學界……等各階層，帶來不必要的衝突、紛爭與對立。

2.在消極可質疑方面

誠如在先前提述有關生命哲學的崛起時，我們所指出的，即：由生物學的角度去瞭解生命，可能會陷入到它祇重視生命個體的物質性因素——如：重視遺傳、細胞、神經……等有形物理性的存在——，而忽視生命個體的精神性因素。此間，我們涉論生命科學暨生物科技的思想，以及它的活動的正當價值性，就有必要參酌前述提及生命哲學時，對生物學式的論究生命之方式所可能帶來的一種隱憂有所認知。

當然，之前曾提醒大家的雅斯培的科學批判觀，即指出科學有兩個「不能」：一、是科學知識有不能爲（給予人類）生活提供任何的目標之「不能」；二、是科學（本身）有不能回答關於它自己的意義問題之「不能」。這在此刻的論究生命科學暨生物科技思想與活動的正當價值性，想必，也依然有它可適用的空間與時機。

因爲，我們注意到：迄今人類的科學發展，雖然有能力〔按：包括動用超級電腦的快速運算……〕描繪出所謂人類的「生命之書」（即：基因圖譜的序列結構），並且試圖去掌控人類自己生命的品質與幅長；但是，這種可預估的可能發展與玆

所矚目的期待，卻帶來了兩極化的結果。

其一是：能令參與其事的科學家們，反而認識到其個人認知能力的渺小、有限與不足，以及對於生命奧秘的奇妙由然而生敬畏之心。

傳聞，某基因工程學家（按：柯林斯博士）因為密切地投入研究，反而使他從一個原是徹底的無神論者，逐而變成一個心懷謙遜、又敬畏（眞）神的宗教信仰者。

而另外的一個結果是：有的基因工程學家或生物科技學者，他們可能並無法眞正體會「我們（人類）正在學習上帝創造生命所用的語言」（按：美國前總統柯林頓語）這語句的眞正精神——正在學習——，而誤以爲現今的人類，正是擁有雙手萬能、科學萬能、電腦萬能、理性萬能的那優秀的一群……，是有能力創造另一種「新巴別塔」型式而作出人類智慧實力的展現。

看來，若針對人類目前在生化科技上的曠世成就，不得不教人聯想到一位偉大的理論物理學家，即前述曾提出相對論的愛因斯坦的一句名言：「上帝不玩弄骰子」。

我們大家都應該知道，愛因斯坦本人並不是一位科學自然主義者或科學萬能主義者，而是「科學的有神論者」——他相信：在大自然界中所存在的任何時空、任何事物、任何力量和任何關係與作用……等，都有它特殊的存在的理則，而非一堆純偶然、有形事物或無形力量……等的胡亂組合。他對「上帝存在（永存）」的理性認知，以及「上帝不玩弄骰子」的震世名言，誠然有必要成爲今日生命科學界暨生物科技界之人士，奉爲研究、思考生物生命及其奇妙組合的圭臬。

再者，它也教人不得不聯想到積極展演愛因斯坦的相對論，而對當今星系的黑洞理論與大爆炸奇點的研究卓然有成的史蒂芬・霍金的科學心態：如果假設宇宙萬有是來自最早的一次大爆炸；那麼，這大爆炸模型的置定，本身「並沒有排斥造物主，只不過對祂何時從事這項工作加上時間限制而已。」（《時間簡史》，第一章）

我們之作這兩項引述為的是什麼？目的沒有別的，祇想期待當今的科學研究者，當然包括現今的生命科學家與生物科技學家……等在內的一切科學家都能知道：科學家的縝密心思並非萬能無限；科學家的理性知識或智慧，也並非至高無上。

大家試著來想一想：要說科學智力、腦力與能力……等，迄至目前，有誰能夠勝過愛因斯坦、霍金，甚至牛頓……這些科學界的偉人、這些瑰寶？不要忘了，如果有人想抱持一種堅決無神論的心態與意念去從事科學或科技的研究；在此，我們可建議你（妳）：先要以較比的心思（按：即從量力而為的角度來著手），去和前述這三位科學偉人作一種理性的排比。也就是說，你先要嘗試去理解他們這三位「哲人」內在思維的辯證過程，如果自信自己能夠通過他們對你的心思與理論的批判；那麼，你就可以隨意抱持自己想作任何研究所採取的姿態。

不然，你仍應學習他們三位科學界「哲人」的謙抑和認知：人（尤其理性科學家或實證科學家……）祇是在順遂他與生俱來的求真、求知的本能與衝動，竭力去探討和發現他所能夠挖掘到的（部分的）真理實象。至於那攸關全體、整體，甚至整個的難以悉數、盡知的世界，人祇應謙抑地探討一項，就

算一項，走了幾步，就算幾步，而千萬不宜以自大、目中無神
而自以爲是地放空高論。

自此反觀今日基因工程學界所可能發展出的一個方向——
複製人——，它可能是繼前述試管嬰兒的實驗工程之後，另一
個更具爆發性與震撼力的生化醫學界的劃時代性大工程。

至今，由於複製人所引發的問題，不管是在性格的同一、
人的繁衍、家庭倫常、人種素質、法權地位，以及宗教義理上
對個人的定位……等方面，在在都製造出前所未有的認知上的
困厄與盲點。

然而放眼四方，傳聞所謂基督教主流派的新教徒、抱持自
由主義路線的路德教派信徒、多數的伊斯蘭教徒，以及保守派
和改革派的猶太人……等，對「複製」此一問題雖是高度注
意，但卻也多保持中間的立場。

不過，卻有話論到：如果在複製人方面，並不以「性」入
門，而把「性」從任何繁殖的行爲抽離出；這可能會爲人類帶
來難以估測的錯誤和災難。在這方面，高聲極力反對的，也多
可在傳統的基督教、天主教、伊斯蘭教和猶太教界找到不少的
教團暨人士。（參《聯合報》，〈要談造物者，困擾神學家〉，
民87年8月2日。）

總之，今日人類的一切行徑，特別是那些站在理性先端的
高級知識分子、科學思想理論的專家，乃至生命科學家與生物
科技學家……等個人的行徑，尤應在一種科學倫理，即一種能
有效提供給他對有主體生命的個人的本性有所認知的倫理思想
的規導下，以從事真正能裨益人世、造福群生，乃至能爲未來
人類負起生命大責任的科學工作。不然，它所衍生的一切後

果，至終還可能是會丟給他們去作收尾。

　　想到這裡，凡是眞正有心於人類生命科學的研究者暨生物科技的開發者；爲此，豈能不引以爲眞，更引以爲戒？！

貳、生命科學與生命教育的關聯

　　論到生命科學（乃至生物科技）與生命教育的關聯，如果不以它關切生命的角度來說，就算是以科學（science）（按：原意爲知、知識。希臘文爲epistemē；拉丁文則爲scientia）探求新知的立場來談，生命科學之與生命教育的關聯性，自是清楚不過了。在這方面，我們認爲，至少是有下述這兩點：

第一、對個體生命富涵奧秘的重視。
第二、對個體生命可予改善的肯定。

一、對個體生命富涵奧秘的重視

（一）「生命之書」的出現

　　爲什麼說生命科學與生命教育的關聯性，是呈現在「對個體生命富涵奧秘的重視」這一論點上？光就這個問題的思考，前述今日科學的一大成就——已解讀出建構人類生命奧秘的總藍圖，也稱爲「生命之書」，即基因圖譜——，便足以對它作一切題的解答。

　　像對人類的個體生命的瞭解是如此，就是對於生物界的其它動物，如黑猩猩；以及其它的生物，如果蠅、蚯蚓……等不

同形態或型式的個體生命，今日的生命科學家，也同樣有他們獨特的發現與理解。

以黑猩猩來說，當前美國的科學家文特（按：曾被美國《時代》雜誌遴選為年度風雲科學家，現任賽雷拉基因公司的總裁，被公認是首創以電腦解開三億個人類基因密碼的全球合作計畫的靈魂人物）就認為：人類與黑猩猩的基因數目、基因結構與功能、染色體與基因圖譜組織，以及細胞種類和神經解剖上的構造，幾乎無太大差別。（參《聯合報》，〈基因圖譜〉，民90年2月12日。）

他這樣的聲明，告訴了我們什麼呢？如單從基因的角度來談，同樣都各有其結構生命的基因的人與其它動物，其實，他們應無什麼差等存在。如果要說有，那也僅是在人類這一方面。人類有其過人想像的創造基因、思辯基因，跟……其它不可言思的基因，以及宗教神學界的人士喜稱的「靈魂」、「精神」、「意識」或「靈」……那種難以具現化、量化，甚至有如基因可作圖譜化的東西。

在此，不用說基因，這個富涵不可思議的內在結構與內在能力本身，是充斥著如此神奇、又驚人的密碼蘊義；就算有人提出了一種可假設它的存在──即靈魂、精神、意識或靈……──，而那也只會更教人百思莫解，愈覺得它玄奇無比。

後者這一觀點的提出，誠然值得大家一起來省思：假如人與黑猩猩的基因不論在數量、在結構、在功能、在細胞種類、在神經解剖上的構造、在染色體，乃至在基因圖譜上，竟是如此的類似；那麼，有人可能會問：為什麼黑猩猩自從在這地球上出現後，其存在至今，並未像人類那樣可倚藉基因所建製而

產生的腦力智慧，去創造牠們自己的文化與文明世界？

　　這個差異究竟是在哪裡呢？對於這個問題，想必是生命科學家、生物科技學家，乃至遺傳基因工程學家……等，所樂於去深究探討的重大課題。

　　不過，在此我們仍要說，即設定的說：如果這些僅從生物學的、物質主義的，甚或有形基因圖式的角度去探究人類生命的內在究竟，那也依然可能徒勞無功而返。這樣，先前所提，以內在經驗的方式去發現生命的實質這一條路徑，可能就有參酌的價值。在這條路徑上，我們則能看到神秘主義者、密契思想家，乃至宗教神學家……等，多會主動向你（妳）來證實：那能推動基因發揮它自身的功能的，應不是基因本身，而是那賦給基因能力的玄秘「精神力」、「靈魂」、「靈」，或稱作生命的基源、生命的根源……的神奇作用。

　　特別是，人類才有上述這種無形的，但卻內在於，而又造就你（妳）、我每個人的個體生命的精神力、靈魂或靈。也唯有對此物直覺的肯認，它始能去詮解人與黑猩猩、人與其它動物有所不同，乃至有重大差異的所在。你可想想：我們這樣的論點（假設），難道不合乎情，又不合乎理嗎？

（二）人有「靈」的設定

　　對人是有靈（精神）的存在的肯認，我們只能說：這僅是一種假設，而難以作出科學、邏輯式的圖解和證明。只是，我們認為，如能抱持此一信念去生活，甚至去比較人與其它生物，乃至動物的「差異」，它自能提供我們在析論和闡釋上的理據。不然，人既和黑猩猩這類的動物是如此的相似，那麼，人還有什麼其他的特殊點、優異性，可供他用以自尊、自重，

乃至「自誇」呢？

基督宗教的《聖經》，在〈哥林多前書〉裡曾這樣說道：「（首先的）人（即：亞當），成了有靈的活人。」（十五：45）在〈彼得後書〉中則說：「神的神能，已將一切關乎生命和虔敬的事賜給我們……。」（一：3）這裡在喻示什麼呢？就是鄭重宣告：人與其它（受造的）動物有所不同。因為：他有「靈」，也就是因為被賦給了「靈」，人因而才成為一個有靈的活人。

此外，它還明確指出：「一切關乎生命（和虔敬）的事」，是神以祂的神能賜給「我們」的。這裡的「我們」自是特指：那些認識那位曾用自己的榮耀和美德召出他們的主（按：耶穌基督）的人，而不是一般的世俗人、一般的凡俗人，或一般無（真）神信仰的人。

在這裡，我們所思考的一件事是：「一切關乎生命……的事」，究竟是指什麼事？試想：它若單指前述人類生命的基本結構——基因的圖譜與序列這些事，而那些生命科學家與生物科技專家者，又不是上述那些信仰義上的「我們」，即那些信主的人；那麼，他們所認知的「生命」，豈是如同那些在信仰上祇憑藉神恩、神能而去認識的「生命」？這個答案，當是否定的。

這樣看來，對於生命，尤其我們人類的生命，至少必有兩種類型的認知：一種是祇靠人類的（有限）理性、科技、電腦和生物學的……方式來瞭解生命的本質與型態；另一種，自是憑藉所謂宗教義的信心（而非一般人所謂的普通信念），輔以神恩、神能所獲致有關人類生命的本質與其型態的理解。

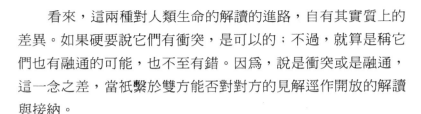

　　看來，這兩種對人類生命的解讀的進路，自有其實質上的差異。如果硬要說它們有衝突，是可以的；不過，就算是稱它們也有融通的可能，也不至有錯。因為，說是衝突或是融通，這一念之差，當祇繫於雙方能否對對方的見解逕作開放的解讀與接納。

　　祇是，儘管如此，我們仍然要說：生命本身，誠然是充斥無數神奇的奧秘與蘊義的；這是生命科學家（乃至生物科技學家）多會認同的事實。當然，它也更是生命教育學家所必會肯認的事。因為，生命教育的工作，尤其關切人生命的尊嚴，重視人存在的價值；此外，還更強調人對他未來幸福生活暨生命世界的締造。

　　你（妳）可想想：光是對人類生命本身這般的關切、重視與強調……等，生命教育難道不致認可生命的奧蘊，特別是認定生命那有意義、有活力、有創造力，以及有接近萬有真象的承受力？答案當是：它認定人的生命，確實是有意義的；因為，它能反映萬有存在的神秘與玄奇。是有活力的；因為，它能呈現人的存在，是不斷在追尋那有真生命、真存在的可能之物。是有創造力的；因為，它能區辨出人的確有他真正不同於其它生物、動物的能力之所在。而說他有接近萬有真象的承受力，這是因為：它能在理性的實證之外，還兼用其它動物所欠缺的信仰能力，去肯定造就萬有、變化萬有的眾存在的基源——可稱祂為：存有自身、終極實在、天、帝、上主、真神……等的存在。

　　先前所提的牛頓、愛因斯坦與霍金等科學家兼科學界的「哲人」，我們就認為：他們在靈活運作自己的理性實證能力之

外，還直覺地或以前理性、超理性的認知角度，去肯證那信仰
者終生所信服的人類生命的大主宰——宇宙造物眞神——的永
恆存在。

二、對個體生命可予改善的肯定

（一）提升生命的品質與價值

說到「對個體生命可予改善的肯定」，也是生命科學（暨
生物科技）與生命教育有它們內在的關聯之處；這是基於它們
所瞭解的生命，雖然在內涵與實質內容或有所不同，但是，爲
能協助一個人生命的品質與價值的提升，這個目的，則是雙方
意見應能夠達到共識的一個所在。

什麼是生命品質？那是指：一個人與生俱來所擁有的獨特
性質；如用我們一般人所能夠瞭解的話語，它就是在說：一個
人內在的品性、內在的性格或內在的氣質……等。這一切的一
切，全屬於一個人所獨有、所獨具。它們完全與他人、別人無
關；它們是造就這一個人之所以爲一個人，他（她）就是他
（她），以及他獨具自己的個性與獨特性的主要關鍵暨要素。

又，什麼是生命價值呢？它應該是指：一個人由他所擁有
的意識自由、行動能力、時間意識，以及對自己的理想持定不
斷追尋的意志……等所呈現出來的一種生命氣象或生命風格。
換句話說，每個人都有他對自己生命的覺察、有他對自己生命
價值的認知，以及有他對自己生命意義……的肯定。而這，便
形成每個人之有他自己的人生步調、生命氣象或生命風格。

說實在的，除非古人所說：「江山易改，本性難移。」這
一句話，有它鐵一般的不可改變的定則存在；不然，你（妳）

不妨想一想，什麼是教育？什麼是春風化雨？又，什麼是潛移默化？陶冶性情？……這不就是在表示：人們多想透過後天各種的教化與努力，想把一個本性平庸或拙劣的頑人，經由變化他的氣質著手，而逐步改善他的人生觀、價值觀與宇宙觀……等。最後，自是期待他的個性，因此而能往好的或某種良善的方向作一實質的轉變。

生命教育的理論認知與實際作為，想必，當不出上述所提的這種教育理念及其教化範疇。而生命科學或生物科技呢？在我們看來，它們基本的思維方向，當與之相差不遠。

雖說生命科學或生物科技的理論暨實際活動，仍純屬科學認知與科學活動的範疇，而不必然帶有教育群生、化育人心的特殊使命；但是，基於它們也是產出自人類自身的生命活動，以營生（求取人類的生存）為其重要目的，它（們）的理論必然要有實際或實踐活動（如：臨床實驗、實際應用……）以為配合，始能發揮它之作為科學活動本身的角色。

在這種情況下，科學的探討生命現象、鑽研生命的實質，它自然需以有形的生命個體，以及該生命個體的形成要素——如：細胞、染色體、基因……等——，作為它可觀察、可實際操作運用的對象，甚而或是倚藉解剖，或憑靠各種的試驗推理，以取得對個體生命的實質瞭解。

如今，想必最令科學界人士雀躍不已的，就是：他們幾已找出了結構生命本身的實質基礎——基因（的圖譜序列）。並且經由各種研究、分析、取樣和試驗，而敢於對外表示：有誰掌握了一個人的基因圖譜的密碼訊息，誰就掌握了那個人的一切。這裡的一切，則包括了那個人的天賦、才能、知識、遺

傳、生命意識與價值人生觀……等。

　　換句話說，人類基因圖譜的順利解讀，幾乎已然給予包括：生命科學家、生物科技學家……等在內的所有科學家一個無遠弗屆的廣闊視野，以及他們能「重新界說」人類自己的充足的信心。

（二）改變存在的認知與命運

　　看來，論到科學家的自信，當不止於如此；他們還想「重新界定」有關人類生命、人類歷史、人類生存的條件，以及人類與他周遭生物暨事物世界的種種關係……等。

　　為此，為了想進一步瞭解基因圖譜的序列暨其密碼音訊，在可見的未來，我們就將看到若干新興學科或學門的出現。看來，所謂的電腦基因圖學、生物資訊或基因藥學……等，當是它不可缺少的一環。

　　至於攸關一個人的隱私權的重新定義及保護，即基因權、基因人格權、基因科技法、遺傳資源管理法或生物安全法……等，想必，也都將相繼出籠。

　　而最與我們所關注的生命教育密切關聯的，則莫過於所謂的基因優生學等這類新學門、新學理、新價值和新倫理……等的出現。這裡的基因優生學，也就是早先我們曾提過的基因工程（學）中的一個工作內涵：或修改某一損壞的基因，或製造更好的基因……等。前者，在現有的醫學領域中，可發揮它修正一個人致病的基因，而達到有效診療疾病的功能；而後者，則因為牽涉到對一個人基本生命結構的實質改變，從而定然地影響一個人之所以為一個人的獨特性質：他的天性、品性、性格、氣質、個性，乃至本性……等。

所以，有學者嚴肅地指出：這樣的倚藉改變基因的構造，從而改變一個人生命的實質結構（當然，為此也必將改變他對自己、對他人與它物……等在心理上可能的認知或認同），這可是甘冒人類在扮演「天」、「上帝」或「真神」的角色的奇大風險。

　　雖說生命科學家暨生物科技學家胸有成竹的表示：基因的控制是控制人類生命無論在質、在量上的發展的主要依據。不過，在我們看來，箇中潛在的不可控管性、不可預測性，以及或可能因而毀滅人類自我生命的高危險性，誠應不可謂不高，不可謂並不存在。

　　再說，如前所述，他（們）和生命教育學家一樣，雖多有改善人類（和生物、植物）個體生命的品質，進而提昇他的存在價值的本意，乃至誠意；但是，他們的實質努力，也就是實際作為，卻可能撼動整個人類社會、整個人類世界的原始基礎──即行將導使人類對自我本身同一的認知、物我的關聯、人我的關係，甚至他透過家規、社會和學校教育而習得的道德、倫理、法律、歷史與文化價值意識……等，都有了幡然的改觀。

　　的確，人類並不是真神，不是造物主宰，他總想倚藉自己所擁有的知能，去創現自己的人生價值、去改變自己的人生觀點；這本是無可厚非的事。因為，就像小孩子一般，經常不知危險當前，而一味想作這，又想作那。小孩子會想這樣作，想獨自去冒險，純然是基於他很好奇，很驚訝於自己能邁開他人生的一小步，而成就了他認識人生的一大步。

　　今天，我們看到生命科學界暨生物科技界的菁英，可逐漸

在扮演改變人類家庭、社會、學校、人的工作、社經地位，以及人類未來命運的推手角色。雖不敢說他們有心想扮演上帝造人、又造物，以及可能介入人間事務的野心企圖；但是，他們堅定的意志和自負的信心，卻透露出一些令人不安的訊息：今日人類的再造基因建築這另一型態的「新巴別塔」人為工程，不知會否導致如古希伯萊人的宗教神話所提及的真神再度下凡與「變亂」人類基因的口音，致使它原有傳遞的訊息（語言），因此錯亂或中斷；終而，導致地上群居人類的分裂及其一切人為總工程的終極停滯？（《聖經》，〈創世記〉十一：5～9）

　　這是活在今日這個人間世、這一地球村上的人，在充分保全自己生命的存在與其福祉這類前提下，所應予看重的一件切身之大事；也是我們於涉論生命科學暨生物科技工程之與生命教育的內在關聯時，理應思考到的一椿重大的事件。

問題 vs. 回應

1. 有謂「二十世紀是人類締造的原子世紀」，在你（妳）看來，此言是否屬實？可就你所知，提出你對二十世紀科學界的研究成果暨評價。

2. 你對猶裔德國的理論物理學家兼「哲學家」——愛因斯坦一生的科學成就瞭解有多少？願聞其詳。

3. 你對德國科學家海森堡提出的測不準原理瞭解有多少？就你所知，請說明一下。

4. 你對美國天文學家哈勃的天文觀測所獲得的印象是什麼？可否論述一下，並試做一評斷？

5. 當代科學理論中的大爆炸說，是在講述什麼樣的科學假設？願聞其詳。

6. 你對科學家伽莫夫、彭齊亞斯與威爾遜等人瞭解有多少？可否談談他們的科學發現？

7. 當代英國的理論物理學家史蒂夫‧霍金對黑洞和宇宙有否界限等問題，提出了哪些獨特的見解？可參酌他撰述的《時間簡史》一書中的論點說明之。

8. 請問：你對生物的多樣性這一語辭的內涵之指涉瞭解有多少？

9. 近代的生物科技，主要在研究什麼樣的課題？請擇要做一說明。

10.你對科學家瓦特森與克利科這兩人在遺傳學上的貢獻瞭解有多少？願聞其詳。

11.可否談談當代分子生物學與基因工程學的可能應用範圍？

12.當代生命科學到底是研究暨發展哪些學門？願聞其詳。

13.在你的認知裡，物理（科）學與生命科學可否因其原先各自研究領域的不同而作跨界域的攜手合作，以造福現代的社會暨人群？爲什麼？

14.你知道否：當代生命科學與生物科技的大肆開發研究和可能的濫用，業已遭致今日的生態學界、法律學界、社會學界、倫理學界、哲學界，以及宗教神學界諸人士的嚴重關切？爲什麼？

15.什麼是「人類基因組計劃」？請解說一下它的主旨。

16.請問一下：你對人類本身的基因數與基因結構……等瞭解有多少？請儘量收集資料，以做一說明。

17.你對複製胚胎與複製人的技術瞭解有多少？又，特別是對於後者，你個人所抱持的看法是什麼？願聞其詳。

18.人類第一次複製出來的動物是什麼？它出現在哪裡？名字叫什麼？請述說一下。

19.我國首次複製出來的動物是什麼？由哪個機構或單位實驗完成的？又，它的名字與特徵是什麼？請清

楚說明。

20.請談談當代德國學醫出身的存在哲學家雅斯培對科學的批判觀點；又，也請特別描述一下他所提出的科學的「兩個不能」，是指哪兩個事件或情事？

21.你對人體器官移植這件醫學工程瞭解有多少？願聞其詳。

22.在你看來，你認為：基因工程的未來前景是如何？請就它正、反兩面的可能結果做一說明。

23.從逆向思考的角度來說，現今人類對所謂「生命之書」，即基因圖譜序列結構的解讀，是否應會讓他理解到生命本身的神奇、奧秘，以及對人類自我認知與能力……上的重估？為什麼？

24.在你看來，如果你是一位試圖瞭解、並想參透生命奧秘的探索者，你會否把人類基因圖譜的揭示，視為宇宙造物主神祂偉大創造智慧的部分展露？為什麼？願聞其詳。

25.請評述名理論物理學家愛因斯坦的一句名諺：「上帝不玩弄骰子。」這句話的深意。

26.請談談前美國總統柯林頓如何評述人類對基因圖譜的現代解讀？

27.請談談英國的理論物理學家霍金，如何把科學家所提出的大爆炸模型論，跟猶太暨基督宗教的神造世界論做一種科學與宗教（神學）的整合？願聞其詳。

28.你對科學家本身的專業知識與他們對自身角色的扮演瞭解有多少？願聽聽你個人的意見。

29.你從牛頓、愛因斯坦與霍金這三位科學家的科學專業中，是否看出他們對一般宗教上所提到的造物主宰或（真）神有若干的敬畏與認知？何故？

30.可否談談你自己的認知，也就是對一般的學術界、宗教界之對複製工程或複製人的反應的看法？

31.什麼是科學？它的原義為何？又，可否也順便談談你所知道的科學分類有哪些？願聞其詳。

32.在你看來，生命科學（乃至生物科技）與生命教育（學）有否任何的交集？為什麼？

33.你對黑猩猩這種動物瞭解有多少？又，從人類的角度來看，科學家他們是怎樣在論說牠們？願聞其詳。

34.在你的認知裡，人類與其它動物的共通性和最大差異點在哪裡？願聞其詳。

35.你相信人有靈魂或靈嗎？為什麼？

36.在你看來，基督（宗）教的《聖經》提到：神已將「一切關乎生命……的事」賜給人類（尤其信仰祂的人）；這對今日人們想在「神」之外孜孜營營於寓自研究生命本身的奧秘，你認為：無神信仰的一般的世人，能夠自行揭露人類生命的真象嗎？為什麼？

37.在你的直覺意識裡，人是否有兩種型態或兩種型式

的生命,即:肉身、軀體的生命,以及精神、靈魂的生命?為什麼?

38.從人類基因圖譜的揭示上,你認為:人類生命之在世上的出現與發展,是否有它不比尋常的意義在?

39.你對人類本身的智慧創造力瞭解有多少?願聞其詳。

40.在你看來,從意義與價值的角度來說,人類的生命可否區分成假生命與真生命?為什麼?

41.在你的認知裡,一個專業有成的科學家,在他平日的生活中卻是一位敬神的信仰者;這樣看來,這兩者是否有衝突與矛盾?為什麼?

42.在你個人的理解裡,什麼是人類生命的品質與價值?請分別做一解說。

43.你認為:「江山易改,本性難移。」這句話,是否可以道出人性的真實?不然,又為什麼?可舉事例輔助說明。

44.什麼是教育?又,什麼是有教無類?請談談你對教育應有的目的、主旨與精神的看法。

45.在你看來,人應如何看待人自己在科學上的活動與作為?請由手段與目的不同的角度說明之。

46.就你所知,真正構成人類生命本身的實質基礎就是基因(圖譜序列)呢?還是給予基因有其生命活力那看不見的人的靈魂或靈?為什麼?願聞其詳。

47.從「生命之書」的被發現與解讀上,你認為:生命

科學家與生物科技學家在自信上又增進了哪些內容？

48.請問：你對基因權與基因人格權……這些新興學門瞭解有多少？可否談談你個人的些許感受。

49.可否談談：你對今後基因工程研究的廣泛運作與應用，是否有一深深的隱憂？大概在哪一（些）方面？願聞其詳。

50.你對人類歷史、人類社會和各種道德、價值……的形成瞭解有多少？又，在今日基因工程的推動下，它會否動搖你對上述這些既成的事物（人類歷史……）的認知？為什麼？

51.在你看來，今日科學家的空前努力，即想倚藉基因（遺傳）工程的建設來完成人類夢昧以求的雄心壯志：取神的造人、造物工作而代之。你認為：它會否是古代「神話」中的巴別塔事件的另一翻版？願聽聽你個人的析述與高見。

結 語

　　繼「生命教育」的首冊 I：《生命思想 vs. 生命意義》，我們談過生命現象的覺察（第一章）；生命意義的詰問（第二章）；從認識自我生命到存在意義的開展（第三章）；以及生活・生命拾穗（第四章）之後，在本書冊 II《生命哲學 vs. 生命科學》，我們則相繼涉論了生命哲學的省察（第一章）；生命詮釋學的出現（第二章）；存在哲學的產生（第三章）；以及生命科學的反思（第四章）等。

　　特別是在本書冊中，我們是以雜揉與兼綜互用的手法，在文化、科學、哲學與宗教（神學）……諸領域中穿梭印證，用意無它，就是企想告訴大家：生命本身所秉具的費思性、難解性、奧妙性、玄秘性、神奇性與可畏性……等，誠然是你、我所不可等閒視之者。

　　不論你是贊同由生物學的、科學的、心理學的、生理學的、遺傳學的、哲學的、倫理學的、社會學的、政治學的、經濟學的、考古人類學的、佛學的，或喜愛以宗教神學的……角度去理解生命，它總會在該領域或該認知域中呈現出你所需要的面向與訊息。

　　就因爲這樣，人究竟應如何去瞭解生命？或者縮小範圍的說：人應如何理解他自己……？想必，這可成爲今日的你、我和每一個人所必須嚴肅以待的大事情。

　　當然，我們不應使傳統認識人類自身的學問，如：宗教、哲學……等專美於前；但是，我們也不該太過倚重今日基因（遺傳）工程的嶄新發現，而忽視了自己對於生命，尤其是自身生命的直覺性認知與體悟。

　　爲此，今日的人們究竟應怎樣做，才能夠使自己對個人生

命與存在有著眞切的認識？在這方面，筆者初淺的看法是：如能以兼綜統觀與微觀的角度或方法來認識生命，當必能更加理解生命與人存在的實質究竟。對此，用較具學理意味的陳述形式來表達，便是：要用一種混合生物學的與內在經驗的、邏輯的與前邏輯的、理性的與前理性的、科學的與前科學的、範疇的與前範疇的、概念構思的與前概念構思的、心理學的與前心理學的、（哲學）存在論的（ontic）與存有論的（ontological）、詩意的、直觀（直覺）的、先知般的、存在的，以及感靈般的方式……等，才能奏其功。（參《通往存在之路》，拙著，台北：國立編譯館主編，華泰文化印行，2001年6月，頁5）

說來，我們之所以認定上述這類可加以兼綜而形成統觀與微觀的方法，定然有助於世人去認識生命和更加理解生命，是基於：人心原就富涵難以窮盡的廣袤性與豐腴性——以人內在的思想來談，他就能倚藉自己的運思和想像，而毫無羈束地憑空遐思與隨意構想，並將之以千奇百怪的手法描繪出而傳遞給別人。

在這個情況下，我們認爲：人若想要瞭解自己，他所能使用最大限度的方法，便祇能憑靠那從他內在的思想與能力所產出的各種學門暨學問；也就是包括：神話（學）、文學、宗教神學、佛（禪）學、科學、哲學，以及其它林林總總人可叫出它的名稱的學科在內的知識系統。

這裡所談的「他內在的思想與能力」，又是以什麼爲它可證立的基礎呢？答案當然是：他自己的存在，也就是他這個人之在世上的存在。

　　因此，我們可以使用類似循環的表現法來做這樣的一種陳示：存在中的（世）人，為了要瞭解他自己，即要瞭解他生命的本質與究竟……等，如從人的角度來說，他就非要以自己的心思，以及他倚藉自己的心思所建構出的一切知識學問，反轉過來追問自己、剖析自己；從而以認識自己，並理解自己不可。

　　譬如說，當今的科學界之垂注前述的生命科學暨生物科技這種新興學科或新知識系統；在此，我們不禁想問：不知科學家們是否認知到這件內在彼此相關聯的有趣的事，就是──

　　第一、他們雖承認基因是組構一個人的生命、存在、意識、動作，以及其它一切知、情、意等活動……的原始基礎（這裡，當然也包括了他個人的腦部細胞，以及腦力運思的走向……等），而為了認識自己，甚至理解人類生命的結構（如：基因）的究竟……等，他們自又必須倚藉由基因組構成的細胞，再由細胞去組構他身體上各部分的構造，包括腦部的組織；接而，再倚藉腦部的細胞與神經……等的作用，而生發意識的作為。這樣，就能進行認識自己，甚至人類生命的結構、本質、意義與價值……等工作。

　　第二、如果以上所提的論點可以成立的話；那麼，接著我們就想喚醒大家的注意：在微觀上，這種從生命內部（如：細胞、基因、意識……）出發而來理解生命的方式，豈不是和先前我們在探討西洋的生命詮釋學時所談到的狄爾泰的生命理解觀，有它的異曲同工之妙？

　　雖然，在當時的世代尚未有現今分子生物學的出現，而且根本也不知道什麼是基因？什麼是遺傳基因工程……等？但

是，狄爾泰卻有這種理解生命的原則的提出，而頗值得後人刮目相看。

　　總括以上所述，在關切當前人類生命教育的成敗的考慮下，我們不惜以較多的篇幅，委婉地闡述歷來人類思想演進中所出現的生命哲學、生命詮釋學、存在（主義）哲學，以及當今的顯學──生命科學與生物科技等──之與生命教育高度重視的人類生命（存在）的內在關聯，目的自是：企想在宏觀上，能夠提供今日人們的生命教育有一更豐富的學理根基和供給它多面向的思維素材。

　　為此，在有這般學理的基礎上，要想為人類提供怎樣的人生方向？建議怎樣的意義認知和價值選擇？想必，就較能有一明確的原則可茲依循。

　　以上，本書冊《生命哲學vs.生命科學》就暫時在這裡打住；希望它較強調理論性的闡析，有助於生命教育第三書冊（按：《生命美學vs.生命倫理》）在提供現今時人生命教育的實質認知暨應用上，能發揮它應有的功能與效益。

珠璣感言

「通達人的智慧，在乎明白己道。……通達人步步謹慎。……通達人得知識為冠冕。」

——《聖經》·〈箴言〉十四：8、15、18

「在蘇格拉底的觀點裡，每一個人就是他自己的中心，而且整個世界也聚集在他裡面。因為，他的自我認知，也就是對神的一項認知。

因此，蘇格拉底認識了自己；他也認為（依照這種瞭解，他詮釋了他和每個具有同等謙遜與同等矜持的個人的關係）：每個人必須瞭解他自己。」

——《哲學片簡》，祁克果著

「我們希望知道：對死亡的構思，會怎樣的來變化一個人整個的生命；在此時，他為了要思考死亡的不確定性，就必須在每個瞬間來思考它，好使自己為它作準備。

我們很想知道：『為死亡作準備是什麼意思』？因為，在此人們必須再次把死亡的實際呈現，跟對它的思想作一區分。這項區分，顯然使我所有的準備成為毫無意義。如果真正來到的東西，不是我本人所預備的，而且如果它是同樣的東西；那麼，我的準備，在它的極致上便和死亡本身等同了。

我必須對這個事實作一說明：『死亡，也許會在一開始我的準備的這個瞬間中來到。對死亡的意義找出一種倫理的表述，以及對戰勝死亡找出一種宗教的表述的可能性，這個問題則必須要被提出。』

人們需要一句可解決的話語，用以解釋它的奧秘，

以及一句有關聯的話語，好使活生生的個人防衛自己不受
一直再現的思慮所侵擾。因為，當然我們幾乎不敢把沒有
思考與遺忘推荐成智慧。」

　　　　　　　　　——《附筆‧第二書》，祁克果著

附錄

論死談生：話祁克果與莊子的生死觀

前　言

　　祁克果（S. Kierkegaard, 1813-1855）與莊子（ca. 350-270 B.C.或ca. 369-286 B.C.）這兩位哲人，相隔約有二十二世紀之久。一爲北歐丹麥人，被公認是當代西洋的存在哲學（存在主義）之父；另一爲東方中國人（約在周烈王七年～周赧王二十九年，或梁惠王、齊宣王、楚威王之時），被視爲先秦時代道家哲學的集其大成者暨中國山水畫哲學理論的首倡人物。

　　然而，由於這兩位哲人，因頗能代表東、西方不同的思想背景暨其影響下的人格典範，有如：祁克果深受古希臘哲學大師蘇格拉底（Socrates, 470-399 B.C.），以及希伯來基督（宗）教的教主兼救（世）主耶穌（Jesus，第一世紀）的感召，而重視對個人心靈（性靈）自由的追求，而有所謂「如何成爲一個個人」，或「如何成爲一個（眞）基督徒」的哲學主張；一般認爲，主張實行知行合一、重視個人的主體性、倫理性暨宗教性，而批判感性、唯理性或世俗性……等，是祁克果個人存在思想的標幟。

　　至於莊子，則因爲深受中國道家之始祖老子（ca. 580-480 B.C.或ca. 571-476 B.C.，約在周簡王末年～周敬王末年）的學說，以及民間神話如：相信有偓人（神明）的存在①的影響，而重視冥合自然、任天而行的精神自由之理想；爲此，而有所謂專氣凝神而養生，以證成至人、聖人、神人暨眞人的逍遙境界。是以，後世之人，在莊學的研究上，便多認爲：展現精神

我、情意我的生命境界，而批判形軀我、認知我之理論……
等，是莊子逍遙思想的特色②；或者呈示忘我、全生暨出世是
其人生實踐的主要特徵③。

　　不管怎樣，筆者認為，一旦觸及一個人是如何追求其主體
個人（存在）心靈的終極性自由，抑是他是否有可能呈現其主
觀內在精神的無上逍遙；那麼，則非扣緊該人對所謂個人的
生、死問題，究竟是採取怎樣的理解態度、詮釋方法，以及
「超越」的設計不可。為此，筆者便亟想探討，並比較祁克果
與莊子這兩位哲人的生死觀；從而，以呈示他們兩位在不同時
空、歷史、文化與傳統思想的背景下，所開顯出的不同的生命
意境，以及其對當代之人的人生觀或價值觀所可能造成的影
響。

　　因此，為便於明顯地排比暨闡述雙方不同的生死觀，筆者
擬從下述這三項：一、雙方生死觀的背景預設；二、雙方生死
觀的內在涵意；三、雙方生死觀的現代啟示，作為探討各人思
想的核心，務使對這兩位有不同性格、不同學理，以及不同生
命感受的哲人之「生命氣象」暨「生活典範」的呈示，有助於
現代人在批判地詮析或創造地解釋前人的哲思作品之餘，一方
面，能以了然不同文化傳統所造就成的不同人格類型；另一方
面，更能夠從中體悟一個人在生命的發展歷程上，理應企求什
麼樣的生命境界，以對個人的存在自我作出一終極性的付託。

壹、雙方生死觀的背景預設

先談祁克果，莊子塾後。

一、祁克果的生死觀的背景預設

論到祁克果的生死觀，尤其該生死觀的背景預設，乃須透過祁克果如何對主體個人的「存在」（existence）本身暨其範疇，之作出倫理性暨宗教性的詮明，始能得其義理的精髓。因而，爲了探明祁克果如何闡述倫理存在暨宗教存在的深蘊，誠然也有必要先瞭解祁克果的「人」觀。

（一）祁克果的「人」觀

簡要的說，祁克果的「人」觀，係經由作爲一個具體存在的主觀思考、存在思考、內觀或溯源自覺（recessive self-feeling）④，以把握的（個人）存在觀點。一個人的存在，即受造的存在（the created existence），就是一個正存在中的靈的存在。這正存在中的靈的存在，也是指一個正綜合這個自己（按：作爲魂的自己）與另一個自己（按：作爲肢體的自己）的關係的「第三者」⑤。

當然，這裡所提到的兩個自己，也當是分別指涉：無限的與有限的自己、暫世的與永恆的自己，以及自由的與必然的自己。靈（或：精神）之作爲「第三者」，就是表明：靈也便是統合（綜合）上述這兩個自己的「綜合體」。因爲，靈能綜合（各關係項中的）任何一個部分⑥。

再者，何以祁克果會說：靈是作爲綜合兩個自己的一個綜合體，或第三者呢？據筆者本人的研究暨發現：「死亡」（這個可能性）之存在於一個活人的現實存在狀態中，當是促使祁克果不得不分辨出一個人的（主體）存在，就是含括著上述這兩個自己的主要緣由；像他就說：

> 「正存在中的主體是永恆的，不過，他祇是以『作爲』正存在中的短暫（暫世）者而存在。如今，無限（者）的難懂性，便透過在任何時刻所出現的死亡可能性而表現自己。因此，所有積極（正面）性的安全，都產生了可疑。」⑦

（二）祁克果談倫理存在暨宗教存在

其實，祁克果之把死亡的可能性，納入一個活人的存在（活動）中，並且也表明人之秉有永恆（存在）的可能性；他的用意，無非即在強調：一個人唯有透過對「死亡」（可能性）的存在思考，以把握死亡蘊義所開顯的倫理內涵，以及能夠在宗教向度上克服了對死亡的憂懼與駭怖，這樣，他才能眞正「呈現」存在的永恆特性暨永恆的實質⑧。

爲此，一個人的（靈的）存在，即因爲有死亡可能性的隨時臨現，便使他在短暫人世間的自由行動，均受到相對地限制與桎梏。除非一個人也能作出攸關個人主體的、存在的終極性思考，即如先前所提的溯源自覺，以找出「永福」（eternal happiness）的存在，並且竭力參與它；否則，一個人的主體自由，便永不得充分地開展。

這樣的思考、探討暨參與，自然預設人是現實世界中的活

動者，而它的實質，也當是一個倫理的存在暨宗教的存在。

原因是，如祁克果所述，一個主體個人的思考，總是攸關他自己的倫理存在；或者說，存在的思考，總攸關著倫理。在此，有人不免會問：什麼是倫理？或者倫理與宗教（神）究竟有何相關？

簡單的說，倫理在祁克果的詮釋下，它便在指涉：靈的內向性；倫理是每個人至高的（生命）工作；倫理是內在的，並不被局外的人觀察到，而且祇有個別的主體（靠他自己）才能理解它；倫理要求一個人要作自我選擇；倫理的成熟度，乃賴於存在的個人，之把自己的「倫理實在」（倫理實體），理解成：係比對世界歷程的瞭解，還具有無限重要的價值；以及倫理是與神共謀⑨。

從以上的摘述裡，當可得出以下這樣的結語：倫理可以會通宗教（神），或者倫理有助於建立宗教感暨宗教意識。因為，據祁克果的自述：「一切倫理的發展，都繫於在神面前成為透明化。」⑩每個人便是靠著和神有一種可能性的關係，而扮演自己的角色。不論生或死，一個人的一生，便要「在與神的關係中，學習放棄自己有限的理解（悟性），以及天生（本能）的識別習慣，以便靠神的愚行，不斷地來感謝神。」⑪

二、莊子的生死觀的背景預設

至於莊子，依筆者的淺見，他的生死觀的背景預設，當在於他對老子的「道」觀早有深切的體悟⑫；因而，在觀照眾生的生、滅變化上，儘管逕視生與滅，或生與死為「一體」⑬，遂能感受到「我」（自我、審美我、情意我、精神我或真我）

的永存性，以及「形」（形體、形軀或假我）的短暫性⑭。因
為，在莊子看來，萬有本身雖在「變」，甚至包括人的死生存
亡、窮達貧富、賢與不肖、毀譽、飢渴……等，亦莫不是如
此；祇是，做為道的「觀照者」──即人與生俱來的這個「自
我」，卻不隨事物（事件、現象）之遷流而變化。

不僅如此，莊子更視唯有破除對形體我、形軀我或假我的
我執，即能看破生、死，且循道而悠「遊」，這始是「善吾生」
的根本；從而，也就能夠「善吾死」⑮。

從以上所述可知，莊子談論的「我」，即真我，也應是涵
指：能以體道的自然流行，而順應天地萬物之（變）化的「至
人」（典型）。誠如莊子寄託老子的言論，以抒己意：

> 「古之至人，假道於仁，託宿於義，以遊逍遙之虛，
> 食於苟簡之田，立於不貸之圃。逍遙，無為也；苟簡，易
> 養也；不貸，無出也。」（〈天運〉‧第十四）

又稱：

> 「至人無為，大聖不作，觀於天地之謂也。」（〈知北
> 遊〉‧第二十二）
> 「至人者，歸精神乎無始，而甘冥乎無何有之鄉。」
> （〈列禦寇〉‧第三十二）

三、比較

關於莊子的生死觀的背景預設，即「我」（真我）此一範
疇，筆者雖然也用「至人」（典型）此一用語來形容；其實，
相較於前述祁克果之把主體個人的存在，詮釋成一具倫理「實

體義」之倫理的存在暨宗教的存在，莊子的「至人」（典型），寧可用精神我、審美我、情意我（的存在）來詮明，似乎更能傳神。

因爲，至人之爲一至人，在莊子「道通爲一」（以道觀之）的角度下，他（至人）卻是無心於、或有待於倚藉倫理的暨宗教的實踐，以完成所謂自我的道德人格，或宗教人格，而僅僅是本其「自性」，藉體悟至道，順乎萬化，而遊心於內外天地，如此而已。爲此，在莊子的作品裡，更把至人，也形容成一具有「眞人」、「天人」、「神人」或「聖人」的典型者，如其自述：

> 「且有真人，而後有真知。」（〈大宗師〉·第六）
> 「不離於真，謂之至人。」（〈天下〉·第三十三）

又說：

> 「不離於宗，謂之天人。」（同上）
> 「不離於精，謂之神人。」（同上）
> 「兆於變化，謂之聖人。」（同上）

其中，所謂的眞人、天人、神人、聖人，乃至於至人，有關它們的內涵之分述，儘管不一，但是，卻有人指稱：眞人或聖人，其實是同一的。因爲，「眞」是論道之體，而「聖」，則是言道之用。凡是能遊心於方內的，即遊心於天地內的（有如：以天爲宗，以德爲本，以道爲門），便稱爲聖人⑯；而遊心於方外的，便稱爲眞人⑰。至於至人，因爲他不離於眞（即：不離其眞），因此，也可稱爲眞人。

　　同理，至人，亦即眞人，或聖人，也未離其宗（按：本源），因此，便可稱作天人。又，因爲至人並不離其精（按：神），因而，也可被稱爲神人⑱。

　　是以，在比較祁克果與莊子的生死觀的背景預設上，當不致混淆：祁克果，係強調「有爲」的道德力踐；然而莊子，則本乎自然之道，「無爲」，亦無心神遊於道化的境界。這是兩者的一大差異，此其一。

　　至於祁克果強調個人存在之秉具倫理性暨宗教性，此無非是喻指「神」，這位天地萬物的主宰、系統的思考者，所謂「主、客體性的合一者」兼活人的神⑲，即是祁克果倡言人的主體存在，或個人存在的終極基礎（基源）。因爲，神就是道⑳，亦即是具有生命的道；人類的「生活、動作與存留，都在乎祂」㉑。

　　祁克果的「神」（道）觀，自是迥異於莊子；後者，則秉承老子的「道法自然」、「道常無爲而無不爲」（《道德經》‧第三十七章）……等理念，在烘托他的自然主義的「道」觀，此其二。爲此，而呈示出雙方在生死觀之背景（預設）上的極大差異。因爲，莊子看重的自我、眞我，即精神我，當係「能」遊心於淡（〈應帝王〉‧第七）、物之初（〈田子方〉‧第二十一）、無窮（〈則陽〉‧第二十五）、四海之外（〈逍遙遊〉‧第一）、塵垢之外（〈齊物論〉‧第一）、無極之野（〈在宥〉‧第十一）、大莫之國（〈山木〉‧第二十）、萬物之祖（〈山木〉‧第二十），以及天地之一氣（〈大宗師〉‧第六）……的情意我，或審美我（的存在）。

貳、雙方生死觀的内在涵意

一、祁克果的生死觀的内在涵意

祁克果的生死觀，據筆者的淺見，它是一種攸關倫理學、心理學，乃至基督神學的生死觀；而且這整個的思想內容，或就祁克果自述的「思想試驗」的內容而定，卻是涵指：「宗教（心）B」，或者（原始屬靈的）基督教㉒。

以下，僅就祁克果所作的「思想試驗」，分別來敘述他對生、死的觀點；進而，以闡明該生死觀所涵攝的蘊意。

（一）祁克果如何論述「生」？

祁克果談述的生，其實即是把生繫於死的生㉓；這個生，就倫理暨宗教的角度而言，它便在指涉：一個活人的生命、生存、生成、存在、變化、過程與抉擇；或者涵指：一個人在生、死之間的生命歷程，靈的運動本身，介於生、死界域之間所有的可能性的總體，存有與非存有的結合體，以及永恆與暫世、無限與有限、自由與命定、魂與肉體（形體、軀體）的綜合體這一方畛域㉔。

而且，這個生（生命、存在），據祁克果自述，它也便是一種「苦難」，即必須經受現實的苦難之「歷史性的」存在㉕。由於有苦難，一個人的人生難免會遭受不測的災難或禍患；祇是，祁克果卻說：「患難，它雖然比人所經驗的任何處所更為可怕，但它卻造成希望。」㉖

　　上述這一段話，其言下之意，應當是指：患難之不離人身，它或許有另外的寓意，或美意，即有益於受難者個人。何況，眞正教人絕望的，並不是患難，而是對人的生命本身之一無所知。用祁克果自己的話說，就是：欠缺對自己具有不毀滅的可能性之認知㉗。

1.信仰與存在

　　一個人自信自己之擁有不毀滅的可能性，以祁克果的觀點而言，那便是指「信仰」的本意。一個擁有信仰的人，便會相信：自己的生命，即使是在任何的時刻之中，都將因爲有神的存在，而使任何事物都成爲可能㉘。這裡談到「神的存在」，並非涵指：神係遍在於宇宙內；或指：神是在幻想的抽象媒介中的存在。藉祁克果自己的話說，即是：神──「祂只爲那存在的人而存在；祂祇存在於信仰內」㉙如果換成另一個角度的說法，便是：

　　　　「大自然，即受造物的整體，乃是神的作爲。然而，神卻不在那兒；倒是，在個別的人心裡，存在一種潛能（在潛能上，人是靈）。（人）在內向性裡，即喚醒了它，以便成為一種『（和）神（有）關係』；從而，在各處便能看到神。」㉚

2.罪與存在

　　祁克果因相信基督（宗）教之宣告神存在的眞理信息㉛，爲此，便頗能由其教義中的「罪」觀，以論述他個人有關「生命」（存在）的態度。如其自述：

　　　　「人生祇有一個必定叫人滅亡的危險，那就是罪；因

為罪使人導致滅亡。」

> 「罪造成人的滅亡；只有罪，才使人的靈魂鏽蝕，使
> 它永遠滅沒。這是古代那位哲人（按：蘇格拉底）所注意
> 到的；他拿它來證明靈魂的不朽。……（罪）即心靈的疾
> 病；這和肉體的病痛不同。後者，祇會殘害身體。」㉜

又稱：

> 「罪，也就是指：對於思考者而言，它並不是一個教
> 條，或一項教義（在這個情況裡，整個事情，就轉為空無
> 所有）；它即是一個存在的決定因素，也正是一種無法被
> 思考的東西。」

> 「罪意識，是對於存在的困思的轉化之表達。罪，是
> 新存在的媒體；沒有了它，（去）存在就僅僅意謂著：已
> 進入世界的個人，是存現的，而且是在生成變化的歷程
> 中。如今，它意謂著：已進入世界的他，已成為一個『罪
> 人』。」㉝

至於為何人會有罪意識，或者什麼是「罪」？祁克果則明
白指出：

> 「罪：是在神面前（或：心存神的概念），陷入要成
> 為自己的絕望，或陷入不想成為自己的絕望。這樣，罪是
> 強化的脆弱，或強化的挑釁；罪是絕望的強化。

> 這裡的重點，是繫於『在神面前』，或捲進了神的概
> 念。在辯證上、倫理上或宗教上，『合格』的絕望，之能
> 成為罪惡的同義辭，是因為神的概念。」㉞

　　由上文應可知悉，祁克果談述人之所以會有罪（意識），它的前提，當指：任何一個有神信仰的人，內心一旦存有神的概念，或者他把自己安置在神面前，亦即意識到自己係存在於神面前；這樣，這個人（自我），才會在神面前犯罪。至於異教徒，或自然人，因為，他們祇以「人類自我」做丈量事物的尺度，祁克果說，他們當然都是生活在罪惡裡。

　　畢竟，更確切的說，這所謂異教徒的「罪」，恰恰是對神絕望的無知，即對生存在神面前的無知；而它的意義，便是：「活在世上沒有神」㉟。

　　所以，祁克果就說，世人是無法靠自己來獲得罪意識的；除非倚藉一股身外的力量，以向他自己顯明下述這件事實，即：在（進入）生活裡，他和過去比較起來，卻已成為另一者——已成為一個罪人。這樣，他才會對罪（意識）有所認知。至於那股權能，又是什麼呢？祁克果說：它就是在時間中的那位神㊱。

　　其實，祁克果之談述人的「生」（生命、存在），雖然是以「罪人」狀態來徵定它；不過，他卻是就永恆與暫世的分野之角度來析論的；如其所稱：

　　　「從永恆觀點來看，人乃無法犯罪，也無法永遠預設他一直是在罪惡之中。所以，人是因為進入了存在（原因是，主體性即不真，是它的伊始），才成為一個罪人。人，並非在這個意義下，即在他生前，預設他是一個罪人，而成為一個罪人；反而，他是生在罪中，才成為一個罪人。這個罪，我們可稱它為『原罪』。」㊲

　　為此，祁克果歸結地說：

　　　「人和神無論在哪一方面，都是有別的：人是罪人，每個人是罪人，都是『在神面前』的罪人。……不管是用否定法或肯定法，罪可是一種普世人所共具而神絕無的事物。

　　　可以確定的是：神並不和人一樣有限；所以，用否定法，祂是無限的。不過，如肯定神，說祂是個罪人，卻是一項褻瀆。……一個罪人，……和神之間，在本質上，係隔著一條深淵而彼此分離。」㊳

　　從以上有關祁克果對「生」（生命、存在）的解析裡，我們當可知悉：祁克果之視個人的生或存在，或者在「靈」這個題目下的存在（即使它僅由自己負責，生滅能隨己之意），它當是居處在一個被表徵為「有罪性」的「暫世」中的存在。因為，一旦「剎那的罪，一被斷定，暫世便是罪。」㊴而，在罪（暫世）中出生的個人，他的存在，便也都是「罪的生命」㊵。

3.理解與存在

　　儘管如此，基於對基督（宗）教屬靈性質的體認，祁克果卻明白表示：「一個基督徒的存在，乃觸動到了存在」㊶；「只有基督徒，懂得死病是什麼意義；作為一個基督徒，他得到自然人所不明瞭的勇氣；而，這股勇氣的獲得，是因為他學到對更可怕者的畏懼。……這可怕者，就是真正的『死病』。」㊷又指說：一個人（基督徒）的一生，最重要的莫過於先「瞭解存在中的自己」㊸，因為，這是基督教徒的（生命）原則。

　　一個能「瞭解存在中的自己」的人，也即是能「向前生活」，並且看清了自己生命的路向的人；祁克果說，這個人的生命，他才會獲得平和與意義④④。而，祁克果他本人對自己生命的期許，以及對內心生活的看重，則可由下述分別清楚看出：

　　　　「我所真正需要的，是在我心中清楚什麼是我該去做的，而非什麼是我應去知道的；除非某一程度的瞭解，必須先於每一件行為。重點是，我要瞭解自己，瞭解神希望我去做什麼：去發現一個對我為真的真理；去發現那我可以為之生、為之死的理念。」④⑤
　　　　「凡是在永恆意義上趨向內心生活的，他所領會的，祇是屬靈的事，在別的事上，他則像是超然物外；對於血肉之事，俗世或想像的各種感覺，他則有如夢者或死人一般。他祇在靈性上醒覺，在下層功能方面，則全進入睡眠；這樣，他才算是醒覺者。」④⑥

（二）祁克果如何談論「死」？

　　祁克果不僅談述「時代」的（生）死之問題④⑦，更談論作為主體「個人」（存在）的死；他不祇漫談一般人的死亡觀④⑧，也嚴肅談論什麼是為理想而死的「死」④⑨。尤其，就在排比基督教的倫理暨宗教觀，以及希臘文化（哲學）之對死亡採取不同理解的進路上，更凸顯出他本人對死——即：生繫於死——所建立的觀點。

　　關於前者，他說：

　　　　「實質上，把生繫於死的觀點，可以從倫理與智性方

面來理解。基督（宗）教就是從倫理方面來構想；它並未
保留在消極性的那一方，因為，就某個程度而言，一個人
就某一部分而死，他的『另一部分』，便會遭受神性增強
的苦楚。

當這『另一部分』，已在這必死的罪身中專注、取
用，並且尊榮一切的生命力時，亦即就在這個罪身也逐漸
變小、枯乾，以至迸裂而潰亡之時，從這個罪身便會升起
（arises; hoerer）發育完全的神人——他是神按正義與聖潔
的真理所創造的。因此，基督（宗）教也假定一種和這個
再生有關之更完全的知識……。

另一方面，希臘文化則是從智性來理解這個死；這
就是說，由純粹智性方面來構想。因為這個緣故，人便可
直接認識異教了無悲哀的彼拉糾主義（Pelagianism）…
…。畢竟，由於用智性方面來理解死，人所應該棄置不理
的東西，便是某種淡漠的事物；就是應在它的處所成長的
事物，亦即某一種抽象的事物。」

又說：

「界於這兩種偉大觀點之間的關係，大概如下：

一方說道：你必須禁戒不潔的食物與支配你的食
慾，好讓健康發展；另一方則說：你必須放棄吃、喝，好
使你享受對逐漸變為空無的希求。所以，人們得知：希臘
人是比基督徒更偉大的禁欲主義者。然而，他的觀點卻是
不真。

在基督徒的觀點裡，死的一刻，便是白晝與黑夜之

間最後的爭鬥；不然，就像教會所堂皇表明的：死就是我
們的生。另一方面，基督徒則不思考衝突、疑惑、痛楚、
負面；反倒以勝利、確定性、幸福、正面為喜樂。

　　柏拉圖主義則希望：人應該對感官的認知置之不
理，好藉著這個死，而被解消到不朽的國度裡；這個國
度，即是自身同一者、自身美善者……，寓住於死寂般之
境域的所在。蘇格拉底的言詞，甚至更有力地表示了這一
點：哲學家的欲望，就是去死，並且成為死人。祇是，企
求死本身，總無法歸因於熱狂，……。」㊿

以上的引述，大意是：祁克果指稱希臘文化，係以智性與
禁欲角度在談論死，而基督（宗）教徒，則以勝利、幸福的喜
樂觀，在看待死，並且企求死後的「生」（重生）。至於祁克果
在這樣的分述後，他所建立的死亡觀又是如何呢？這可從以下
的摘述，約略看出；他說：

　　「此刻，我確定感觸到詩篇八十二篇第六節那可怕的
真理：『我曾說，你們是神，都是至高者的兒子；但是，
你們要死，與世人一樣；要仆倒，像王子中的一位。』」
㉛

以上，祁克果自述他震驚於基教（宗）教《聖經》中有關
死亡的訓義。

　　「『這病不致於死。』（約翰福音十一4），但拉撒路還
是死了，拉撒路確實死了；因為，稍後當基督說：『我們
的朋友拉撒路睡了，我去叫醒他。』（十一11）那時，門

徒誤解了他，以為拉撒路真的只是睡了，……。是的，拉撒路已死，不過，這病絕不是死病；拉撒路確實死了，這病卻永非死病。

　　……基督施行神蹟，把拉撒路從死裡叫醒，以證明這種病，不但不是死病，反而如基督所預言，它是：『為神的榮耀，叫神的兒子因此得榮耀。』（十一—4）……從人的立場來說，死是一切的結束；從人性的立場來說，僅在活著的時候，才有希望。不過，從基督（宗）教的觀點，死亡絕不是一切的終結；它祇不過是一件小事，是永生裡的一件小事。而永生，才是一切。……因此，從基督（宗）教的觀點來說，即使死亡，也不是死病。」㉒

以上，祁克果似乎頗認同於基督（宗）教的死亡觀點，即：死亡絕不是一切的終結，永生才是一切。

　　「正存在中的主體是永恆的，不過，他祇是以『作為』正存在中的短暫者而存在。無限（者）的難懂性，便透過在任何時刻所出現的死亡可能性而表現自己。因此，所有積極（正面）性的安全，都產生了可疑。如果我在每一時、每一刻都未察覺出這件事；那麼，我對生命積極的信賴，儘管它已變成了思辯性，亦即在系統的短統靴中誇示它的優越，它也會變成完全的幼稚可笑。」㉓

以上，祁克果不僅表明人的存在（靈），可具有永恆性，而且指出：死亡可能性的存在，乃迫使人成為一暫世中的（有限）存在。尤其，後者，更促使人世間一切的確定性、安全性或穩妥性，產生了無可救藥的可疑。

　　「實際上，每個人要到達永恆時，都要攜交最精確的
紀錄（按：指每個人所犯下的過失、錯誤）；……從生命
向著永恆旅行的罪犯，就像謀殺者從他犯案的所在，坐上
快速的火車逃亡一樣。天啊！就在他的火車座椅下，出現
電報，發佈訊號與座次，要警察在下一站來逮捕他。當他
到達下一站時，一從座位上站起，就立即被捕。在某一點
上，他本人帶來了逮捕令。」㉵

以上，祁克果指述任何人（罪人），至終都逃避不了永恆
（者）的最後審判。

　　「一種永福，對於每個人而言，事實上乃是一種來自
背後（內在地）的永恆預設。作為永恆者，個人乃高凌過
時間；因而，在他後面一直擁有他的永福。這就是說，唯
有一種永福是可以思考的；一種永禍是絕對不可思考的。
……如今，即出現了基督（宗）教，它且提出了這項選
言：要麼是一種永福，要麼是一種永禍；這項抉擇，即在
時間之中。」

又說：

　　「生命不朽的問題，實質上，並不是一個學問的問
題，它毋寧是個內向性的問題。它是主體藉著成為主觀
者，必須把它放進自己身內的問題。……生命的不朽，正
是所發展的主體性的潛勢與最高的發展。」㉶

以上，祁克果雖係藉重基督（宗）教的永福觀，以濟助他
個人對主體（思考者）思想的建立；但在這同時，卻隱隱約約

地涵指出他的死亡觀點：死亡不是一個人存在生命的終結，而是遙遙指出有靈魂不朽或永福，才是生命完滿的實現。

綜合以上的引述暨說明，祁克果的生命觀或生死觀，應已透顯出一個訊息，就是：神（道）與人這兩方面，存在著一項本質上無限的差異56；神——即基督（宗）教表明的永生之道，已道成肉身，使自己成為一個人（神人）。這個人並沒有罪，而有別於一般的世人（罪人）；世人唯有個人面對自己的罪身，在神面前認罪、悔改，這才有獲得赦罪與重生（按：屬靈生命的復活，或指來世的永生）的可能。

祇是，這樣的追求，並不是可作客觀性的探討、知解，而純粹是主體個人內向的、激情的、信仰的、抉擇的與決斷的問題。祁克果說：一個人之能夠在存在時間中作這般的具體思考、存在思考，他便是一個主體（主觀）的思想家、倫理的實在者、生活藝術家57、知行合一的誠信者58，以及有勇氣作「誠信之跳越」的信心武士59。

當然，這樣的主觀思考者，也是一個「整全的（個）人」。因為，他「足夠感性地把感性內容給予他的生活（生命）；足夠倫理地來節制自己的生活（生命），以及也足夠辯證地用思想來參悟他的生活（生命）。」60再者，他也當是一個「基督徒」；因為，他能把存在（生命）教人困思地強調成「罪」，並且也把永恆（者），教人困思地強調成「在時間中的神」61。

不僅如此，他在行動的實踐上，更是比希臘哲學家的行徑激情，而且就在固執於「荒謬」的宗教（按：「宗教心B」）——因而，成為「荒謬」的信心武士——之餘，也更能力斥要

成爲一個基督徒的阻力：知性之罪⑥。

　　循乎此，祁克果的這種倫理人、藝術人或宗教人（格），也無不是一個「無限者」了。原因是，他能做絕對的冒險，爲此，而「脫胎換骨」似地成爲另一個「個人」。⑥

二、莊子的生死觀的內在涵意

　　莊子談論生、死的問題，在現存三十三篇的作品中，至少出現於〈逍遙遊〉第一、〈齊物論〉第二、〈養生主〉第三、〈人間世〉第四、〈德充符〉第五、〈大宗師〉第六、〈秋水第〉十七、〈至樂第〉十八、〈達生第〉十九、〈田子方〉第二十一、〈知北遊〉第二十二、〈庚桑楚〉第二十三、〈寓言〉第二十七，以及〈天下〉第三十三……等以上的篇章裡⑥。而，莊子他所使用的語言，多半是以「謬悠之說、荒唐之言、無端崖之辭」，或者巵言、重言與寓言⑥，藉恣縱不儻的方式，以談論生死；並且，企圖由破除對所謂的「假我」之纏執，以達到精神（自我）自由的無待境界。

　　再者，由於莊子頗重視「無心」地悠遊於道化的天地之中暨天地之外，因此，他之談述生、死問題，顯然不是刻意就思辯形上學的觀點，而是純就前述的情意我（精神我、眞我）——道的「觀照者」——之審美立場，或所謂「工夫義」的實踐我的立足點，在縱談生、死。目的無它，即企想從個人（自我）精神的超脫塵俗，以證成爲「上與造物者遊，而下與外死生無始終者爲友」的至人、聖人、眞人、天人或神人的生命藝境⑥。

　　以下，謹就筆者個人研讀莊子或莊學（參⑥）的作品之心

得，列述莊子的生死觀暨其蘊涵的意義：

（一）順命與生死

在莊子哲學中，生死問題當是他思考的中心⑰。其實，人之生即稟形（體）於世，倏忽便有死，豈不教人費解又悲哀？生命意境高遠者如莊子，儘管他體道，又崇道，並且重視個人精神的逍遙與無待，但目睹眾生，不免也會有這類的感傷，像他就說：

> 「而彭祖乃今以久特聞，眾人匹之，不亦悲乎！」（〈逍遙遊〉‧第一）

> 「一受其成形，不忘以待盡。與物相刃相靡，其行盡如馳，而莫之能止，不亦悲乎！終身役役，而不見其成功，薾然疲役而不知其所歸，可不哀邪！人謂之不死，奚益，其形化，其心與之然，可不謂大哀乎？人之生也，固若是芒乎？其我獨芒，而人亦有不芒者乎？」（〈齊物論〉‧第二）

> 「生之來不能卻，其去不能止；悲夫！世之人以為養形足以存生；而養形果不足以存生，則世奚足為哉！」（〈達生〉‧第十九）

又說：

> 「人之生也，與憂俱生，壽者，惛惛久憂不死，何苦也！」（〈至樂〉‧第十八）

然則，由於對古代真人（聖人），有如關尹、老子達觀的生死態度暨生命氣象有所體認⑱，莊子遂起而效法，並在兀自

悠遊於「天地之始」的藝術化境之餘，即以順命的、守道的暨平靜的心情，看待生、死，並安處生、死。關於莊子的平靜與順命，可見以下的引述；他說：

> 「死生，命也，其有夜旦之常，天也。人之有所不得與，皆物之情也。」（〈大宗師〉・第六）

> 「死生存亡、窮達貧富、賢與不肖、毀譽、飢渴、寒暑，是事之變，命之行也。」（〈德充符〉・第五）

又說（當老子之死，借憑弔者秦失之言，以述己志）：

> 「適來，夫子時也；適去，夫子順也。安時而處順，哀樂不能入也，古者謂之帝之懸解。」（〈養生主〉・第三）

此外，亦借人（生）的有限性及知（識）的無涯止，以呈示靜心與順命的重要：

> 「吾生也有涯，而知也無涯。以有涯隨無涯，殆已。」（〈養生主〉・第三）

> 「故生而不說，死而不禍，知終始之不可故也。計人之所知，不若其所不知；其生之時，不若未生之時；以其至小求窮其至大之域，是故迷亂而不能自得也。」（〈秋水〉・第十七）

至於莊子的守道（守宗），並善待生死，可見下文；他說：

> 「死生亦大矣，而不得與之變；雖天地覆墜，亦將不

與之遺。審乎無假而不與物遷，命物之化而守其宗也。」
（按：記孔子之言，以述己志；參〈德充符〉‧第五）

「夫大塊載我以形，勞我以生，佚我以老，息我以
死。故善吾生者，乃所以善吾死也。……故聖人將遊於物
之所不得遯而皆存。」（〈大宗師〉‧第六）

從以上的引述可知，莊子的生死觀，委實可稱之爲一種順
命的，或達觀的生死觀。莊子之達觀，是因爲：他不認爲「我」
——這作爲情意我、精神我或眞我的「我」，會隨著事物的遷
流變化（如：形體我的變化、消失）而永遠消滅。再者，莊子
之順命，是因爲：他認爲遊心於生（身、天地）之外，便能見
獨，無古今，而後入於不死不生之境：

「已外生矣，而後能朝徹；朝徹，而後能見獨；見
獨，而後能無古今；無古今，而後能入於不死不生。」
（〈大宗師〉‧第六）

（二）養眞與生死

由於能見獨，無古今，並入於不死不生之境，莊子當然是
從「遊」心於道而立論的。原因是，在莊子看來，道既有情、
有信、無爲、無形、自本、自根，而且又先天地生㊾；那麼，
道當是「無終始（者）」，祇是物卻有死生㊿。遊心於道，即須
有虛己（心齋）、專氣凝神，或坐忘（喪我）的養眞之工夫；
如此，眞我（精神我、情意我）才能超越生、死的困境。詳細
的說，關於虛己（心齋）的工夫，可參見下述：

「若一志，無聽之以耳而聽之以心，無聽之以心而聽

之以氣！聽止於耳，心止於符。氣也者，虛而待物者也。
唯道集虛；虛者，心齋也。」（按：借孔子之言，以抒己
志；〈人間世〉‧第四）

「人能虛己以遊世，其孰能害之！」（〈山木〉‧第二
十）

關於專氣凝神的工夫，可參見下文：

「古之真人，……其息深深。真人之息以踵，眾人之
息以喉。」（〈大宗師〉‧第六）

「藐姑射之山，有神人居焉。……不食五穀，吸風飲
露，乘雲氣，御飛龍，而遊乎四海之外。其神凝，使物不
疵癘而年穀熟。」（〈逍遙遊〉‧第一）

「彼方且與造物者為人，而遊乎天地之一氣。」（〈大
宗師〉‧第六）

至於有關坐忘（喪我），即於外無待、於內無繫，且可忘
物、又可忘天的遊心工夫，請參見下文：

「墮肢體，黜聰明，離形去知，同於大通，此謂坐
忘。」（借顏回之言，以抒己志；參〈大宗師〉‧第六）

「南郭子綦隱机而坐，仰天而噓，荅焉似喪其耦。」
（按：其形如槁木，心如死灰、喪我狀；參〈齊物論〉‧
第二）

「故德有所長，而形有所忘，人不忘其所忘，而忘其
所不忘，此謂誠忘。故聖人有所遊。」（〈德充符〉‧第
五）

自此應可得知：莊子的坐忘工夫，應即是大通之道的工夫；因爲，唯有大通（於道），眞我始能逍遙於方內、方外。再者，莊子的坐忘（喪我）工夫，也即是忘己、無己的眞工夫⑦。因爲，忘己、喪我而無己，自然也能泯人、我之別，而通人、我暨物、我之境，有如莊子自稱他與蝶同化的比喻之所示：

「昔者莊周夢爲蝴蝶，栩栩然蝴蝶也。自喻適志與，不知周也。俄然覺，則蘧蘧然周也。不知周之夢爲蝴蝶與，蝴蝶之夢爲周與？周與蝴蝶，則必有分矣。此之謂物化。」（〈齊物論〉·第二）

總括以上所述，莊子的生死觀，也可稱作是一種「實踐的」暨洞觀的生死觀。指莊子的「實踐」暨洞觀，是因爲：他洞觀到萬物生死瞬變，或死生萬化，其本都不離於一，也都歸於一；因此，能「貴一」，而且無患、又無惡（具實踐的工夫義）。如下所述：

「生也死之徒，死也生之始，孰知其紀！人之生，氣之聚也；聚則爲生，散則爲死。若死生爲徒，吾又何患！故萬物一也，是其所美者爲神奇，其所惡者爲臭腐；臭腐復化爲神奇，神奇復化爲臭腐。故曰：『通天下一氣耳。』聖人故貴一。」（〈知北遊〉·第二十二）

「亡，予何惡！生者，假借也；假之而生生者，塵垢也。死生爲晝夜。且吾與予觀化而化及我，我又何惡焉！」（按：借滑介叔之言，以抒其志；參〈至樂〉·第十八）

「有乎生，有乎死，有乎出，有乎入；入出而無見其
形，是謂天門。天門者，無有也；萬物出乎無有。有不能
以有為有，必出乎無有，而無有一無有，聖人藏乎是。」
（〈庚桑楚〉‧第二十三）

又說：

「孰能以無為首，以生為脊，以死為尻；孰知死生存
亡之一體者，吾與之友矣。」（〈大宗師〉‧第六）

三、比較

從以上的單元，即對雙方的生死觀作一個別的析述之後，
筆者認為，似可作出以下異（或：同中有異）、同（或：異中
有同）的比較，以凸顯祁克果與莊子各人的生死觀的特色。

（一）同（或異中有同）的方面

在同（或異中有同）的方面，大約可從下述三個角度，來
洞觀到雙方生死觀的相似性：

1.在把生繫於死這一存在的理解上

在大原則上，祁克果與莊子都認同把生繫於死這一存在的
理解上（儘管莊子經常指述死生，而非生死）；並且認定：形
體（形軀、肢體）我（的存在），當是一種短暫的存在，而精
神我（真我、靈性我），則是永恆性的存在。

又，因為有精神我的存在，故一者（祁克果）追求永福、
永生；而另一者（莊子），則追求長生。

2.在宏觀暨終極關懷上

在宏觀暨終極關懷上，祁克果與莊子都認為：有一「超越

界」的存在；又居於這超越界的「永存者」，不僅滲入人所居住的時空中，而且也介入人的生活作息內。在祁克果而言，這永存者，就是自身生命無始無終，而卻能在時間中履現的神——也稱爲「生命之道」；這個「道」，係有意創生天地萬物，然而，唯有信仰（神）者，才認出它的永存。而，在莊子而言，這「永存者」，則是「未有天地，自古以固存者」，它不僅「生天生地」，並且「先天地生」，可視作無心創世的「造物者」，或「外死生、無終始者」；一般的自然人，或憑自己本性（天性）而生活的人，都可感知它的存在——它便是自然化生萬物的「道」。

3.在微觀暨實踐工夫上

在微觀暨實踐工夫上祁克果與莊子都認定：能洞知並瞭解存在中的自己——儘管伴隨有苦難（祁克果語）、悲哀或憂患（莊子語）——，始是破除對形軀我（肢體、假我）之纏執的入門；接著，即須要有實踐的工夫以爲配合。

在祁克果而言，他的實踐工夫，則落在人首先就須發現（借無限內向的反省，即激情式的專注）自己，即和神保有一種（潛在的、依存的）關係，並藉著這層關係而扮演自己的角色；有如：人就「必須學習放棄自己有限的理解（即：悟性），以及天生的識別習慣」⑫，極力在神的恩眷中，篤信眞神永遠的救贖，並且就在平日膽勇的倫理覺醒暨（宗教的）修持上，看穿生死，而且始終以勝利、希望、確定性與（永恆）幸福爲樂（參⑤）。

對祁克果而言，一個人若能有如此的自覺及實踐，他也便是一個「整全的人」，或「無限者」了；因爲，他兼融有感性

（審美性、情意性）、倫理（德性），以及宗教（靈性、精神性）諸存在特徵，而實為一膽勇的「信心武士」⑬。

　　然而，在莊子而言，他的實踐工夫——儘管不具有積極、正面義的道德實踐內容——卻是就一整個人，即主體存在之對命運本質的洞觀，而由體道順命（如：安時處順）做起，以達到虛己、無己、無我（喪失）之精神的逍遙境界。

　　勉強地說，莊子的這種修持工夫，也當是秉具所謂「自然主義」（按：中國哲學義的）特徵的道德實踐。因為，它是倚藉消極（性）、無心、無為，或無功的「順道自化」（隨緣自化）法，以證成聖人、至人、神人或真人……等生命典型的內斂調息工夫⑭。

（二）在異（或：同中有異）的方面

　　大約可從以下兩個角度，來發現雙方生死觀的差異性：

1.在神觀背景上

　　祁克果篤信猶太—基督（宗）教，即相信該教「啟示」出神創造天地萬物，並且掌控萬有生、滅（包括人類的生、死）的命運。因為，有神（獨一神）的存在，人便是受造者，即按正義與聖潔的真理被天神所創造⑮，而非自生、自滅者。但是，因人的始祖亞當（Adam）犯了罪，所以，全人類（無論古今）也都陷身在罪惡中，成為罪人，而難以自拔。因此，人的存在生命，在本質上，便是一種「罪的生命」；除非世人虛心、虛己地信靠神藉耶穌基督的降世，始有脫罪、並獲重生的可能。

　　詳細的說，凡能信靠神藉道成肉身的基督耶穌以施行拯救者，他便能夠看穿死生的關鍵——克勝罪的權勢；並且就在個

人順服、認罪與悔改⋯⋯等生命轉換的過程上，憑藉實際的信心暨行動，以克服罪（惡）的誘惑以及戰勝死亡。唯有如此，至終，他就將由證得「神人」的生命典型，以躋身於永生國度。

以上，這些是祁克果的生死觀之主要神學（宗教面向）上的背景。無怪乎，包括他的生死觀在內種種的存在思維，都脫離不了這極具宗教取向的設計；因為，祁克果就曾自述：「透過和某一歷史事物建立關係，而能在時間中裁定一種永福，這就是我實驗的內容；如今，我要稱它就是基督（宗）教。」⑯

至於對莊子而言，因為，他頗能接納「道」係作為一種「不死不生」、又「先天地生」，以及萬古以固存者的觀點；在相較之下，勉強地說，筆者認為：莊子的這種具「自然主義」色彩的道（化）觀，也當是一種在所謂自然哲學或自然神學（本性神學）發展下的產物。它可有別於祁克果所接受的啓示神學，或超本性神學的內涵。

因此，在這種自然哲學暨神學的觀照下，莊子的（個人）存在觀，自然也就是所謂祁克果評述的「自然人」，或「異教徒」的個人存在觀：係以「人類自我（本性）」來丈量一切（存在）。這誠然有如古希臘先蘇格拉底期的哲人普羅塔哥拉斯（**Protagoras of Abdera**，約480-410 B.C.）的指稱：「人是萬物的尺度」，即以個人感官知覺的判斷能力，來衡量一切存在、詮釋一切存在一般⑰。

為此，莊子對個人（存在）的觀察，在他而言，便可當成下述這樣來理解：他是一個「自然人」，亦即由道的萬變、萬化而成者；他當然不具有罪性，因為，道本身即無為、自然，

而非罪。更不用說，道曾恣意縱容人類犯罪；最後，道始親自
下凡，來爲人類贖罪，俾拯救人類至永生的畛域。

總之，在莊子看來，人理應順道而生、順道而亡，就是在
他死後，他也有「再生」的可能；因爲，他能融入道的大化流
行中。當然，在莊子的生命觀上，他毋寧認爲：人就在今生今
世中，憑藉墮形體或離形去知的喪我工夫（參前），便可即時
達到再生（長生）的可能。因爲，他秉道行事，不刻意造作，
便能同道悠遊於天地之中、天地之外；甚至，遊心於天地之
始、浮遊於萬物之初，而渾然超離了生與死。

其實，關於莊子的這種主張，筆者擬總結的說，它無不是
古代民間神話（神仙說）的一種形變，而委實有別於祁克果持
守的基督救贖觀。

2.在「心」（靈、精神）的詮明上

祁克果對人「心」的詮釋，係透過人的三一結構，即：靈
（心靈）綜合了魂與體；或存在的個人，便是一個正存在中的
靈而把握的。這個心，也便是靈，或精神；它應該是一個人的
「眞我」，或永恆的我。祁克果基於一個人的靈之具有永恆性，
而表明在人的存在背後，擱有「永福」。祇是，人爲了能證得
永福（永生），他便必須克服肉身必然的死。

畢竟，據祁克果的觀點，人要克服肉身必然的死，他就不
能倚靠自己本性的認知，反而亟須藉重外來的啓蒙或光照。這
外來的啓蒙，或光照的力量，不是別的，它就是神的發言、神
的示現。如先前所述：神親自道成肉身、降世爲人，並且生活
於世、宣講天國福音；最後，按著日期，被釘死、復活，而又
升天。這一整個事件，便是永恆暨實質眞理本身——神，之向

世人正式昭告「人人有罪」的宙世大事件。而且，在祁克果而言，這一整個事件本身，也更在顯示：今世當是全人類，有幸蒙恩，藉著脫離罪惡羈絆，以證得真正精神自由暨靈魂解脫的唯一契機。

這也就是說，唯其人人內心謙卑，屈服於神永恆真理的指引下，即倚藉重生的洗滌（按：水、靈二洗及道洗）；那麼，他的真我（精神我、靈性我），始能獲得真實的自由。套用聖經自己的話說，那便是「在地如天」的真自由之寫照。否則，人便無法脫罪，而永遠生活在罪中。

祁克果曾表示，虔信者若運用「誠信之跳越」（leap of faith），他便能達到一個凡人所無法證得的靈性（屬靈）境界。這樣的表述，也可說是一個人的脫罪，從而證得了心靈真正自由、又「逍遙」的明證。這裡的脫罪、又逍遙，可用祁克果自己的話說：槁死於世俗；即（心靈）和世俗死別。然則，同時又能藉心靈的神遊神國，而與真神作實際的密契、溝通暨靈交。

至於莊子，儘管他逐視個人的真我（即：自我、精神我、情意我），能倚藉本性（即：依道而成）之指引，而悠遊於天地之間或天地之外，亦即能夠「上與造物者遊，而下與外死生無終始者為友」（〈天下〉‧第三十三）；但是，他對這種「心」（心靈）的理解暨詮釋，卻祇是範限在感性、審美性、情意性，頂多，祇達到德性（我）的生命境界，而未達到祁克果所表明的「宗教性」——這極具困思、弔詭，又費解的性靈境界。

關於祁克果的「心」（靈）觀之如此與莊子的不同，其唯

一的理由，當在於：祁克果是以（教人）困思的觀點，強調存在（生命）即是「罪」。而莊子，則否。既然存在是罪，一個主體者的生命，便有先天的限制；最明顯、又無情的限制，便是人人皆有一死，而且，死後有審判。人之生有死，死後又有審判，那麼，一個人的生與死，便很難超脫了，遑論能作精神的逍遙，或自由的悠遊。除非，人的一切罪污，完全受到赦免。

莊子之無視於眞神的存在，逕視人的心靈即具道的發用，這自然無法理解人的存在，何以能夠像祁克果所說的即具有困思性、弔詭性或費解性；從而，構成他之與祁克果的生死觀有其「心靈結構」上的差異。

換句話說，祁克果逕視人神有別，前者爲罪人，後者則爲聖者。而莊子，則視人道不二，人則由道所生，而秉具道的自然本性；道則是萬有生化的本源，也是萬有變化之所趨。

總之，若以莊子的角度，評析祁克果的生死觀；後者，自是「有待」的、又「有爲」的生死觀，而從未獲得眞正心靈的解脫。至於若由祁克果的觀點，來評判莊子的生死觀；後者，顯然便是「心中無神」，是活在絕望中的自然人，之在人世間唯一僅有的心靈慰藉。這兩方的論判，以及其對對方的批判，委實代表東西方不同文化背景暨思想傳統下的產物。在此，可否問到：它們有否協調或融合的可能？答案，請見下文之所示。

參、雙方生死觀的現代啟示

一、祁克果的生死觀的現代啟示

祁克果的生死觀，基本上是結合著猶太─基督宗教的福音信息，以及祁克果本人對個人存在所作的主觀詮釋暨體驗。儘管祁克果自稱，他對一個人生、死問題的提出，以及嘗試提供解答，純粹關涉到基督（宗）教允諾的「永福」；並且又稱，一個罪人，他唯一所能選擇的，並不是去論證基督（宗）教這般的允諾究竟是否為眞，而是如何使自己能和它建立某種的關係；筆者認為，我們從祁克果這樣的「思想實驗」裡，當可得到一種認知，即：祁克果他本人之所以有這般的關懷或顧慮，確實值得我們正活著的人理應去思考的。

因為，箇中亟需加以澄清的問題有二：

（一）人會死究竟是什麼意思？（What it means to die?）

（二）靈魂會有不朽究竟是什麼意思？（What does it mean to be immortal?）

關於前者，祁克果透過他個人的存在反省暨溯源的自覺，終於覺悟出：人之會死，是因為有罪。這（個）罪，它並不是教條或教義；罪本身便是一個存在的決定因素。又，罪的範疇，即是「個人」的範疇，罪也是根本無法被思考的東西；不過，罪卻會使一個人永遠地脫離永恆。

祁克果再次指出：罪的嚴重性，是它「實際存在於個人裡

面，不管是你、是我」；人完全無法用思辯的方式來談論罪。既然如此，每個人唯有透過他自己主觀的體驗，始能夠去瞭解罪。誠如他的自述：

「罪怎樣進入了這個世界，每個人只有單靠他自己才能瞭解。如果他想從別人來得知它，他『本身』（eo ipso）便誤解了它。」[78]

今日，生存在今世的人們，包括你、我，無可否認的，我們都生活在緊張、忙碌，有時亦感覺到正生活在無奈、荒謬、不安、怨罪，或死亡的陰影中。你、我難道都不覺得：究竟是什麼原因，使得我們每一個人都非去經受這樣的生活不可？難道是環境使然？是社會互動的必然？抑是我們作為一個人本身所導致的結果？關於諸如這類的問題，可說問不勝問，也層出不窮地迷眩世人的心眼。

祁克果個人所做出的思想實驗，誠然發人省思，不得不教時人寄予高度的注意。因為，他確實注意到了這「存在的決定因素」——罪。特別是，他更提醒時人：可要對（罪所導致的）死亡的蘊意，提出一種倫理的表述；並且，也更要面對戰勝死亡，提出一種宗教的表式（參前）。

的確，祁克果的這番提醒，已帶給今世的人們一帖醒腦劑：世人亟應對死之作為一個人的存在可能性，提早做出準備；尤其，更不應或忘它在倫理暨宗教面向所秉具的雋永意義。

而，關於後者——即：靈魂會有不朽究竟是什麼意思？——，祁克果也明正的指示：它毋寧是一個內向性的問題，而

不是一個學術的問題。因爲，同前一項問題一樣，這個問題既
然在客觀上無法被提出；所以，它也無法作客觀的解答。只有
一個存在的個人，眞想成爲主體者或主觀者，他始會眞正去關
懷這一個問題；就如同他會做這般的詰問：「我變成不朽嗎？
或不是不朽的嗎？」⑦

　　靈魂不朽，這在祁克果的觀感裡，它當是攸關倫理之一切
事物至高的發展。有如祁克果就說過：

　　　「一切倫理的發展，都繫於在神面前成為透明化。」
　　⑧

　　這裡既然談到「一切倫理的發展」，那麼，它的支撐背
景，當是涵指：作爲倫理主體，或倫理實體之存在的個人。這
存在的個人，從靈的觀照角度來看，他無不是一個不斷從事倫
理實踐的「永恆者」──儘管是作一個暫世存在的永恆者。
而，這樣的永恆者，他在這位宙世的永生神面前，便無一心思
企圖能夠躲避神的視線。無怪乎，祁克果要說，神是活人的
神，祂更是縱覽古今一位眞實的系統思考者。

　　祁克果由談述靈魂不朽，延伸到他本人對基督（宗）教所
允諾的「永福」之終極地關懷，誠然有助於時人重新反省他個
人存在的處境，以及正視他個人存在的精神追求：或是了無止
境地追逐物質文明所帶來的一切，或是恆久不斷地「恆心行
善，尋求榮耀尊貴，以及（追求）不能朽壞之福」⑧。若是後
者，它的報酬，便是「永生」。不然，便是「神的」忿怒與惱
恨，以及（自身的）患難和困苦。

　　祁克果本人的（德性）生命之啓示，便是恆久不斷地探索

永福、生命的尊貴與榮耀。爲此，筆者認爲，他對當代人的啓示，應是積極性，而且又是具有建設性的。

二、莊子的生死觀的現代啓示

莊子的生死觀，基本上是結合中國民間的神話，以及莊子從前代聖哲（眞人）的生命體證所「調適上遂」⑫而得的。

儘管莊子談述生死（即死生），純係由道的觀照者——即情意我、審美我、眞我或精神我作出發，而體悟到遊心於天地之中、萬物之始之至樂；這在中國已蔚爲士人追求山林之美，以及修道者企求能魂遊象外的精神指標。但是，不容諱言，這種順命隨道，或無爲而自化的人生修持（工夫），卻造就出時人安素守常的平淡人生觀。

它平淡又平靜地看待人世間的死生存亡、窮達富貴、賢與不肖、毀譽、飢渴、寒暑，固然有它的高遠意境；特別是在這汲汲營營的世代，尤能顯發它的超脫、摯眞與無華的價值。不過，面對於當今的時代變局，以及西風東漸所稍來的宗教氣息（尤其，以罪教義出發，並且以復活暨生命之道來感化，並轉化一個人的生命態度的基督宗教），這作爲中國歷來學仕之人的心靈依託之學，是否有足夠的哲理暨實質訓義，能喚醒時人的高度矚目和重視？

平心而論，在判教之下，道家的整體思想，它所扮演的實質功能，也僅能發揮在一個人之對宇宙人生所作的哲學洞察上，而絕無法取代爲一種宗教的角色暨發揮後者的眞實功用。而，談到莊子對死生的態度，或者莊子本人企圖建立的生死觀，它的指導性價值，便祇能止於對一個人逐作開示或指引，

而無法提供眞實的保證；亦即保證凡採取這種觀點的人，即眞正能超越了死生，而獲致長生。它的原因，沒有別的，還是如前所述：它是一種人生（人性）的洞察，而不是「宗教」。更且，它也只是人之本性的一種反映，而不是有超本性（者）的一項介入暨指引。

總之，面對西洋東傳的基督（宗）教，道家莊子的生死觀，便難以作「無待」、「無心」的達觀暨悠遊了。因爲，前者不僅夾帶強勁的學理基礎，它更藉其「眞理」與「生命」的實質教化，不斷建構地闡釋人生的究竟，以及人類死後的巧妙安排。筆者認爲，基於這種的思想處境，今人確有必要重新省察莊子的生死觀之秉具的「實質性效益」。

當然，若僅視之爲一種人生的觀感，或人生修持的參考，莊子的生死觀，的確是有它的重要價值暨指引作用。不過，如果將它視爲宗教人生的指導原則，則未免會輕忽一個人的存在極致之問題——永生（永福）。因爲，畢竟，人死後的世界，究竟是如何？從來沒有人知曉；爲此，爲了謹愼起見，攸關個人存在的終極歸宿之問題，今人委實不宜妄作天眞地對待。何況，時人對自己當前或當下生命的存在之究竟，不見得能夠十分地了然於心。爲此，筆者認爲，莊子的生死觀，它對當代人的啓示，似乎是負面性的，以及又不具有建設性的。

肆、結　語

　　從以上對祁克果和莊子的生死觀所作的比較與分析的結果看來，世人有關生死的問題，確實呈現出兩極的思維取向或型態：一者，以達觀、釋然的態度對待它；另一者，則以謹愼、戒懼的姿態面對它。前者，可以莊子作代表；而後者，可以祁克果作代言人。或者，前者，可用中國的儒家爲表徵；而後者，可以（西方的）原始基督（宗）教作典型。祇是，箇中的關鍵，則在於如何地看待人的「存在」。

　　因爲，視之宜採謹愼、戒懼的姿態面對它的，乃是認爲：存在即是罪。而以達觀、釋然的態度面對它的，則認定：存在即是自然，即是（道）德，而非罪。

　　是罪？非罪？這一困擾人的問題，確實難以明確解決。不過，比起莊子，筆者認爲，祁克果的人生思考暨恆久的追求，的確已給予時人一種啓示，那就如同《聖經》‧〈希伯來書〉第十一章一整章的主題內容之所示：唯有「信」，且因著「信」，人便能從遠處望見一個「更美的家鄉」──一座神在天上早已爲世人所預備之永久的城邑。

註　釋

①據載，古稱僊人，意爲：超脫世俗、無軀體又可飛升之人，或作：神明。僊字，首見於《周詩》，如：「屢舞僊僊。」（詩，賓之初筵）。說文，言僊爲：長生僊去。轉引陳元德：《中國古代哲學史》；台北，台灣中華書局，1957年7月，頁273。

②勞思光：《新編中國哲學史》（一）；台北，三民書局，1984年1月，增訂初版，頁256。

③吳康：《老莊哲學》；台北，台灣商務印書館，1958年1月，三版，頁127。

④S. Kierkegaard, *Concluding Unscientific Postscript to the Philosophical Fragments*（以下簡稱CUP; tr. David F. Swenson and Walter Lowrie; Princeton: Princeton University Press, 1846 & 1944），pp.53-54。筆者按：本「溯源自覺」一語，係參照沈清松教授的翻譯暨更正而援用，謹此深表謝意。

⑤S. Kierkegaard, *The Point of View for My Work as an Author*（以下簡稱PV; tr. with introduction and notes by Walter Lowrie, ed. with a Preface by Benjamin Nelson; New York: Harper & Row, 1962），p.146.

⑥祁克果在《憂懼的概念》一書裡，更借「憂懼」此一心理感

受，表明靈之與自己（按：魂與肉體）如何地建立關係；像
他就說：

> 「人是一種魂與體的綜合；不過，如果這兩者未結合在
> 一種第三因素裡，那麼，一種綜合便是不可思考的。
> 這第三種因素，就是靈；……。」

> 「靈是存現的，祇是（它是存現）在一種直接性的狀態
> 中，亦即（存現在）一種夢幻的狀態裡。」

> 「靈是怎樣的和自己，以及和它的情境產生關聯呢？靈
> 是以作為憂懼的形式，跟它們建立關係的。」

又說：

> 「靈無法除去自己；靈祇要在自己的身外擁有了自己，
> 它就無法抓住自己。……人無法免除憂懼，因為他愛
> 上了它；實際上，人並不愛它，原因是他要逃避它。」

S. Kierkegaard, *The Concept of Dread*（以下簡稱CD; tr.
Walter Lowrie; Princeton: Princeton University Press, 1844 &
1957）, pp.39-40.

⑦S. Kierkegaard, CUP, p.76.

⑧*Ibid.*, p.151.

⑨*Ibid.*, pp.128、284、309、119、348、138.

⑩*Ibid.*, p.141.

⑪*Ibid.*, p.159.

⑫如老子對道本身的體悟之言：

> 「有物混成，先天地生，寂兮寞兮，獨立而不改，周行
> 而不殆，可以為天下母。吾不知其名，強字之曰道，

強為之名曰大。」(《道德經》,第二十五章)

莊子的證悟之語是:

「道通為一;其分也,成也;其成也,毀也;凡物無成
與毀,復通為一。……已而不知其然謂之道。」(〈齊
物論〉‧第一)

「夫道有情有信,無為無形;……自本自根,未有天
地,自古以固存;……在太極之先……,在六極之下
……,……先天地生……,長於上古……。」(〈大宗
師〉‧第六)

⑬如莊子引述老聃之語,以伸己志:

「胡不直使彼以死生為一條,以可不可為一貫,解其桎
梏,其可乎?」(〈德充符〉‧第五)

另引述子祀、子輿、子犁與子來四人的談話,而表明死生存
亡的一體(性):

「孰能以無為首,以生為脊,以死為尻;孰知死生存亡
之一體者,吾與之友矣。」(〈大宗師〉‧第六)

⑭如假託孔子與常季之問答,借孔子之語表述己見:

「死生亦大矣,而不得與之變;雖天地覆墜,亦將不與
之遺;審乎無假,而不與物遷;命物之化,而守其宗
也。」(〈德充符〉‧第五)

⑮關於莊子的形體(形軀)我之與自我(真我)的差別,可見
下文:

「夫大塊載我以形,勞我以生,佚我以老,息我以死。

故善吾生者，乃所以善吾死也。……若人之形者，萬
化而未始有極也，其為樂可勝計邪！故聖人將遊於物
之所不得遯而皆存。」

由此可見，能破除對形體我之執著者，莊子也以「聖人」稱
之。（參：〈大宗師〉·第六）

⑯〈天下〉·第三十三。

⑰王叔岷：《莊學管闚》；台北，藝文印書館，1978年3月，
頁187～188。

⑱莊子著，郭象注：《郭象注莊》（下）；台北，金楓出版有
限公司，1987年5月，頁214。

⑲陳俊輝：《祁克果的「存在與系統的辯證」》；台北，台大
哲學研究所博士論文，1991年12月，頁194～197。

⑳基督（宗）教，《聖經·新約》·〈約翰福音〉一：1。

㉑同上，〈使徒行傳〉十七：28。

㉒如祁克果的自述：「透過和某一歷史事物建立關係，而能在
時間中裁定一種幸福，這就是我實驗的內容；如今，我要稱
它就是基督（宗）教。」參S. Kierkegaard, CUP, p.330.

㉓S. Kierkegaard, *The Concept of Irony*（以下簡稱CI; ed. and tr.
Howard V. Hong and Edna H. Hong; Princeton: Princeton
University. Press, 1841 & 1989），p.112.

㉔陳俊輝：《祁克果與現代人生》；台北，黎明文化事業公
司，1987年5月，頁13～14。

㉕S. Kierkegaard, *Philosophical Fragments or a Fragment of
Philosophy*（以下簡稱PF; tr. David F. Swenson, rev. by
Howard V. Hong: Princeton: Princeton University Press, 1844

& 1967）, pp.91, 93-94.

㉖祁克果著，陳俊輝編譯：〈喜樂的音符〉，收錄於《祁克果語錄》；台北，業強出版社，頁223。

㉗祁克果著，孟祥森譯：《死病》；台北，水牛出版社，1970年8月，頁37。

㉘同上，頁36。

㉙祁克果：《日記》，收錄於《祁克果語錄》；1846年5月5～13日（柏林），頁302。

㉚S. Kierkegaard, CUP, pp.220-221.

㉛至於有關基督（宗）教的真理之肯證或否證的問題，祁克果則頗技巧的予以迴避。因為，他說：罪人並無法對它作出肯證或否證；不過，卻衹能關切自己和它（有怎樣）的關係。*Ibid*., p.47.

㉜同註㉖，頁22～223、321。

㉝S. Kierkegaard, CUP, pp.518、516-517.

㉞同註㉗，頁208。

㉟同上，頁211～212。

㊱S. Kierkegaard, CUP, p.517.

㊲*Ibid*., p.186.

㊳同註㉗，頁141。

㊴S. Kierkegaard, CD, p.82.

㊵同註㉗，頁91。

㊶祁克果：《日記》，1854年，參同註㉙，頁359。

㊷同註㉗，〈引言〉，頁3。

㊸S. Kierkegaard, CUP, Book II.

㊹祁克果：《日記》，1843年5月17日（柏林），以及1835年8月
　　1日，參同註㉙，頁63、62。

㊺祁克果：《日記》，1835年8月1日，同上。

㊻同註㉖，頁46。

㊼像他對當代（人）的批評所附帶顯示的：

> 「我們時代所欠缺的，並不是反省，而是激情。因此，
> 在某一意義上說，我們的時代是太纏執於生，而無法
> 死；因為，垂死是一項最顯著的跳越。」

S. Kierkegaard, *Fear and Trembling & The Sickness unto
Death*（tr. Walter Lowrie and tr. revised by Howard A.
Johnson; New York: Doubleday, 1843 & 1954）, p.53.

㊽意指，一般人常自述道：「一個人衹能活一次！」為此，人
　　總希望在死亡前，能實現今生未了的願望，有如：能到巴
　　黎，儘可能的發財，或好好成為世上的一個偉人。祁克果的
　　譏評是：這個人（的靈魂）之戀棧於此項願望，但這項願望
　　並無法實現，而顯得教人可怕；不過，他又說：最可怕的
　　事，卻是他一直攀附於它的那一股激情。
　　祁克果：〈對基督教界的攻擊〉，收錄於《祁克果語錄》，頁
　　67。

㊾他說：

> 「為理想而死的人，和因模仿他而尋求犧牲的人之間的
> 不同，係在於：前者在死亡中，極其完美地表現了自
> 己的理念；後者所享受的，卻是不能表現理念的苦
> 楚。前者，欣喜於勝利；後者，卻衹在痛苦中自得其

樂。」(祁克果:《日記》,收錄於《祁克果語錄》,1836年3月,頁272。)

這可以蘇格拉底之死爲例。在祁克果認爲:蘇格拉底之成爲一項犧牲,雖是一種悲劇的命運,不過,他的死,實質上卻不是悲劇。因爲,作爲一個悲劇英雄,蘇格拉底並不畏懼死亡,——儘管認爲它是一項苦難,也是一條艱辛而困難的道路——,所以,對他而言,死並不實在。唯一實在的,當是他的理想之實現。(S. Kierkegaard, CI, p.288.)

(50)*Ibid*, pp.112-113.

(51)祁克果:《日記》,收錄於《祁克果語錄》,1839年1月3日,頁298。

(52)同註㉗,〈引言〉,頁1~2。

(53)S. Kierkegaard, CUP, p.76.

(54)同註㉗,頁144~145。

(55)S. Kierkegaard, CUP, pp.87, 154-155.

(56)同註㉗,頁257。

(57)S. Kierkegaard, CUP, pp.128, 133-140, 314.

(58)*Ibid.*, pp.143, 280-281.

(59)*Ibid.*, pp.186, 240, 177.

(60)*Ibid.*, p.314.

(61)*Ibid.*, p.316.

(62)*Ibid.*, pp.516-517, 540, 536.

(63)*Ibid.*, p.379.

(64)在《莊子》(又作:南華經)一書之中,據後世學者的研析,當可區分:內(第一~七)、外(第八~十七)、雜(第

二十三～三十三）篇三部分。其中，內篇這七章，比較能代表莊子本人的思想；外篇則多出自莊子的門人與道家後學之作（試以莊學稱之）。而〈天下〉（第三十三）該章，據悉，它當是作爲《莊子》一書的附錄或後序，因而（成章時間）理應在內篇之後、外雜諸篇之前，不宜被視爲諸雜篇之中的一章。（參勞思光：前揭書，頁254。）本單元的探論依據，大約參考上述這種說法，謹此說明。

㈤〈天下〉・第三十三。

㈥同上。

㈦陳元德：《中國古代哲學史》；台北，台灣中華書局，1957年7月，頁275。

㈧如莊子的自訴：

> 「古之真人，其寢不夢，其覺無憂，……。古之真人，不知說生，不知惡死；其出不訢，其入不距；翛然而往，翛然而來而已矣。不忘其所始，不求其所終；受而喜之，忘而復之。」（〈大宗師〉・第六）

又說：

> 「關尹老聃乎！古之博大真人哉！芴漠無形，變化無常，死與生與，天地並與，神明往與！……古之道術有在於是者；莊周聞其風而說之。」（〈天下〉・第三十三）

㈨〈大宗師〉・第六。

㈩〈秋水〉・第十七。

⑪如〈天地〉・第十二所說：

「有治之人，忘乎物，忘乎天，其名為忘己。忘己之
人，是之謂入於天。」

以及〈逍遙遊〉‧第一所言：

「至人，無己。」

⑫S. Kierkegaard, CUP, p.159.

⑬*Ibid.*, pp.314, 379.

⑭〈莊子〉‧逍遙遊‧第一。

⑮S. Kierkegaard, CI, pp.112-113.

⑯S. Kierkegaard, CUP, p.330.

⑰陳俊輝編著：《西洋哲學思想的古今》；台北，水牛，1992
年10月，頁13。

⑱S. Kierkegaard, CD，第一章。

⑲S. Kierkegaard, CUP, pp.154-155.

⑳*Ibid.*, p.141.

㉑《聖經‧新約》‧〈羅馬書〉二：7。

㉒〈天下〉‧第三十三。

生命哲學 VS.生命科學

著　　　者／陳俊輝

出　版　者／揚智文化事業股份有限公司

發　行　人／葉忠賢

總　編　輯／林新倫

登　記　證／局版北市業字第 1117 號

地　　　址／台北市新生南路三段 88 號 5 樓之 6

電　　　話／(02)2366-0309

傳　　　真／(02)2366-0310

郵撥帳號／19735365　戶名：葉忠賢

印　　　刷／偉勵彩色印刷股份有限公司

法律顧問／北辰著作權事務所　蕭雄淋律師

初版一刷／2004 年 4 月

定　　　價／350 元

ＩＳＢＮ：957-818-609-6

E-mail：service@ycrc.com.tw

網址：http://www.ycrc.com.tw

國家圖書館出版品預行編目資料

生命哲學 vs.生命科學／陳俊輝著. -- 初版.
-- 臺北市：揚智文化, 2004[民 93]
　面；　公分
ISBN　957-818-609-6（平裝）

1.人生哲學　2. 生命教育

191　　　　　　　　　　　　　　93002362